I0074462

BUREAU VERITAS

Registre International de Classification de Navires

LOI DU 17 AVRIL 1907

SUR LA SÉCURITÉ DE LA NAVIGATION

ET LA RÉGLEMENTATION DU TRAVAIL A BORD DES NAVIRES

ARRÊTÉ MINISTÉRIEL DU 5 SEPTEMBRE 1908

Reconnaissant le « BUREAU VERITAS »

RÈGLEMENTS D'ADMINISTRATION PUBLIQUE DES 20 ET 21 SEPTEMBRE 1908

Pour l'application de la Loi du 17 avril 1907.

RÈGLES ET TABLES DE FRANC-BORD DU « BUREAU VERITAS »

Décrets et Arrêtés ministériels.

INSTRUCTION MINISTÉRIELLE DU 17 MAI 1909

Pour l'application de la Loi du 17 avril 1907.

PARIS

IMPRIMERIE ET LIBRAIRIE CENTRALES DES CHEMINS DE FER

IMPRIMERIE CHAIX

SOCIÉTÉ ANONYME AU CAPITAL DE TROIS MILLIONS

Rue Bergère, 20

1909

BUREAU VERITAS

Registre International de Classification de Navires

DÉPOT LÉGAL
1909

R F
BIBLIOTHÈQUE NATIONALE
IMPRIMÉS

LOI DU 17 AVRIL 1907

SUR LA SÉCURITÉ DE LA NAVIGATION
ET LA RÉGLEMENTATION DU TRAVAIL A BORD DES NAVIRES

RÈGLEMENTS D'ADMINISTRATION PUBLIQUE
DÉCRETS, ARRÊTÉS ET INSTRUCTIONS
Rendus pour son application

TABLE DES MATIÈRES

4° F
1439

I. — TABLE ALPHABÉTIQUE ET ANALYTIQUE DES MATIÈRES

contenues dans la Loi du 17 Avril 1907 et dans les Règlements des 20 et 21 Septembre 1908 rendus pour son application.

° V. le Décret du 21 Septembre 1908 approuvant le règlement de franc-bord dressé par le Bureau Veritas (*Journal Officiel* du 29 Septembre 1908).

M

3

V

Y

II. — SOMMAIRE DE LA LOI DU 17 AVRIL 1907

Chapitre IV. — De la nourriture du personnel embarqué sur les navires.

Art. **31**. — Service de la nourriture. Aliments, composition de la ration, équivalences, distribution, retranchements.

Chapitre V. — Dispositions spéciales.

Art. **32**. — Dispositions spéciales aux navires de pêche et aux bâtiments de commerce de moins de 200 tx.

TITRE III. — *Pénalités.*

Chapitre I. — Propriétaires et armateurs.

Art. **33**. — Navigation sans permis.
Art. **34**. — Permis de navigation suspendu, refusé ou retiré.
Art. **35**. — Permis de navigation périmé.
Art. **36**. — Pénalités spéciales à l'armateur commandant lui-même son navire.

Chapitre II. — Capitaines et équipages.

Art. **37**. — Capitaine qui a commis une infraction personnellement ou d'accord avec l'armateur.
Art. **38**. — Capitaine qui a agi par ordre de l'armateur.
Art. **39**. — Fausses allégations de l'équipage pour provoquer une visite.

Chapitre III. — Récidive. — Compétence. — Prescription.

Art. **40**. — Récidive.
Art. **41**. — Compétence.
Art. **42**. — Sursis.
Art. **43**. — Prescription.
Art. **44**. — Négligence ou manquement des membres des Commissions de visite dans l'exercice de leur fonctions : radiations, pénalités pour collusion. Pénalités applicables aux armateurs et capitaines.
Art. **45**. — Versement des amendes aux Caisses des Invalides et de Prévoyance.

TITRE IV. — *Dispositions générales.*

Art. **46**. — Nullité des clauses de contrat d'engagement contraires aux dispositions de la loi.
Art. **47**. — Du capitaine, maître ou patron.
Art. **48**. — Permis de plaisance.
Art. **49**. — Dispositions particulières aux navires de plaisance : règlement d'administration publique spécial.
Art. **50**. — Navires affectés au transport des émigrants ou à un service postal.
Art. **51**. — Rétribution des membres des Commissions.
Art. **52**. — Taux des droits de visite : perception, acquittement.
Art. **53**. — Règlement général d'administration publique pour l'application de la loi.
Art. **54**. — Règlement d'administration publique déterminant les exceptions à l'application de la loi.
Art. **55**. — Règlement d'administration publique concernant les bâtiments de commerce ou de pêche de moins de 25 tx.
Art. **56**. — Mise en vigueur de la loi. Délais d'application.
Art. **57**. — Abrogation des actes législatifs ou administratifs antérieurs.

III. — SOMMAIRE DU RÈGLEMENT DU 20 SEPTEMBRE 1908

IV. — SOMMAIRE DU RÈGLEMENT DU 21 SEPTEMBRE 1908

Art. **72.** — Pompe à lavage (et à incendie) des voiliers de plus de 200 tx.
Pompe à incendie des voiliers de plus de 800 tx.

Art. **73.** — Pompes des navires à vapeur. — Plan du tuyautage d'épuisement et de remplissage.
Pompes des vapeurs de moins de 200 tx.
Pompes des vapeurs de pêche.

Art. **74.** — Pompes et tuyautage d'incendie des vapeurs de commerce ou de pêche de plus de 200 tx. — Dispositif pour l'extinction des incendies dans les soutes, cales, entreponts et soutes à poudre; ouvertures pour prises d'eau ou évacuation; boîte de prise d'eau générale.

Art. **75.** — Application des prescriptions des articles 73 et 74 aux navires à propulsion mécanique autres que les navires à vapeur.
Seaux et haches à incendie, appareils extincteurs, dont doivent être munis les navires de toutes catégories.

Section II. — *Embarcations et engins de sauvetage.*

Art. **76.** — Navires réputés affectés au transport des passagers.

Art. **77.** — Répartition des navires en deux catégories d'après la nature de leurs voyages : 1re catégorie, 2e catégorie.

Art. **78.** — Embarcations de sauvetage; division en trois types (Type n° 1, Type n° 2, Type n° 3).

Art. **79.** — Navires à passagers de la 1re catégorie : Nombre, type et capacité des embarcations dont ils doivent être pourvus.
Tableau indiquant, d'après le tonnage des navires, le nombre minimun de ces embarcations et la capacité minimum que doit représenter leur ensemble.

Art. **80.** — Navires à passagers de la 2e catégorie : Nombre et type des embarcations dont ils doivent être pourvus, suivant leur tonnage.

Art. **81.** — Navires des deux catégories non destinés au transport des passagers : Types des embarcations qu'ils doivent avoir à bord en nombre suffisant pour contenir le personnel embarqué.

Art. **82.** — Embarcations pouvant porter et relever la plus grosse des ancres à jet.

Art. **83.** — Embarcations : Caissons à air et garnitures insubmersibles.

Art. **84.** — Idem. Mesure de leur capacité.

Art. **85.** — Idem. Calcul du nombre de personnes qu'elles peuvent contenir.

Art. **86.** — Idem. Leur installation à bord, leur armement.

Art. **87.** — Embarcations supplémentaires, radeaux ou flotteurs offrant une place suffisante pour toutes les personnes embarquées sur les navires à passagers de la 1re et de la 2e catégorie.
Cas où le nombre des personnes embarquées est inférieur à celui que peuvent contenir les embarcations.

Art. **88.** — Radeaux de sauvetage : leur construction.

Art. **89.** — Idem. calcul du nombre de personnes qu'ils peuvent supporter.

Art. **90.** — Idem. leur installations à bord, leur armement.

Art **91.** — Flotteurs : conditions auxquels ils doivent satisfaire, flottabilité, calcul du nombre de personnes qu'ils peuvent soutenir.
Flotteurs et radeaux de sauvetage : matériaux entrant dans leur fabrication.

Art. **92.** — Bouées de sauvetage, gilets, plastrons, cordelières et brassières de sauvetage.

Art. **93.** — Bouées de sauvetage : leur confection, conditions de flottabilité, installation à bord.

Art. **94.** — Plastrons, gilets, cordelières et brassières de sauvetage : conditions auxquelles ces objets doivent satisfaire, leur placement à bord.

Art. **95.** — Embarcations, radeaux, flotteurs, bouées, plastrons, gilets, cordelières et brassières de sauvetage : marques du nom et du port d'immatriculation du navire auquel appartiennent ces objets.

Art. **96.** — Nombre des embarcations supplémentaires et radeaux admis pour les navires ayant des compartiments étanches en nombre suffisant pour flotter avec l'un quelconque de leurs compartiments envahis par l'eau.

Art. **97.** — Appareils porte-amarres, appareils va-et-vient.

Art. **98.** — Mise à l'eau d'une embarcation en présence de l'Inspecteur de la Navigation. Exercices à la mer. Mise à l'eau effective et périodique des embarcations. Visite mensuelle des engins de sauvetage.

Art. **99.** — Approvisionnement des embarcations des navires de la 1re catégorie.

Art. **100.** — Idem. leur conservation.

Art. **101.** — Embarcations des bâtiments de pêche.

Art. **102.** — Embarcations des bâtiments de pêche transportant des marins pêcheurs passagers. Torches, fusées ou autres artifices sur les bâtiments qui emploient pour la pêche des embarcations s'éloignant du navire.
Embarcations expédiées de la côte de Terre-Neuve ou des navires pour pêcher sur les bancs de Terre-Neuve : leurs marques, armement, rechange et approvisionnement.

Art. **103.** — Embarcations, engins, appareils et objets de sauvetage dont les navires de plaisance doivent être pourvus.

4

Chapitre VI. — Matériel médical et pharmaceutique.

Chapitre VII. — Règles de calcul du tirant d'eau maximum. Marques de franc-bord.

Chapitre VIII. — Calcul du nombre maximum de passagers.

Chapitre IX. — Personnel médical.

Chapitre X. — Fonctionnement de la Commission supérieure. — Procédure.

Chapitre XI. — Dispositions générales. — Publicité à donner à la Loi ou aux Règlements d'administration publique.

Art. 129. — Publicité à donner, à bord et à terre, à la loi du 17 Avril 1907 et à ses règlements d'administration publique.

Chapitre XII. — Dispositions transitoires.

Art. 130. — Dispositions spéciales aux navires de plus de 25 tx de jauge brute *en service* au moment de la mise en vigueur de la loi. (Renseignements que doit contenir toute demande de permis de navigation; prescriptions relatives à l'hygiène et à la salubrité; appareils à vapeur; instruments et documents nautiques; objets d'armement et de rechange; installations, embarcations, appareils ou engins de sauvetage; matériel médical et pharmaceutique; règles de calcul de tirant d'eau maximum, marques de franc-bord; calcul du nombre maximum des passagers).

Art. 131. — Dispositions spéciales aux navires *de pêche* et *de plaisance.*

Art. 132. — Dispositions applicables aux navires *en construction* au moment de la publication du présent décret.

Art. 133. — Navires *étrangers* embarquant des passagers dans un port français : époque à partir de laquelle ils devront justifier d'un permis de navigation.

V. — LOI DU 17 AVRIL 1907

concernant la sécurité de la navigation et la réglementation du travail
à bord des navires de commerce [1].

TITRE PREMIER. — *De la sécurité de la navigation maritime.*

Chapitre Premier. — Navires nouvellement construits et navires nouvellement acquis à l'étranger.

ARTICLE 1er. — Aucun navire français à voiles, à vapeur ou à propulsion mécanique, de commerce ou de pêche ou de plaisance, de plus de 25 tonneaux de jauge brute, ne peut être mis en service sans un permis de navigation délivré par l'administrateur de l'Inscription Maritime après constatation, par la Commission prévue à l'article 4 ci-après :

1° Que toutes les parties du navire sont dans de bonnes conditions de construction et de conservation, de navigabilité et de fonctionnement ou que le navire est coté à la première cote d'un des registres de classification désignés par arrêté du Ministre de la Marine, après avis du Conseil supérieur de la Navigation Maritime ;

2° Qu'il a été satisfait au règlement d'administration publique prévu à l'article 53 ci-après, concernant l'aménagement, l'habitabilité et la salubrité des locaux de toute nature ;

3° Que le navire est pourvu des instruments et documents nautiques ainsi que des objets d'armement et de rechange énumérés dans le même règlement ;

4° Que l'installation à bord et le fonctionnement des embarcations et des appareils ou engins de sauvetage, ainsi que le matériel médical, sont conformes aux dispositions du même règlement ;

5° Que les prescriptions de ce règlement relatives au calcul du tirant d'eau maximum et aux marques indiquant ce maximum sur la coque du navire ont été observées ; le certificat de francbord délivré par une Société de classification reconnue par le Ministre de la Marine pourra tenir lieu de cette constatation ;

6° S'il s'agit d'un bateau à vapeur, ou qui comporte des appareils à vapeur, que ces appareils satisfont aux conditions qui seront prescrites dans le règlement d'administration publique prévu à l'article 53 de la présente loi ;

7° Que le nombre maximum des passagers de toute catégorie, pouvant être embarqués sur le navire, est conforme aux prescriptions du règlement d'administration publique prévu à l'article 53 de la présente loi.

ART. 2. — Pour les navires construits en France, les constatations prescrites au précédent article sont effectuées :

a) Pour celles qui sont relatives à la coque, dans le port de construction où cette première visite a toujours lieu à sec. Les navires cotés à la première cote de l'un des registres de classification indiqués ci-dessus seront dispensés de cette constatation ;

b) Pour toutes les autres, dans le port où doit avoir lieu le premier armement du navire.

Pour les navires construits sous le régime de la Loi du 19 Avril 1906, les constatations ci-dessus dispensent de celles prévues par l'article 4 de la Loi du 30 Janvier 1893.

Pour les navires construits ou acquis à l'étranger, les mêmes constatations ont lieu, dans les mêmes conditions, dans le port de France où le navire est conduit pour être francisé.

ART. 3. — Aucun navire étranger ne pourra embarquer des passagers dans un port français s'il n'a fait constater par la Commission prévue à l'article 4 ci-après qu'il satisfait aux conditions imposées aux navires français par l'article premier de la présente loi.

---

(1) *Journal Officiel* du 20 avril 1907.

outefois, les navires susvisés seront dispensés de ces constatations, sur présentation, par les capitaines, de certificats de leur Gouvernement reconnus par le Ministre de la Marine, équivalents au permis de navigation français, et à condition que les mêmes avantages soient assurés aux navires français dans les ports de leur nationalité.

ART. 4. — Les différentes constatations visées à l'article 1er sont effectuées, partout où il y aura lieu d'en constituer, par des Commissions de visite composées chacune comme suit :

L'administrateur de l'Inscription Maritime du quartier, ou, en cas d'empêchement, l'administrateur qui lui est adjoint ou qui peut lui être adjoint à cet effet ;

L'inspecteur de la navigation maritime prévu à l'article 7 de la présente loi ;

Un capitaine au long-cours ayant accompli en cette qualité au moins quatre années de commandement ;

Un autre navigateur, soit capitaine au long-cours s'il s'agit de navigation au long-cours, soit maître au cabotage s'il s'agit de petit cabotage ou de pêche, ayant accompli quatre années au moins de navigation en l'une de ces qualités ; les maîtres au cabotage devant être munis du brevet supérieur lorsqu'il s'agit de navires à vapeur ou à propulsion mécanique ; à défaut, un officier de marine en activité ou en retraite ;

Un ingénieur des constructions navales en activité ou en retraite, ou un ingénieur civil de nationalité française ;

Un représentant des Compagnies françaises d'assurances maritimes ;

Un expert de nationalité française, appartenant à une Société française de classification ;

Un officier-mécanicien breveté de la marine marchande ayant au moins quatre ans de navigation maritime en cette qualité ; à défaut, un officier-mécanicien de la Marine, en activité ou en retraite ;

Le Directeur de la Santé du port ou un médecin sanitaire le suppléant ; à défaut, un médecin de la Marine en activité ou en retraite, ou un médecin civil ;

Un représentant des armateurs et un représentant du personnel soit du pont, soit des machines, soit du service général, selon la visite dont il s'agit, prennent part aux délibérations de la Commission avec voix délibérative, le représentant du personnel devant avoir au moins soixante mois de navigation.

L'administrateur de l'Inscription Maritime est président de la Commission.

Il devra dresser, au commencement de chaque année, une liste générale des personnes rentrant dans les catégories ci-dessus énoncées et susceptibles de faire partie des Commissions de visite prévues au présent article. Cette liste sera soumise à l'approbation du Ministre de la Marine, et à celle du Ministre du Commerce et de l'Industrie en ce qui concerne la désignation des représentants des armateurs et des assureurs.

L'administrateur de l'Inscription Maritime désignera sur cette liste, par roulement, à moins d'impossibilité, en tenant compte des absences et autres empêchements, les membres de la Commission qui sera chargée, pendant une période déterminée, de toutes les visites des bâtiments nouvellement construits ou nouvellement acquis à l'étranger.

Le représentant des armateurs, le capitaine au long-cours et le représentant du personnel naviguant, seront désignés par l'administrateur de l'Inscription Maritime sur des listes dressées par chacun des groupements professionnels intéressés.

Ils ne devront pas avoir encouru de condamnation pour infractions à la présente loi.

Chapitre II. — Navires en service.

ART. 5. — Après leur mise en service, les navires français visés à l'article premier devront être examinés dans les ports de France ou dans ceux des colonies qui auront été désignés par décret, lorsque douze mois se seront écoulés depuis la dernière visite qu'ils auront subie.

Les navires arrivant dans un de ces ports après le délai de douze mois, pourront être dispensés de la visite ci-dessus prescrite dans ce port s'ils n'y laissent qu'une partie de leur chargement et s'ils se rendent dans le délai d'un mois à un des autres ports, désignés par décret, où ils devront la subir.

Ils devront être visités également dans l'intervalle, par décision de l'administrateur de l'Inscription Maritime, toutes les fois qu'ils ont subi de graves avaries ou de notables changements dans leur construction ou dans leurs aménagements, et chaque fois que l'armateur en fait la demande.

Ces visites porteront sur la coque, l'armement et les appareils à vapeur ou à propulsion mécanique.

Les navires à visiter seront laissés à flot, à moins que la Commission, chargée, conformément à l'article 6 ci-après, de la visite, n'en décide autrement.

La Commission pourra exiger, si elle le juge indispensable, que le navire lui soit présenté à l'état lège.

Toutefois, ceux qui sont affectés à une navigation de long-cours ou de cabotage international, aux grandes pêches ou à la pêche au large, à voiles, à vapeur ou à propulsion mécanique, ne pourront passer plus de trois ans s'ils sont en bois, plus de dix-huit mois s'ils sont en fer ou en acier, sans être visités à sec, soit dans un port de France, soit dans un port des colonies désigné par décret, conformément aux prescriptions du premier paragraphe du présent article.

Pour l'exécution de cette prescription, les armateurs devront faire connaître à l'administrateur de l'Inscription Maritime le moment où leurs navires passeront en cale sèche. Les visites à sec prescrites devront coïncider, si les délais indiqués au paragraphe précédent le permettent, avec le passage des navires en cale sèche.

Les navires qui auront conservé la première cote à l'un des registres de classification désignés comme il est dit à l'article premier ci-dessus, seront dispensés de l'obligation des visites à sec.

Les navires étrangers prenant des passagers dans les ports français seront soumis, dans ces ports, aux visites annuelles et aux visites après avaries graves ou notables changements prescrits par le présent article.

Toutefois, ils seront dispensés de ces visites sur présentation, par les capitaines, de certificats de leur Gouvernement, reconnus, par le Ministre de la Marine, équivalents aux certificats de visite français et à condition que les mêmes avantages soient assurés aux navires français dans les ports de leur nationalité.

Art. 6. — Les visites indiquées à l'article précédent sont effectuées par une Commission composée de l'administrateur de l'Inscription Maritime, président, de l'inspecteur de la navigation maritime et d'au moins deux experts techniques pris par roulement, à moins d'impossibilité par l'administrateur de l'Inscription Maritime sur la liste générale prévue au § 13 de l'article 4 de la présente loi, parmi les officiers de marine, capitaines au long-cours, officiers mécaniciens de la marine marchande, ou parmi les ingénieurs, suivant le cas.

Art. 7. — Il sera créé dans chacun des ports désignés par décret, sous l'autorité de l'administrateur de l'Inscription Maritime, un inspecteur de la navigation maritime qui visitera tout navire français ou étranger en partance pour un voyage au long-cours, au cabotage national ou international ou pour une campagne aux grandes pêches, et s'assurera que ce navire est dans de bonnes conditions de conservation et de navigabilité ; que les générateurs de vapeur, l'appareil moteur et tous les appareils à vapeur ou autres appareils mécaniques accessoires sont en bon état ; que les instruments nautiques sont en bon état de fonctionnement ; que les cartes marines et tous documents nécessaires peuvent être utilisés pour le voyage projeté ; que l'effectif est suffisant pour assurer normalement l'exécution des articles 21 à 30 ci-après, eu égard, à la navigation entreprise, et d'une manière générale, que le navire satisfait aux prescriptions des divers paragraphes de l'article premier de la présente loi.

Il examinera les vivres, les boissons, l'eau potable, et s'assurera que les prescriptions de l'article 31 ci-après sont observées ; il pourra à cet effet, ordonner tout prélèvement de vivres, de boissons ou d'eau potable, ainsi que toute analyse ou autre moyen de vérification.

Les visites de partance ne seront jamais obligatoires qu'une fois par mois dans le même port pour les navires y revenant à intervalles plus fréquents.

Toutefois, l'inspecteur de la navigation maritime pourra, quand il le jugera utile, visiter tout navire présent dans le port.

Il visitera tout navire qu'une plainte précise et circonstanciée, envoyée en temps utile pour que le départ du navire ne soit pas retardé et signée par au moins trois hommes de l'équipage, lui aura signalé comme se trouvant dans de mauvaises conditions de navigabilité, d'hygiène ou d'approvisionnement en vivres et boissons.

Il interdira ou ajournera jusqu'à l'exécution de ses prescriptions le départ de tout navire, de quelque catégorie et de quelque nationalité qu'il soit qui, par son état de vétusté, son défaut de stabilité, les conditions de son chargement ou pour toute autre cause prévue à l'article 1er de la présente loi, lui semblera ne pouvoir prendre la mer sans péril pour l'équipage ou les passagers.

Les motifs de l'interdiction seront notifiés immédiatement par écrit au capitaine du navire.

ART. 8. — Le capitaine du navire à qui l'autorisation de départ aura été refusée ou qui jugera excessives les prescriptions de l'Inspecteur de la navigation maritime pourra faire appel de cette décision auprès de l'administrateur de l'Inscription Maritime. Celui-ci, dans le délai de vingt-quatre heures, devra faire procéder à une contre-visite par une Commission composée de trois experts pris par roulement, à moins d'impossibilité, sur la liste générale prévue au paragraphe 13 de l'article 4 de la présente loi, parmi les officiers de marine, capitaines au long-cours, officiers mécaniciens de la marine marchande, ou parmi les ingénieurs, suivant le cas.

Cette Commission statuera après avoir entendu l'inspecteur de la navigation maritime et l'appelant, et hors leur présence.

ART. 9. — Les inspecteurs de la navigation maritime seront nommés par le Ministre de la Marine qui les choisira, autant que possible, parmi les capitaines au long-cours et les maîtres au cabotage ayant exercé pendant au moins quatre ans un commandement à la mer, ou au besoin parmi les officiers de marine en retraite.

Les capitaines visiteurs actuels sont aptes à être nommés inspecteurs de la navigation maritime. Ils peuvent également être adjoints à l'inspecteur titulaire.

Un décret rendu sur la proposition du Ministre de la Marine et du Ministre du Commerce et de l'Industrie, après avis du Conseil supérieur de la navigation maritime, déterminera l'organisation le recrutement et la hiérarchie de ces agents, dont le nombre et le traitement seront fixés par le même décret.

Leur traitement sera cumulable avec les pensions ou demi-soldes dont ils seraient titulaires.

Chapitre III. — Du permis de navigation.

ART. 10. — Toute demande de permis de navigation est adressée par le propriétaire du navire à l'administrateur de l'Inscription Maritime du port d'armement de ce navire.

Dans sa demande, le propriétaire fait connaître :

1o Le nom du navire, son port d'attache ;

2o Ses principales dimensions, son tirant d'eau, lège et au maximum de charge, et le déplacement qui ne doit pas être dépassé, exprimé en tonneaux de 1.000 kilogrammes ;

3o Les hauteurs de la ligne de flottaison correspondant au déplacement maximum rapporté à des points de repère invariablement établis au-dessus de cette flottaison à l'avant, à l'arrière et au milieu du navire ;

4o Le service auquel le navire est destiné (transport des passagers ou marchandises, remorquage, etc...), et le genre de navigation qu'il est appelé à faire (long-cours, cabotage, bornage, etc.) ;

5o Le nombre maximum de passagers qui pourront être reçus dans le navire.

S'il s'agit d'un navire à vapeur ou comportant des appareils à vapeur, le propriétaire devra fournir, en outre, les renseignements spéciaux qui seront indiqués dans le règlement d'administration publique prévu à l'article 53.

ART. 11. — Toute visite qui sera faite, soit à un navire neuf ou nouvellement francisé, soit à un navire en service, devra être l'objet d'un procès-verbal où seront enregistrées toutes les constatations qui auront été faites. Ce procès-verbal, signé par tous ceux, agents administratifs, officiers ou experts, qui auront pris part à la visite, sera transmis sans retard par l'administrateur de l'Inscription Maritime au Ministre de la Marine.

Toutefois, les procès-verbaux des visites faites aux navires en partance, ne seront transmis au Ministre de la Marine que lorsque les constatations faites par l'inspecteur de la navigation maritime auront eu pour effet le refus ou l'ajournement de l'autorisation de départ.

Les constatations mentionnées dans chaque procès-verbal seront inscrites sur un registre spécial qui sera tenu à bord et devra être présenté à toute réquisition des officiers ou agents chargés de la police de la navigation maritime.

ART. 12. — Sur le vu des procès-verbaux indiqués à l'article précédent, lorsqu'un navire neuf ou nouvellement francisé, ou en service, n'aura été l'objet d'aucune observation ou réserve de la part d'aucune des Commissions qui l'auront visité, il sera délivré le plus rapidement possible et, au plus tard, dans les vingt-quatre heures, par l'administrateur de l'Inscription Maritime un permis de navigation qui sera valable jusqu'à la visite suivante.

S'il s'agit d'un navire en partance, et que la visite de l'inspecteur de la navigation maritime n'ait donné lieu à aucune opposition, l'autorisation de départ résultera simplement du certificat de visite.

ART. 13. — Si, au cours de la visite d'un navire nouvellement construit ou nouvellement francisé, la Commission instituée à l'article 4 estime que les conditions de sécurité ou de salubrité indiquées à l'article 1er ne sont pas toutes remplies ou ne le sont qu'insuffisamment, il en est fait mention détaillée au procès-verbal indiqué à l'article 11, et le permis de navigation ne peut être délivré sans que la Commission, après une nouvelle expertise, ait spécifié dans un nouveau procès-verbal qu'il a été satisfait à toutes ses observations ou réserves.

Pour ces visites complémentaires, la Commission sera en droit de déléguer un ou plusieurs de ses membres.

Dès qu'il a été satisfait aux prescriptions de la Commission, il est délivré aussitôt que possible et, au plus tard, dans les vingt-quatre heures, un permis de navigation qui est valable jusqu'à la visite suivante.

ART. 14. — Si, au cours d'une des visites périodiques ou éventuelles indiquées à l'article 5, il est reconnu que les conditions de sécurité ou de salubrité prescrites par l'article 1er ne sont pas remplies ou ne le sont qu'insuffisamment, l'administrateur de l'Inscription Maritime suspend le permis de navigation jusqu'à ce qu'il ait été donné entière satisfaction à ses observations ou réserves.

S'il juge qu'il y a lieu d'en prononcer le retrait définitif, il en réfère immédiatement au Ministre de la Marine, qui statue dans les formes indiquées aux articles 18 et suivants ci-après.

ART. 15. — Aux colonies, la visite des navires neufs ou nouvellement francisés sera faite par une Commission dont fera partie l'officier chargé de la police de la navigation maritime, et dont les membres seront nommés par le Gouverneur.

Cette Commission se composera, autant que possible, des mêmes éléments que celle prévue à l'article 4 de la présente loi.

Dans le cas où la constitution des Commissions ou la nomination des experts présenteraient des difficultés, il en serait référé au Ministre de la Marine qui, après avoir pris l'avis de la Commission instituée à l'article 19, fixera dans quelles conditions ces Commissions pourront être constituées et les experts désignés.

La visite des navires en cours de service sera faite par une Commission composée de l'officier ou fonctionnaire chargé de la police de la navigation maritime et de deux experts nommés par le Gouverneur.

Le Gouverneur désignera le président de cette Commission.

La visite des navires en partance sera faite par l'officier ou le fonctionnaire chargé de la police de la navigation maritime, lequel possédera tous les pouvoirs conférés par l'article 7 de la présente loi à l'inspecteur de la navigation.

Le capitaine qui n'acceptera pas la décision prise par cet officier ou fonctionnaire pourra en appeler au Gouverneur, qui devra statuer dans les 24 heures. Il pourra être appelé de la décision du Gouverneur au Ministre de la Marine.

ART. 16. — A l'étranger, les visites des navires neufs ou nouvellement francisés, sont effectuées sous l'autorité des consuls généraux, consuls ou vice-consuls de France qui constitueront dans les limites du possible, des commissions semblables à celles prévues à l'article 4 et à l'article 6 de la présente loi.

Ces visites auront lieu dans les mêmes formes, et il en est de même pour la délivrance du permis de navigation.

Dans le cas où la constitution des commissions ou la nomination des experts présenteraient des difficultés, il en serait référé au Ministre de la Marine qui, après avoir pris l'avis de la commission instituée à l'article 19, fixera dans quelles conditions ces commissions pourront être constituées ou les experts désignés.

ART. 17. — Lorsqu'un navire, visé à l'article 1er et construit en France, doit quitter le lieu où il a été construit pour se rendre dans le port de France ou d'Algérie où il doit effectuer son premier armement, il doit préalablement subir les formalités prescrites par les §§ 1er, 4 et 7 [1] de l'article 1er, et par l'article 4; il reçoit, dans les conditions indiquées aux articles 12, 13 et 14, un permis provisoire de navigation.

Lorsqu'un navire, visé a l'article 1er, construit en France et destiné à une marine étrangère, doit quitter le lieu où il a été construit pour son port de destination, il doit préalablement, si le voyage doit durer plus de quarante-huit heures, subir les formalités prescrites par les §§ 1er, 4 et 7 [1] de l'article 1er, et par l'article 4 de la présente loi, et reçoit, dans les conditions des articles 12, 13 14, un permis provisoire de navigation ; si le voyage dure moins de quarante-huit heures, les prescriptions du § 1er du présent article lui sont applicables.

Chapitre IV. — Commission supérieure.

ART. 18. — Les décisions prises par les Commissions visées aux articles 1, 4, 6 et 8 de la présente loi, pourront faire l'objet de pourvois devant le Ministre de la Marine, qui devra, d'urgence, transmettre, pour avis, les pourvois et réclamations du propriétaire ou du capitaine du navire à la Commission supérieure instituée à l'article 19 ci-après.

Cette Commission donne également au Ministre de la Marine son avis sur les dispositions spéciales que celui-ci peut être amené à prendre pour l'application de la présente loi, et notamment pour la constitution des Commissions prévues aux articles 4, 15 et 16, ou la nomination des experts prévue aux articles 6, 15 et 16, dans les colonies ou dans les ports étrangers.

ART. 19. — La Commission supérieure prévue à l'article précédent est composée ainsi qu'il suit : Deux sénateurs, trois députés, un membre du Conseil d'État, le Directeur de la Navigation et des Pêches Maritimes au Ministère de la Marine, le Directeur de la Marine Marchande et des Transports au Ministère du Commerce ; un officier général de la Marine ; un officier général ou supérieur du Génie Maritime ; un officier général ou supérieur mécanicien de la Marine ; l'Inspecteur général des Services sanitaires de France ; un membre du Conseil supérieur de Santé de la Marine ; deux armateurs ou représentants des sociétés d'armement ; un négociant représentant des chargeurs ; un représentant des assureurs maritimes de nationalité française ; un représentant d'une société française de classification de nationalité française ; un capitaine au long cours ayant au moins quatre ans de commandement à la mer en cette qualité ; un officier mécanicien breveté de 1re classe de la marine marchande ayant au moins quatre ans de navigation maritime en cette qualité ; deux inscrits maritimes, appartenant, l'un au personnel du pont, l'autre au personnel de la machine, ayant au moins soixante mois de navigation.

Tous les membres de cette Commission sont nommés par le Ministre de la Marine pour trois années, à l'exception des armateurs, du négociant et des assureurs, qui seront nommés pour le même temps, par le Ministre du Commerce et de l'industrie.

---

(1) Le texte primitif publié au *Journal Officiel* du 20 Avril 1907 portait le § 8 et non 7, mais cette erreur typographique a été rectifiée par un erratum paru au *Journal Officiel* du 27 Avril 1907 p. 3156.

Le capitaine au long-cours, l'officier mécanicien de la marine marchande et les inscrits maritimes sont nommés par le Ministre de la Marine sur des listes présentées par les groupements intéressés.

Les deux armateurs ou représentants des sociétés d'armement sont nommés par le Ministre du Commerce et de l'Industrie sur des listes présentées par les groupements intéressés.

Dans les cas prévus au paragraphe 3 des articles 15 et 16, le Directeur compétent au Département des Colonies, ou le Directeur des Consulats au Département des Affaires Étrangères, selon le cas, sont appelés à faire partie de la Commission supérieure et ont voix délibérative pour les affaires qui les concernent.

Art. **20.** — Les intéressés sont avisés de la réunion de la Commission et admis, s'ils le demandent, à présenter leurs observations, qui doivent être consignées au procès-verbal.

La Commission doit donner son avis dans le délai de dix jours au plus, sauf le cas d'enquête ou d'expertises spéciales.

TITRE II. — *Réglementation du travail à bord des navires.*

Chapitre Premier. — Des officiers,

Art. **21.** — Les navires visés à l'article 1er, qui ont une jauge brute d'au moins 700 tonneaux et qui naviguent au long-cours doivent avoir à bord, avec le capitaine, pour le service du pont, au moins un officier en second et un lieutenant diplômés.

Les navires d'une jauge brute supérieure à 1000 tonneaux naviguant au cabotage international ou au grand cabotage national et accomplissant des voyages les éloignant de plus de 400 milles de tout port français de la métropole devront avoir à bord avec le capitaine pour le service du pont au moins un officier en second et un lieutenant.

Les navires naviguant au long-cours qui ont moins de 700 tonneaux, mais plus de 200 tonneaux de jauge brute, doivent avoir à bord, avec le capitaine, pour le service du pont, au moins un officier en second diplômé.

Les navires d'une jauge brute inférieure à 1000 tonneaux, mais supérieure à 200 tonneaux, naviguant au cabotage international ou au grand cabotage national et accomplissant des voyages les éloignant de plus de 400 milles de tout port français de la métropole, doivent avoir à bord, avec le capitaine, pour le service du pont, au moins un officier en second.

Art. **22.** — A la mer et dans les rades foraines, le personnel officier du pont et celui des machines marchent par quarts ; il y a deux quarts au moins pour le personnel officier du pont ; il y en a trois pour celui des machines, dans tous les cas où le personnel des machines comprend lui-même trois quarts.

Tout mécanicien chef de quart doit être breveté.

Aucun officier du bord ne peut refuser son concours, quelle que soit la durée des heures de service qui lui sont commandées. Mais l'organisation des quarts doit être réglée de façon qu'aucun officier du pont n'ait à faire plus de douze heures de service par jour et qu'aucun officier des machines n'ait à faire plus de huit heures, dans tous les cas où le personnel des machines comprend lui-même trois quarts.

Hors les circonstances de force majeure et celles où le salut du navire, des personnes embarquées ou de la cargaison est en jeu, circonstances dont le capitaine est seul juge, toute heure de service commandé au delà des limites fixées par le paragraphe précédent donne lieu à une allocation supplémentaire proportionnelle qui ne peut être moindre de un franc par heure de service accomplie en plus du service normal.

Art. **23.** — Dans le port ou sur une rade abritée, le personnel officier ne doit, en dehors des circonstances de force majeure, qu'un service de dix heures par jour.

Cependant, le jour de l'arrivée, ainsi que le jour du départ, les périodes cumulées de service en rade ou dans le port, et de service à la mer, pourront atteindre douze heures, pour tout le personnel officier, sans donner lieu obligatoirement à aucune rémunération supplémentaire, à la condition toutefois que ces jours d'arrivée et de départ ne se reproduisent pas plus de deux fois par semaine ; dans le cas contraire, les dispositions des paragraphes 2 et 3 de l'article précédent sont applicables.

Chapitre II. — De l'équipage.

Art. 24. — A la mer et sur les rades foraines, l'équipage du pont et celui des machines marchent par quarts.

Le personnel du pont comprend deux quarts au moins.

L'effectif de cette catégorie de personnel doit être calculé de manière à n'exiger de chaque homme en faisant partie, que douze heures de travail par jour.

Art. 25. — Le personnel des machines comprend trois quarts dans la navigation au long-cours, ainsi que dans la navigation au cabotage international ou au grand cabotage national, lorsque le navire accomplit des voyages l'éloignant de 400 milles de tout port français de la métropole et si sa jauge brute est supérieure à 1.000 tonneaux. Le règlement d'administration publique, prévu à l'article 54 ci-après, déterminera les autres cas dans lesquels l'équipage des machines devra être réparti en trois quarts.

Chaque quart du personnel des machines doit comprendre au moins un homme par trois fourneaux.

Le chauffeur pendant son quart ne doit pas être distrait du service de la chauffe, si ce n'est pour les besoins urgents de la machine.

L'armateur ou le capitaine est tenu de faire connaître aux hommes qui vont s'engager, et de déclarer lors de la confection du rôle d'équipage, à la suite des conditions d'engagement, la composition de l'équipage et le nombre des fourneaux existant dans la chaufferie.

A bord des navires à vapeur où le service de la machine comprend trois quarts, la tenue en état des machines est assurée par le personnel des machines, en dehors des heures de quart et sans qu'il puisse réclamer d'allocation supplémentaire, pourvu qu'aucun homme n'y soit employé plus d'une heure sur vingt-quatre.

A bord des navires où le personnel de la machine ne comprend que deux quarts, le travail de tenue en état des machines effectué en dehors des heures de quart donne lieu à l'allocation supplémentaire prévue ci-après.

Dans tous les cas, à chaque quart, le personnel des machines, de concert avec celui du pont, assure l'enlèvement des escarbilles.

Art. 26. — Aucun homme de l'équipage, du pont ou des machines, ne peut refuser ses services quelle que soit la durée des heures de travail qui lui sont commandées.

Mais, hors les cas de force majeure et ceux où le salut du navire, des personnes embarquées ou de la cargaison est en jeu, cas dont le capitaine est seul juge, toute heure de travail commandée au-delà des limites fixées par les articles 24 et 25 donne lieu à une allocation supplémentaire dont le montant sera réglé par les contrats et usage.

Le capitaine du navire doit faire mention, dans son rapport de mer ainsi que sur le journal du bord, des circonstances exceptionnelles visées au paragraphe 3 de l'article 22 et 2 du présent article. Cette mention sera visée sur le journal du bord par un représentant, soit du pont, soit des machines.

Art. 27. — Si le navire est dans le port ou sur une rade abritée, l'homme d'équipage n'est tenu que dans les circonstances de force majeure à travailler plus de dix heures par jour, service de veille compris, pour le personnel du pont et plus de huit heures pour le personnel des machines.

Cependant, le jour de l'arrivée ainsi que le jour du départ, les périodes cumulées de service en rade ou dans le port et de service à la mer pourront atteindre douze heures pour le personnel du pont sans donner lieu obligatoirement à aucune rémunération supplémentaire, à la condition toutefois que ces jours d'arrivée et de départ ne se reproduisent pas plus de deux fois par semaine ; dnas le cas contraire, les dispositions du paragraphe 2 de l'article précédent sont applicables.

Art. **28.** — Le dimanche sera, autant que possible, le jour affecté au repos hebdomadaire. Toutefois le capitaine pourra choisir un autre jour pour tout ou partie de l'équipage.

Dans les ports et rades abritées de France et des colonies, l'équipage du navire ne doit être employé, le jour du repos hebdomadaire, à un travail quelconque, que si ce travail ne peut être différé.

En mer, sauf les circonstances de force majeure et celles où le salut des navires, des personnes embarquées et de la cargaison est en jeu, circonstances dont le capitaine est seul juge, l'équipage ne doit être tenu d'exécuter, le jour du repos hebdomadaire, que les travaux indispensables pour la sécurité et la conduite du navire, le service des machines, les soins de propreté quotidiens, l'approvisionnement et le service des personnes embarquées. Les soins de propreté ne pourront occuper la bordée de quart plus de deux heures le matin.

Hors les circonstances de force majeure et celles où le salut du navire, des personnes embarquées ou de la cargaison est en jeu et sauf la nécessité de pourvoir à l'approvisionnement et au service des personnes embarquées, toute heure de travail commandée le jour du repos hebdomadaire, dans le port ou sur rade, donne lieu à l'allocation supplémentaire prévue à l'article 26 de la présente loi.

Chapitre III. — Des novices et des mousses.

Art. **29.** — L'inscription provisoire sur les registres de l'Inscription Maritime et l'embarquement, à titre professionnel, sont interdits pour les enfants âgés de moins de 13 ans révolus. Ceux-ci peuvent toutefois être inscrits provisoirement et embarqués si, étant âgés de 12 ans au moins, ils sont titulaires du certificat d'études primaires.

L'inscription provisoire est subordonnée à la présentation d'un certificat d'aptitude physique délivré à titre gratuit par un médecin désigné par l'autorité maritime ; si ce certificat ne constate l'aptitude de l'enfant que pour un genre de navigation, celui-là seul est permis.

Art. **30.** — Le service des novices et des mousses, à bord des navires visés à l'article premier, est réglé par les articles 24, 25, 26 et 27 précédents et relatifs au travail des équipages du pont et des machines ; mais ce service est subordonné, indépendamment des dispositions de l'article précédent, aux dispositions spéciales qui suivent :

a) L'embarquement des mousses n'ayant pas 15 ans révolus au moment du départ du navire est désormais interdit sur tout navire armé pour les grandes pêches de Terre-Neuve et d'Islande.

b) Sur tout navire visé à l'article premier, il est interdit de faire faire le service des quarts de nuit, de 8 heures du soir à 4 heures du matin, aux novices et aux mousses et la durée totale de leur travail ne pourra dépasser la durée réglementaire du travail du personnel. Leur travail supplémentaire sera rétribué.

Les mousses et les novices ne pourront être employés au travail des chaufferies ni des soutes.

c) Le nombre de novices et de mousses à embarquer sur lesdits navires est déterminé à raison d'un mousse ou d'un novice par quinze hommes ou fraction de quinze hommes d'équipage.

Chapitre IV. — De la nourriture du personnel embarqué sur les navires.

Art. **31.** — Il est interdit à tout propriétaire de navire de charger à forfait le capitaine ou un membre quelconque de l'état-major de ce navire, de la nourriture du personnel embarqué.

Les aliments destinés à l'équipage doivent être sains, de bonne qualité, en quantité suffisante et d'une nature appropriée au voyage entrepris.

La composition de la ration distribuée devra être équivalente à celle prévue pour les marins de la flotte. Pour l'accomplissement et le contrôle de cette prescription, un tableau d'équivalences sera établi par un arrêté ministériel ; ce tableau fixera la ration minimum de boissons alcooliques qui pourra être embarquée et distribuée.

Le tableau d'équivalences ci-dessus prévu et la composition des rations distribuées seront affichés d'une manière permanente dans les postes du personnel. A chaque distribution, le personnel du pont et celui des machines pourront faire choix, à tour de rôle, d'un de leurs membres pour vérifier les quantités distribuées.

Les retranchements opérés par le capitaine sur les distributions donneront lieu, sauf le cas de force majeure et celui de retranchement de boisson fermentée prononcé à titre de peine dans les conditions prévues par le Décret du 24 Mars 1852, à une indemnité représentative du retranchement opéré.

Les circonstances de force majeure sont constatées sur procès-verbaux signés du capitaine, du médecin du bord, s'il y en a un, et des deux représentants du personnel du navire ci-dessus indiqués.

Chapitre V. — Dispositions spéciales.

ART. **32.** — Les dispositions des articles 21, 22, 23, 24, 25, 26, 27 et 28 et le § *b* de l'article 30 ne sont pas applicables aux navires armés à la pêche, quel que soit le tonnage de ces navires et quel que soit le genre de pêche qu'ils pratiquent.

Il en est de même pour les bâtiments de commerce de moins de 200 tonneaux de jauge brute et pratiquant des navigations autres que le long-cours et le cabotage international.

Le règlement d'administration publique prévu à l'article 54 ci-après déterminera les conditions dans lesquelles le travail sera organisé à bord des catégories de bâtiments visés aux deux paragraphes qui précèdent.

TITRE III. — *Pénalités.*

Chapitre Premier. — Propriétaires et armateurs.

ART. **33.** — Est puni d'une amende de 100 à 1.000 francs, tout armateur ou propriétaire d'un navire visé à l'article premier, qui a fait naviguer son navire sans qu'il soit muni du permis de navigation exigé par cet article.

Est également puni d'une amende de 100 à 1.000 francs, pour chaque infraction constatée, tout armateur ou propriétaire qui ne se conforme pas aux prescriptions des articles 21 à 31 de la présente loi et à celles des règlements d'administration publique prévus aux articles 53 et 54 ci-après.

ART. **34.** — Est puni d'une amende de 200 à 2.000 francs et d'un emprisonnement de 8 jours à 6 mois, ou de l'une de ces deux peines seulement, tout armateur ou propriétaire qui a continué à faire naviguer un navire visé à l'article premier dont le permis de navigation a été suspendu en vertu de l'article 14 de la présente loi.

Est puni pour chaque infraction constatée, d'une amende de 400 à 4.000 francs et d'un emprisonnement de 1 mois à 1 an, ou de l'une de ces deux peines seulement, tout armateur ou propriétaire qui a fait naviguer un navire visé à l'article premier pour lequel le permis de navigation a été refusé ou retiré par application des articles 13 et 14 de la présente loi.

ART. **35.** — Est puni d'une amende de 100 à 1.000 francs tout armateur ou propriétaire qui a fait naviguer un navire visé à l'article premier avec un permis de navigation périmé, à moins que la déchéance du permis ne soit survenue en cours de route.

ART. **36.** — Dans les cas prévus aux trois articles précédents, l'armateur ou propriétaire qui commande lui-même son navire peut, indépendamment des peines dont il est passible en vertu des dits articles, être puni par le Ministre de la Marine du retrait temporaire ou définitif de la faculté de commander.

Chapitre II. — Capitaines et équipages.

ART. **37.** — Le capitaine qui a commis personnellement ou d'accord avec l'armateur ou propriétaire du navire les infractions prévues et réprimées par les articles 33, 34 et 35, est passible des pénalités prévues aux dits articles.

Art. **38**. — Les peines prononcées contre le capitaine pourront être réduites au quart de celles prononcées contre l'armateur ou propriétaire, s'il est prouvé que le capitaine a reçu un ordre écrit ou verbal de cet armateur propriétaire.

Art. **39**. — Tout membre de l'équipage qui aura provoqué une visite à bord, en s'appuyant sciemment sur des allégations inexactes, sera puni de 6 jours à 3 mois de prison ; s'il n'y a pas eu mauvaise foi de sa part, la peine de l'emprisonnement pourra descendre au dessous de six jours.

Chapitre III. — Récidive. — Compétence. — Prescription.

Art. **40**. — Les peines d'amende et d'emprisonnement prévues aux articles 33 à 35 inclus et aux articles 37, 38 et 39 peuvent être portées au double en cas de récidive.

Il y a récidive lorsque le contrevenant a subi, dans les douze mois qui précèdent, une condamnation pour des faits réprimés par la présente loi.

Art. **41**. — Les infractions prévues par la présente loi sont de la compétence des tribunaux correctionnels.

Art. **42**. — Les dispositions de l'article 463 du Code pénal et de la loi du 26 Mars 1891 sur le sursis à l'exécution de la peine sont applicables aux infractions prévues par la présente loi.

Art. **43**. — Dans les cas prévus par la présente loi, l'action publique et l'action civile se prescrivent dans les conditions fixées par les articles 636 et 638 du Code d'Instruction Criminelle.

Art. **44**. — En cas de négligence ou de manquement d'une nature quelconque dans l'exercice de leurs fonctions, commis par des membres de la Commission prévue à l'article 4 ou des experts dont la nomination est prévue aux articles 6 et 8 et qui ne sont ni officiers, ni fonctionnaires en activité de service, le Ministre de la Marine ou le Ministre du Commerce et de l'Industrie, suivant les cas, pourra prononcer la radiation momentanée ou définitive de ces membres de la liste générale prévue au § 13 de l'article 4.

La radiation est prononcée sur l'avis de la Commission supérieure instituée par l'article 19.

Les dispositions des paragraphes 1 et 2 de l'article 177 du Code pénal sont applicables aux membres de la Commission et aux experts visés au paragraphe premier du présent article. Celles des articles 179 et 180 du même code sont applicables aux armateurs et propriétaires de navires, ainsi qu'à leurs capitaines ou autres représentants.

Art. **45**. — Le montant des sommes provenant des amendes prononcées en vertu de la présente loi est versé pour moitié à la Caisse des Invalides de la Marine, pour moitié à la Caisse de Prévoyance des marins français.

TITRE IV. — *Dispositions générales*.

Art. **46**. — Toute clause de contrat d'engagement contraire aux dispositions des articles 21 à 30 précédents et aux règlements d'administration publique qui les concernent est nulle de plein droit.

Art. **47**. — Dans tous les articles de la présente loi, l'expression de capitaine qui y figure doit être comprise comme concernant le capitaine, maître ou patron, ou celui qui en remplit effectivement les fonctions.

Art. **48**. — A partir de la promulgation de la présente loi, le permis de navigation institué pour la navigation d'agrément par l'article premier de la Loi du 20 Juillet 1897 (¹), prend le nom de permis de plaisance.

Art. **49**. — La présente loi est applicable à la navigation de plaisance, sauf en ce qui concerne les articles 21 à 31 (titre II, chapitres I, II, III et IV).

Un règlement d'administration publique spécial, rendu après avis du Conseil supérieur de la Navigation Maritime, déterminera pour les navires de plaisance de plus de 25 tonnaux les conditions d'application desdits articles 21 à 31 et celles auxquelles devront satisfaire les propriétaires de ces navires pour avoir le droit d'en exercer le commandement.

Art. 50. — Indépendamment des dispositions de la présente loi, les navires affectés au transport des émigrants ou à un service postal restent soumis au régime spécial auquel ils sont assujettis. soit par les lois et décrets relatifs à l'émigration, soit par les cahiers des charges concernant l'exploitation des services maritimes postaux.

Art. 51. — Les membres des commissions prévues aux articles 4, 6, 8 et 19, qui ne sont ni officiers ni fonctionnaires en activité de service, recevront des rétributions sur les fonds du budget du Département de la Marine.

Ils ne seront pas assujettis en raison de ces fonctions à la contribution des patentes.

Art. 52. — La visite avant mise en service et les visites périodiques donneront lieu à la perception d'un droit qui sera de cinq centimes par tonneau de jauge brute pour les navires armés au long cours, et de trois centimes pour les navires armés au cabotage ou à la pêche. Ce droit sera dû par le propriétaire du navire visité qui sera exempt de tous autres frais.

Les visites de partance donneront lieu, quelle que soit la nationalité du navire, à la perception d'un droit de vingt francs (20 Frs) pour les navires armés au long-cours ou au cabotage international, et de dix francs (10 Frs) pour les navires armés au cabotage national. Les visites de partance faites aux navires armés à la grande pêche seront gratuites, de même que celles facultativement faites aux navires armés au bornage ou à la petite pêche.

Il ne pourra pas être perçu plus d'un droit de visite par mois pour le même navire. La présentation du dernier certificat de visite mentionnant que le droit a été acquitté justifiera de son paiement dans tout port français.

Les visites exceptionnelles donneront lieu à la perception d'un droit de vingt francs (20 Frs) pour les navires armés au long-cours ou au cabotage international ; à la perception d'un droit de dix francs (10 Frs) pour les navires se livrant aux autres navigations. Ce droit sera à la charge des armateurs sauf dans le cas de réclamation de l'équipage reconnue non fondée. Dans ce cas l'administrateur de l'Inscription Maritime retiendra le montant de ce droit sur les salaires des plaignants dont la mauvaise foi aura été reconnue.

Art. 53. — Un règlement d'administration publique rendu sur la proposition du Ministre de la Marine et du Ministre du Commerce et de l'Industrie, après avis du Conseil supérieur de la navigation maritime fixera :

1º Les renseignements, dessins et plans que devra contenir toute demande adressée à l'administrateur de l'Inscription Maritime par le propriétaire d'un navire de plus de 25 tonneaux de jauge brute, en vue d'obtenir un permis de navigation ;

2º Le cube d'air des locaux affectés à l'habitation de l'équipage et des personnes embarquées et les dispositions générales propres à en assurer la salubrité, l'installation des couchettes, lavabos et autres détails afférents à ces locaux, les mesures de propreté et d'entretien qui y seront observées et les aménagements nécessaires à la bonne conservation des vivres et des boissons ;

3º Les conditions que devront remplir les appareils à vapeur, qu'il s'agisse d'un navire à vapeur ou à propulsion mécanique, ou d'un navire comportant des appareils à vapeur ;

4º L'énumération des instruments nautiques et de tous les objets d'armement et de rechange qui devront être obligatoirement à bord de tout navire, ainsi que les conditions auxquelles doivent satisfaire ces différents instruments ou objets pour remplir leur destination ;

5º L'énumération des installations, embarcations, appareils ou engins de sauvetage que devra posséder le navire en vue d'assurer le sauvetage collectif ou individuel, ainsi que les communications, en cas de sinistre, du navire avec la terre ;

6º Le détail du matériel médical et pharmaceutique établi d'après la durée de la navigation et le chiffre du personnel embarqué ;

7° Les règles générales d'après lesquelles sera calculé le tirant d'eau maximum et seront apposées les marques qui devront indiquer ce maximum sur la coque des navires, règles pour la détermination desquelles il sera fait appel au concours de sociétés de classification reconnues par le Ministre de la Marine ;

8° Les règles générales d'après lesquelles sera calculé, pour les navires à passagers, le nombre maximum de ceux-ci ;

9° Les règles d'après lesquelles il pourra être exigé un médecin à bord des navires de commerce ;

10° Les détails relatifs au fonctionnement de la Commission supérieure et à la procédure à suivre pour les appels, avis, enquêtes et expertises ;

11° Les conditions dans lesquelles la présente loi et les règlements d'administration publique rendus pour assurer son exécution seront portés à la connaissance des intéressés.

Les prescriptions de ce règlement d'administration publique qui entraîneraient des modifications notables d'aménagement, d'installation ou de construction ne seront pas applicables aux navires en service au moment de la mise en vigueur de la loi.

ART. 54. — Un règlement d'administration publique rendu sur la proposition du Ministre de la Marine et du Ministre du Commerce et de l'Industrie, après avis du Conseil supérieur de la navigation maritime, déterminera :

1° Celles des prescriptions qui ne seront pas applicables ou qui ne seront applicables que sous certaines réserves aux navires en service au moment de la mise en vigueur de la présente loi ;

2° Les circonstances dans lesquelles l'autorité maritime pourra exiger que le service du pont pour les officiers, soit organisé en plus de deux quarts ;

3° Les cas autres que ceux indiqués au paragraphe 1er de l'article 25, dans lesquels le personnel des machines devra comprendre trois quarts ;

4° Les conditions dans lesquelles le travail sera organisé sur les navires visés à l'article 32 de la présente loi ;

5° Les exceptions que, d'une manière générale, devra comporter la réglementation du travail édictée par les articles 21 à 30 inclus, que ces exceptions soient motivées par la brièveté des traversées, la fréquence et la durée des séjours dans les ports, la nature du service auquel le navire est destiné, ou pour toute autre cause.

ART. 55. — Les bâtiments de commerce ou de pêche de moins de 25 tonneaux de jauge brute seront soumis à une visite annuelle. Un règlement d'administration publique déterminera les formes dans lesquelles il sera procédé à ces visites, ainsi que les conditions dans lesquelles sera assurée la surveillance permanente des appareils à vapeur ou à propulsion mécanique.

ART. 56. — Les navires de plus de 25 tonneaux ne seront plus soumis à d'autres visites que celles prescrites par les articles 1, 5 et 7 de la présente loi.

La présente loi sera mise en vigueur six mois après la promulgation des règlements d'administration publique prévus aux articles 53 et 54.

Toutefois, pour les navires actuellement en service, le Ministre de la Marine pourra accorder des délais en raison de l'état actuel de leurs aménagements et de l'importance du matériel de la compagnie ou de la maison d'armement à laquelle ils appartiennent, de manière à faciliter l'application progressive des dispositions de la présente loi.

ART. 57. — Sont abrogés, à partir de la mise en vigueur des règlements d'administration publique prévus par la présente loi, tous textes de lois, décrets, règlements, circulaires ayant pour objet la visite des bâtiments et notamment les dispositions y relatives du Règlement du Roi du

13 Février 1785, des Décrets du 4 Juillet 1853, du Décret du 19 Novembre 1859 et du Décret du 2 Juillet 1894.

Seront également abrogés, à partir de la mise en vigueur de la présente loi, le Décret du 1er Février 1893, et tous les actes relatifs à l'embarquement des novices et des mousses à bord des navires de commerce et de pêche, notamment les Décret-Loi et Décrets des 23 Mars 1852 15 Mars 1862 et 2 Mai 1863.

Est abrogé le deuxième paragraphe de l'article 76 du Décret-Loi disciplinaire et pénal pour la marine marchande du 24 Mars 1852.

Sont abrogées, d'une manière générale, toutes dispositions des lois, décrets et règlements antérieurs en ce qu'elles ont de contraire à la présente loi.

La présente loi, délibérée et adoptée par le Sénat et par la Chambre des Députés, sera exécutée comme loi de l'État.

VI. — ARRÊTÉ DU MINISTRE DE LA MARINE DU 5 SEPTEMBRE 1908

désignant les Sociétés de classification reconnues pour l'exécution de la Loi du 17 Avril 1907.

ARTICLE 1er. — Les Sociétés du Bureau Véritas et du Lloyds Register of British and Foreign Shipping sont admises au nombre des registres de classification dont la première cote fait bénéficier les navires auxquels elle a été accordée des dispenses indiquées par la Loi du 17 Avril 1907 et les règlements d'administration publique rendus pour l'exécution de cette loi.

ART. 2. — Pour le Bureau Veritas, la première cote est exprimée, pour les navires en fer ou en acier, par le symbole 3/3 1.1 et, pour les navires en bois, par l'un des symboles 3/3 1.1 ou 5/6 1.1.

Pour le Lloyd's Register of British and Foreign Shipping, elle est exprimée, pour les navires en fer ou en acier, par le symbole 100 A et pour les navires en bois par les symboles A 1 et A 1 (rouge).

VII. — DÉCRET DU 20 SEPTEMBRE 1908

portant règlement d'administration publique pour l'exécution de l'article 54, nᵒˢ 2, 3, 4 et 5, de la Loi du 17 Avril 1907.

Chapitre I. — Organisation des quarts pour l'état-major du pont et le personnel des machines.

ART. 1ᵉʳ. — Sur les navires ayant à bord, avec le capitaine, au moins deux officiers, le service du pont est organisé en plus de deux quarts pour les officiers dans les cas ci-après, savoir :

Sur les navires à voiles, lorsqu'ils sont armés pour une destination de long cours au delà des caps Horn ou de Bonne-Espérance ;

Sur les navires à vapeur,

a) Lorsqu'ils ont une jauge brute d'au moins 3.000 tonneaux,

b) Lorsqu'ils doivent effectuer une traversée d'une durée normale de plus de 10 jours ;

c) Lorsque le voyage qu'ils doivent accomplir comporte, soit à la mer, soit dans les ports, un service continu entraînant, pour l'un des officiers plus de 12 heures rétribuées de travail supplémentaire par période de sept jours consécutifs.

ART. 2. — Sur les navires de commerce autres que ceux désignés à l'article 25 de la Loi du 17 Avril 1907, ayant 200 tonneaux et au-dessus de jauge brute, le service des machines doit être organisé en trois quarts, quand l'organisation à deux quarts aurait pour effet d'imposer au personnel de la machine, plus de 10 heures de travail par jour pendant plus de deux jours consécutifs.

Chapitre II. — Réglementation du travail à bord des bâtiments de pêche de plus de 25 tonneaux et sur les bâtiments de commerce de plus de 25 et de moins de 200 tonneaux, pratiquant des navigations autres que le long-cours et le cabotage international.

SECTION Iʳᵉ. — BATIMENTS DE PÊCHE DE PLUS DE 25 TONNEAUX.

ART. 3. — A bord de tout navire armé aux grandes pêches il doit y avoir avec le capitaine, un second possédant soit le brevet de capitaine au long-cours, de lieutenant au long-cours ou de maître au cabotage, soit le diplôme d'élève ou d'officier de la Marine marchande, et au moins un autre officier.

A titre transitoire pourront exercer les fonctions de second ou d'officier, les marins qui, au moment de la mise en vigueur du présent Règlement auront, en fait, exercé, durant deux campagnes de pêche, les fonctions de second sur des navires de grande pêche.

ART. 4. — Tout mécanicien chargé de la conduite de la machine sur un bâtiment de pêche à propulsion mécanique doit être breveté.

Tout mécanicien chef de quart sur un bâtiment de pêche à vapeur d'au moins 500 chevaux doit être breveté.

A titre transitoire sont dispensés de toute autre justification les hommes qui, au moment de la mise en vigueur du présent Règlement, auront exercé durant deux campagnes de pêche les fonctions de chef mécanicien, ou de mécanicien chef de quart, suivant les cas.

ART. 5. — Les bâtiments de pêche de plus de 25 tonneaux s'éloignant habituellement du port pendant une durée de plus de 72 heures sont soumis aux dispositions suivantes.

En route, le personnel du pont comprend deux quarts au moins ; le personnel de la machine comprend deux ou trois quarts, suivant que la durée normale du voyage pour se rendre sur les lieux de pêche est inférieure ou non à quarante-huit heures.

Sur les lieux de pêche, il est accordé chaque jour aux hommes un repos minimum de huit heures, qui peut être réduit à six heures pendant cinq jours au plus.

Dans le port ou sur une rade abritée, le travail du personnel du pont ne peut être prolongé pendant plus de dix heures, si ce n'est pour le déchargement du poisson ; le travail du personnel de la machine ne doit pas excéder neuf heures.

Art. **6.** — L'organisation du service à bord incombe au capitaine du navire ; il lui appartient notamment, de fixer l'heure à laquelle commence la journée de travail pour le roulement des quarts, ainsi que de la durée de chaque quart.

Le tableau réglant l'organisation du travail à la mer, établi par le capitaine du navire, visé par l'inspecteur de la navigation et consigné sur le journal de bord est affiché dans les postes d'équipage. Les modifications apportées à ce tableau en cours de route sont également consignées sur le journal de bord, et affichées dans les postes d'équipage.

Art. **7.** — Aucun homme de l'équipage d'un navire de pêche ne peut refuser ses services, quelle que soit la durée des heures de travail qui lui sont commandées.

Mais, hors les cas de force majeure et ceux où soit le salut du navire ou de l'équipage, soit la conservation des engins et des produits de pêche est en jeu, cas dont le capitaine est juge, toute heure de travail commandée au delà des limites fixées par l'article 5, donne lieu à une allocation supplémentaire.

Le Capitaine du navire doit faire mention, sur le journal du bord, des circonstances exceptionnelles visées au paragraphe précédent.

Art. **8.** — Il est tenu, sur chaque navire, un registre coté et paraphé par l'Administrateur de l'Inscription Maritime.

Le capitaine y relate les circonstances exceptionnelles mentionnées au livre de bord et qui l'ont amené à ordonner des heures de travail supplémentaires.

Lorsque ces heures de travail donnent droit à des allocations supplémentaires, le décompte des allocations avec la désignation des bénéficiaires est inscrit sur le registre.

Ces mentions sont visées par un représentant du personnel du pont ou du personnel de la machine, suivant les cas.

Le registre est mis à la disposition des membres de l'équipage, qui peuvent y consigner leurs observations.

Art. **9.** — Le taux de la rémunération des heures supplémentaires, réglé selon les contrats et usages, est porté au rôle d'équipage ainsi qu'au registre prévu à l'article précédent.

Art. **10.** — Les représentants du personnel du pont et du personnel des machines, sont pris chaque semaine dans chacune des deux catégories, par roulement, suivant l'ordre du rôle d'équipage, le premier étant tiré au sort.

Ce tirage au sort est effectué par le capitaine, en présence d'un délégué du personnel du pont et d'un délégué du personnel des machines le jour du départ du navire.

Les novices et les mousses ne peuvent jamais être appelés à représenter le personnel.

Art. **11.** — De 8 heures du soir à 4 heures du matin, les mousses et les novices, ne peuvent être employés à aucun travail autre que celui de la pêche, sans que ce travail puisse d'ailleurs se prolonger pendant plus de trois jours consécutifs suivis de quatre jours d'interruption.

Ils doivent, en tous cas, être assurés d'un repos minimum et non interrompu de 8 heures sur 24 et d'autres repos qui complètent le total à 12 heures.

Les mousses et les novices âgés de moins de dix-huit ans ne peuvent être embarqués sur les dorys de pêche.

Art. **12.** — Lorsque le personnel des machines n'a pu, en route, bénéficier du repos hebdomadaire à raison des exigences du service, le capitaine doit, autant que possible, accorder ce repos soit collectivement, soit par roulement, et dans la mesure où les hommes en ont été privés. Ce repos est accordé dès que le navire fait escale dans un port ou sur une rade abritée de France, des colonies françaises ou de l'étranger, si la durée de cette escale permet de donner ledit repos à la moitié au moins du personnel visé ci-dessus.

Section II. — Batiments de commerce de 25 à 200 tonneaux de jauge brute et pratiquant des navigations autres que le long-cours et le cabotage international.

Art. **13.** — Tout mécanicien chargé de la conduite de la machine à vapeur sur un bâtiment de commerce de 25 à 200 tonneaux de jauge brute, pratiquant des navigations autres que le long-cours et le cabotage international, doit être breveté.

Art. **14.** — Sur ces navires, hors les cas de force majeure, et ceux où le salut du navire, des personnes embarquées ou de la cargaison est en jeu, cas dont le capitaine est juge, et qu'il doit mentionner au livre de bord, aucun homme de l'équipage [du pont] [1] ne peut être astreint à faire, sans une rémunération supplémentaire, calculée conformément aux contrats et usages, pour les 6 jours de travail de la semaine, plus de 72 heures de travail, s'il appartient au personnel du pont et plus de 54 heures lorsqu'il fait partie du personnel de la machine et que le service de la machine est réglé à deux quarts.

Art. **15.** — Les dispositions des articles 6, 8, 9, 10 et 12, sont applicables aux navires visés à la présente section.

Chapitre III. — Exceptions et dispositions spéciales.

Art. **16.** — Sur les navires de commerce de 200 tonneaux et au-dessus de jauge brute, il peut n'y avoir soit pour le pont, soit pour la machine, qu'une seule bordée lorsque, à raison de la brièveté des traversées, le service du bord peut être organisé de manière à satisfaire, pour un intervalle de 24 heures, aux conditions suivantes :

1º La durée totale du travail ne dépasse pas 12 heures, pour le personnel du pont, et 9 heures, pour le personnel de la machine ;

2º Le service ne comporte pas plus de 7 heures de travail consécutif sur le pont et plus de 5 heures de travail consécutif dans la machine ;

3º Le personnel bénéficie d'un repos ininterrompu de six heures au moins.

En ce qui concerne les heures de travail supplémentaires, ces navires sont soumis, quel que soit leur tonnage, aux règles fixées par l'article 14 ci-dessus.

Art. **17.** — Les prescriptions des articles 21 à 28 de la Loi du 17 Avril 1907 ne s'appliquent pas aux navires employés à des opérations de pilotage, de renflouage, d'assistance ou de sauvetage.

Il en est de même pour les navires employés à des opérations de remorquage, pourvu que la durée du travail ne dépasse pas soixante-douze heures sur le pont et cinquante-quatre heures dans la machine pendant les six jours de travail de chaque semaine.

Art. **18.** — Les dispositions du deuxième paragraphe de l'article 25 de la Loi du 17 Avril 1907 ne sont pas applicables lorsqu'un corps ou groupe de chaudières comporte, dans une même chaufferie, quatre fourneaux ou quatre portes, mais que la surface totale de grille n'excède pas :

---

[1] Ces mots, qui figurent au *Journal Officiel*, sont évidemment à supprimer.

1° 7m2,30, s'il s'agit de chaudières ordinaires à retour de flamme fonctionnant au tirage naturel ;

2° 7 mètres carrés, s'il s'agit de chaudières à tubes d'eau fonctionnant au tirage naturel ;

3° 6 mètres carrés, s'il s'agit de chaudières fonctionnant au tirage forcé par soufflage ;

4° 5 mètres carrés, s'il s'agit de chaudières fonctionnant au tirage forcé accéléré.

La surface de grille ci-dessus envisagée se mesure, pour les chaudières à tubes de flamme, depuis l'origine du foyer jusqu'au plan de la plaque à tubes arrière. Pour les chaudières à tube d'eau, cette surface se mesure jusqu'à l'autel.

Les dispositions du deuxième paragraphe du même article 25 ne sont pas applicables, lorsque le navire est pourvu d'installations automatiques ou possède des moyens de chauffage réduisant le travail du personnel.

ART. **19.** — Quand, par suite d'un cas de force majeure, le navire se trouve privé, au cours d'un voyage, d'un des officiers, soit du pont, soit de la machine, prévus par la Loi du 17 Avril 1907 et par le présent Règlement, le capitaine doit pourvoir à son remplacement à la première escale dans un port de France ou d'Algérie.

Toutefois, le capitaine peut être déchargé de cette obligation par l'Administrateur de l'Inscription Maritime du port d'escale, si, eu égard à la durée de cette escale et aux ressources du port, ce fonctionnaire déclare que le remplacement ne peut être effectué ; cette déclaration est mentionnée au rôle d'équipage.

ART. **20.** — Le Ministre de la Marine et le Ministre du Commerce et de l'Industrie sont chargés, chacun en ce qui le concerne, de l'exécution du présent décret, qui sera publié au *Journal Officiel* et inséré au *Bulletin des Lois.*

VIII. — DÉCRET DU 21 SEPTEMBRE 1908

portant règlement d'administration publique pour l'exécution des articles 53 et 54, n° 1,
de la Loi du 17 Avril 1907.

Chapitre premier. — Renseignements, dessins et plans que doit contenir toute demande de permis de navigation.

Art. **Premier.** — La demande formée par le propriétaire d'un navire de plus de 25 tonneaux de jauge brute, en vue d'obtenir le permis de navigation visé par l'article 1er de la Loi du 17 Avril 1907, indique, indépendamment des mentions prescrites à l'article 10 de ladite loi :

1° Le nom du constructeur du navire, le lieu de construction et la date de la mise à l'eau ;

2° Le nombre maximum d'hommes d'équipage (pont, machine, service général) auxquels peuvent être affectés les locaux du bord ;

3° La cote que possède le navire sur le registre d'une Société de classification reconnue, si le propriétaire désire bénéficier des dispositions prévues en faveur des navires cotés.

Elle doit mentionner, en outre, s'il s'agit d'un navire à propulsion mécanique à vapeur ou autre, ou d'un navire comportant des appareils à vapeur ou des moteurs mécaniques :

1° Le système des machines motrices et leur puissance en chevaux de 75 kilogrammmètres par seconde indiquée sur les pistons ;

2° Les dispositions générales de l'appareil moteur, à savoir ; nombre et type des machines alternatives (nombre de cylindres et nombre des hélices), nombre et type des turbines (nombre des turbines de marche avant et arrière), haute et basse pression ;

3° Les moteurs auxiliaires de toute nature ;

4° Le nombre des chaudières et leur type, avec l'indication d'un numéro d'ordre distinctif pour chacune d'elles;

5° Le système de tirage (forcé ou naturel); le nombre des foyers de chaque chaudière principale ou auxiliaire, le nombre total de foyers de chaudières principales ainsi que la surface totale de grille de ces foyers et la surface de grille de chacun d'eux; enfin, la répartition des foyers dans les diverses chaufferies. La surface de grille ci-dessus envisagée se mesure, pour les chaudières à tubes de flamme, depuis l'origine du foyer jusqu'au plan de la plaque à tubes arrière. Pour les chaudières à tubes d'eau, cette surface se mesure jusqu'à l'autel ;

6° La surface de chauffe et la capacité intérieure de chacune des chaudières ;

7° Le numéro du timbre exprimant en kilogrammes, par centimètre carré, la pression effective maximum sous laquelle ces appareils doivent fonctionner ;

8° Le nombre et la description des soupapes de sûreté ;

9° S'il y a lieu, le nombre, la capacité et le timbre des récipients de vapeur placés à bord ;

10° Le nom des constructeurs de ces divers appareils, le lieu de la construction et la date de mise en service, comptée à dater du lancement, ou, si ces appareils avaient déjà servi avant leur embarquement, soit sur un autre navire, soit à terre, la date à laquelle remonte leur première mise en fonctionnement.

S'il s'agit d'un navire nouvellement acquis à l'étranger, mais de construction ancienne, ayant reçu, postérieurement à son lancement, des appareils à vapeur, neufs ou usagés, la demande doit faire connaître la date de la mise en service, telle qu'elle ressort des pièces officielles ou authentiquées par l'autorité consulaire.

Art. 2. — A la demande sont jointes les pièces suivantes :

1° Un plan d'ensemble du navire, figurant les cales, les soutes, les aménagements affectés à l'équipage et aux passagers, un plan ou croquis donnant l'emplacement et la disposition des cloisons étanches et indiquant en particulier le système d'épuisement des divers compartiments et les portes étanches. Pour les navires construits à l'étranger, il peut être suppléé à l'absence de plan par une description détaillée des aménagements du navire ;

2° Des documents établissant que le tirant d'eau maximum a été déterminé conformément aux indications de l'article 113 du présent décret.

Lorsque le propriétaire désire bénéficier des dispositions prévues par la loi en faveur des navires cotés au registre d'une Société de classification reconnue par le Ministre de la Marine conformément à l'article 1er de la Loi du 17 Avril 1907, il produit un certificat de classification délivré par ladite Société et constatant :

a) Que la navire possède la première cote définie dans l'arrêté ministériel admettant la Société au bénéfice des dispositions de la Loi du 17 Avril 1907 ;

b) S'il y a lieu, que le registre de la dite société mentionne que le navire possède la marque spéciale de cloisonnement indiquant qu'il est subdivisé en un nombre de compartiments lui permettant de flotter avec l'un quelconque de ces compartiments envahi par l'eau ;

c) S'il s'agit d'un navire acquis à l'étranger, qu'il satisfait aux conditions exigées pour l'attribution de la première cote.

Pour les navires munis d'appareils à propulsion mécanique à vapeur ou autres, il est fourni en outre :

1° Un plan détaillé et coté des machines et des chaudières et un dessin détaillé et coté des soupapes de sûreté.

Pour les navires acquis à l'étranger, il peut être suppléé à l'absence de plan par une description détaillée des aménagements du navire ;

2° Des documents officiels, ou authentiqués par l'autorité consulaire, s'ils proviennent de l'étranger, établissant la date de mise en service des appareils moteurs existant à bord.

Pour les navires cotés au registre d'une Société de classification reconnue, il est produit un certificat de classification des machines et chaudières délivré par ladite société et constatant que ces appareils ont satisfait aux conditions exigées pour l'attribution de la première cote.

Art 3. — A l'appui des demandes de permis de navigation formulées dans les cas prévus à l'article 5 de la Loi du 17 Avril 1907, le propriétaire du navire fait connaître :

1° Les points sur lesquels se trouvent modifiées les indications qu'il a fournies à l'appui des demandes précédentes de permis de navigation ;

2° La date à laquelle il désire soumettre son navire à la visite ;

3° La date de la dernière visite annuelle ;

4° La date de la dernière visite en cale sèche ;

5° La date de la mise en service des chaudières principales et auxiliaires ainsi que celle de la dernière épreuve hydraulique.

Si le délai réglementaire pour la visite en cale sèche n'expire pas en même temps que le délai réglementaire pour la visite annuelle, le propriétaire fait connaître, en outre, s'il désire soumettre la carène à l'examen de la Commission de visite instituée par l'article 6 de la loi.

Lorsque le navire est coté au registre d'une société de classification reconnue, le propriétaire joint à la demande un document extrait dudit registre et établissant que le navire possède toujours la première cote.

Le propriétaire qui réclame une visite extraordinaire à la suite d'avaries graves ou de notables changements dans la construction ou les aménagements du navire, précise, dans sa demande, les circonstances de l'accident et donne le détail des réparations ou transformations exécutées.

Il indique la date à laquelle il désire soumettre son navire à la Commission pour constatation de la bonne exécution des travaux de réparation ou de transformation.

Si le navire est coté au registre d'une Société de classification reconnue, le propriétaire produit un certificat émanant de ladite société et constatant que les travaux ont été exécutés sous le contrôle de la Société, de façon à justifier le maintien de la première cote.

Art. 4. — La demande de permis de navigation, formée par le propriétaire d'un navire étranger embarquant des passagers dans un port français, doit, lorsque le navire ne bénéficie pas de la dispense prévue aux articles 3 et 5 de la Loi du 17 Avril 1907, contenir les renseignements et documents énumérés aux articles 1 à 3 ci-dessus.

Chapitre II. — Prescriptions relatives à l'hygiène et à la salubrité.

Section I. — Locaux affectés au personnel du bord et aux passagers.

Art. 5. — Les locaux affectés au personnel doivent représenter au minimum, en dehors des bouteilles et poulaines, un cube d'air de 3m3500 et une surface horizontale de 1m250 par personne. Pour le calcul du volume d'air, ne sont pas déduits les lits, les objets de couchage, les tables et les sièges.

Les locaux affectés spécialement au couchage doivent représenter, au minimum, un volume de 2m3150 et une surface horizontale de 1m215 par personne.

L'indication du nombre maximum d'hommes qui peuvent être logés dans chaque compartiment réservé au couchage est marquée en creux sur la porte ou sur l'écoutille dudit compartiment.

Art. 6. — La hauteur des locaux affectés à l'équipage, mesurée de la face supérieure des barrots du pont formant plancher à la face supérieure des barrots du pont formant plafond, ne peut pas être inférieure à 1m83.

Art. 7. — Dans les locaux affectés au personnel, les ponts formant plancher et plafond, ainsi que les parois, doivent être étanches.

Si le pont formant plancher des locaux réservés au couchage est en bois, ou recouvert de bois, ses coutures doivent être calfatées; s'il est en tôle, il doit être recouvert d'un enduit ou d'une substance mauvaise conductrice de la chaleur et d'un entretien facile.

Lorsque le plafond des locaux réservés au couchage est formé par un pont découvert en tôle, la surface extérieure de ce pont doit être recouverte d'un bordé en bois. La face inférieure des ponts en tôle, découverts ou non, ne doit être recouverte d'aucun soufflage, à moins qu'il ne soit appliqué directement sur la tôle.

Les parois de tous les locaux affectés au personnel du bord sont recouvertes d'une peinture de couleur claire ou d'un enduit lavable.

Sur les navires à coque métallique, les parois latérales des locaux réservés au couchage ne doivent pas être vaigrées ; mais un garnissage en bois de 0m40 de hauteur doit être placé par le travers de chaque couchette, contre le bordé extérieur ou contre une cloison métallique.

Les écubiers des chaînes d'ancre ne peuvent déboucher dans les compartiments réservés au couchage du personnel, qui ne doivent contenir ni guindeau, ni cabestans, ni aucun appareil analogue.

Art. 8. — Les écoutilles des compartiments situés au-dessous des locaux affectés au personnel du bord sont munies de fermetures hermétiques.

Les locaux affectés au logement de l'équipage sont séparés, par des cloisons ou par des ponts étanches ou dûment calfatés, des locaux destinés à recevoir les marchandises, les approvisionnements et le matériel du bord, ainsi que des cuisines, lampisteries, magasins à peinture, water-closets et parcs à bestiaux.

Aucun tuyautage de vapeur, à l'exception de celui des appareils de chauffage et de celui du guindeau, ne peut passer dans les locaux affectés à l'équipage. Lorsque le tuyautage du guindeau passe dans ces locaux il doit être spécialement protégé.

Art. **9.** — Des penderies spéciales, situées en dehors du poste de couchage, sont destinées à recevoir séparément les vêtements de travail des hommes de pont et ceux du personnel des machines.

Art. **10.** — Les postes d'équipage sont garnis d'armoires ou de caissons en nombre égal au nombre maximum d'hommes d'équipage pouvant être logés dans le poste.

Ils sont munis de sièges et de tables pouvant donner place aux deux tiers de l'effectif pour lequel il a été prévu des postes de couchage.

Chaque homme d'équipage doit avoir à son usage exclusif soit un hamac, soit une couchette.

Des locaux séparés, ayant leur accès distinct, sont réservés aux groupes d'hommes de l'équipage d'origine africaine ou asiatique. Ils contiennent les moyens de couchage en usage dans les pays d'origine de cette partie de l'équipage et représentent un volume d'air minimum de $2^{mq}150$ par homme.

Les hamacs, lorsque ce mode de couchage est employé, doivent être accrochés à une distance de un mètre au moins soit des cloisons, soit les uns des autres.

Les couchettes ont au minimum 1^m83 de longueur sur 0^m60 de largeur.

Il ne peut y avoir, en aucun cas, plus de deux couchettes superposées. Les couchettes sans accès indépendant sont interdites.

Lorsqu'il est fait usage de couchettes superposées, le fond de la couchette inférieure doit être au moins à 30 centimètres au-dessus du sol, et le fond de la couchette supérieure à mi-distance entre le fond de la couchette inférieure et le pont.

Aucune couchette ne peut être placée au-dessous des manches à air, ni au-dessous des bittes lorsque celles-ci sont fixées directement sur un pont en tôle.

Art. **11.** — Les locaux réservés à l'équipage sont pourvus, si l'époque de l'année ou les zones maritimes traversées le comportent, d'appareils de chauffage, qui ne peuvent, en aucun cas, être à combustion lente.

Lorsque les poêles sont placés sur un pont en bois, celui-ci doit être protégé par une plaque métallique.

Les poêles et cheminées sont entourés d'un grillage métallique démontable.

S'ils ont une clef d'obturation, celle-ci est pourvue d'un cran d'arrêt empêchant la fermeture complète.

Art. **12.** — Les différents locaux sont éclairés de jour par des hublots latéraux ou des verres prismatiques de pont, par des sabords ou des claires-voies. L'éclairage de nuit est assuré au moyen d'un nombre suffisant d'appareils d'éclairage fixes.

Lorsqu'il est possible de le faire sans danger, il est établi sur chaque barre un nombre de hublots en rapport avec les dimensions des compartiments qu'ils éclairent.

Art. **13.** — Tous les locaux distincts affectés à l'habitation de l'équipage sont pourvus de deux manches à air au moins, placées aux deux extrémités du compartiment et destinées, l'une à aspirer l'air frais, l'autre à évacuer l'air vicié.

Les manches à air comportent une partie fixe et une partie mobile et amovible terminée par un pavillon.

La partie fixe des manches à air doit s'élever au-dessus du pont supérieur à une hauteur minimum de 0^m60 ; le pavillon doit s'élever au-dessus des pavois et au-dessus des superstructures placées dans le voisinage et susceptibles de gêner le fonctionnement des manches.

Les claires-voies des locaux affectés à l'équipage sont, à moins d'impossibilité, disposées de manière à s'ouvrir.

Dans ce cas, et à condition que la hauteur de leur hiloire au-dessus du pont soit au moins égale à 0^m60, elles peuvent remplacer la manche à air d'évacuation ci-dessus prévue.

7

La manche à air d'évacuation peut également être remplacée par un ou plusieurs champignons ; mais, en cas d'adoption de ce dispositif pour les postes situés sous le pont supérieur, la hauteur de l'orifice des champignons doit être au moins égale à celle des pavois ; elle doit être de 0m60, s'il n'existe pas de pavois. Sur les dunettes, gaillards et roufs, cette hauteur et celle des entourages des claires-voies peuvent être réduites à 0m30.

Les cabines et locaux divers affectés aux officiers ou au personnel du bord sont munis, toutes les fois que la chose est possible, d'un dispositif d'évacuation de l'air vicié.

Il en est de même des bouteilles, poulaines et lavabos.

Art. **14**. — Il est disposé, dans deux des angles du poste d'équipage, deux dalots ou conduits servant à l'écoulement des eaux sur le pont ou dans la cale.

Ces ouvertures doivent être munies d'un système de fermeture hermétique.

Art. **15**. — Les cuisines et le four de la boulangerie sont placés sur le pont supérieur, dans les superstructures, ou, en cas d'impossibilité, dans un entrepont supérieur.

La ventilation des cuisines est assurée par des manches à air ou par tout autre dispositif convenable.

Lorsque le plancher des cuisines est en bois, il doit être protégé par une plaque métallique. Les cloisons en bois dans le voisinage des fourneaux sont protégées de la même façon.

Art. **16**. — Les bouteilles et poulaines sont placées dans les parties supérieures du navire ; elles sont construites et disposées de façon à éviter les mauvaises odeurs.

Sur les navires à coque métallique, le sol des poulaines est formé d'un revêtement imperméable ou d'un revêtement jointif se prêtant facilement au lavage ; des dispositions sont prises pour que les poulaines puissent être nettoyées à grande eau ; leurs cloisons en tôle ne peuvent pas être recouvertes de bois ; elles sont munies d'appuis convenablement disposés.

Les bouteilles sont pourvues de chasses d'eau abondantes.

Sur tout navire, il est exigé au moins une bouteille ou une poulaine.

Lorsque le personnel du bord comprend 10 personnes ou davantage, mais est inférieur à 25 personnes, il doit y avoir au moins une bouteille et une poulaine.

Lorsque le personnel du bord comprend de 25 à 40 personnes, il doit y avoir trois places dans la poulaine. Au-dessus de ce chiffre, il est prévu une place en plus par 40 ou fraction de 40 personnes.

Art. **17**. — Lorsque le personnel de la machine comprend plus de 10 hommes, indépendamment des officiers, un local spécial, pourvu d'un robinet distributeur d'eau douce, est affecté aux soins de propreté de ce personnel.

Ce local, qui est placé autant que possible au-dessus de la ligne de flottaison et au voisinage des chaufferies, doit être de dimensions telles que toute une bordée de quart puisse en faire usage simultanément.

Des locaux analogues sont affectés sur les navires à vapeur aux soins de propreté du personnel du pont et des agents de service lorsque l'effectif de chacune de ces deux catégories dépasse 15.

Lorsqu'il existe des robinets d'eau chaude à l'usage de tous les passagers, il en est également installé dans les locaux prévus aux précédents paragraphes.

Des dispositions sont prises pour qu'il puisse être distribué une fois par semaine, pour le lavage du linge, dix litres d'eau douce par homme.

Il est délivré à chaque homme du personnel des machines, après les changements de quart, dix litres d'eau douce.

Art. **18**. — Les couchettes et hamacs sont garnis par l'armement ou le personnel, suivant les usages et les contrats d'engagement, d'objets de couchage qui comportent, dans tous les cas, un matelas et deux couvertures.

Les objets de couchage fournis par l'armement sont désinfectés une fois par an, au moins. Le varech des matelas est renouvelé chaque année ou lorsqu'une maladie s'est déclarée à bord.

Les objets de couchage individuel apportés par le personnel ne sont introduits à bord qu'après avoir été passés à l'étuve.

Art. **19**. — Les locaux affectés au logement de l'équipage sont nettoyés à fond après chaque voyage au long cours ou tous les mois pour les autres navigations. Ils sont désinfectés ou repeints lorsqu'il s'est produit à bord une maladie suspecte ou une affection contagieuse.

Art. **20**. — Les dispositions précédentes sont applicables aux navires de pêche sous réserve des atténuations ci-dessous indiquées :

Les locaux affectés au couchage doivent représenter un volume d'air d'au moins $2^{m3}150$.

La hauteur de planche à planche ne doit pas être inférieure à 1^m83.

Si le pont formant plafond est en tôle, il doit être recouvert d'une bordée en bois. Le pont formant plancher est en bois ou recouvert d'une substance isolante. Les parois et meubles sont recouverts d'une peinture ou enduit lavable.

L'éclairage de jour est assuré par des hublots de côté ou des verres prismatiques dans le pont ou par des claires-voies. Lorsqu'il est possible de le faire sans danger, il est établi sur chaque bord un nombre de hublots en rapport avec les dimensions des compartiments qu'ils éclairent. L'éclairage de nuit est assuré au moyen d'appareils fixes.

L'échelle de descente et le capot doivent être d'un accès facile ; le capot doit pouvoir être fermé hermétiquement pour empêcher l'eau de tomber dans le poste.

Un espace est réservé en dehors du poste pour recevoir les effets cirés. Il est choisi de telle façon qu'on puisse y déposer ces effets avant de pénétrer dans le poste et gagner ensuite ce dernier sans cesser d'être à l'abri.

Un moyen de chauffage est fourni pour chaque logement. Quand il y est installé un fourneau de cuisine, une ouverture spéciale est pratiquée pour dégager le produit de la combustion. Le cube d'air doit en ce cas être augmenté de $0^{m3}100$ par chaque homme.

Une manche à air avec pavillon est placée à un endroit convenable pour introduire l'air frais. L'évacuation de l'air vicié est assurée par une autre manche, des champignons; cols de cygne ou tout autre moyen efficace.

Art. **21**. — Sur tous les navires de pêche, il est exigé au moins une poulaine, qui doit être installée de telle façon qu'elle puisse être boulonnée tantôt à l'avant, tantôt à l'arrière, selon les nécessités de la pêche. Elle doit contenir deux places lorsque le personnel comprend de 30 à 40 hommes, et trois places lorsqu'il comprend plus de 40 hommes. Les poulaines sont couvertes et munies d'appuis solides.

Il n'est jamais exigé de bouteille.

Art. **22**. — Les prescriptions des articles 5 à 15 s'appliquent aux navires de plaisance ayant plus de 360 tonneaux ; elles sont remplacées, pour les navires qui ont moins de 350 tonneaux, par les dispositions suivantes :

Les locaux affectés au couchage de l'équipage doivent avoir un volume d'air d'au moins $2^{m3}150$ par homme.

Si le pont formant plafond est en tôle, il doit être recouvert d'un bordé en bois. Le pont formant plancher doit être en bois ou recouvert d'une substance isolante. Les parois et meubles sont recouverts d'une peinture ou enduit lavable.

L'éclairage est assuré par des hublots de côté ou des verres prismatiques dans le pont, ou par claires-voies.

L'échelle de descente et le capot doivent être d'un accès facile ; le capot doit pouvoir être fermé hermétiquement pour empêcher l'eau de tomber dans le poste.

Une manche à air avec pavillon est placée en un endroit convenable pour introduire l'air frais. L'évacuation de l'air vicié est assurée pour une autre manche, ou par des champignons, cols de cygne ou tout autre moyen efficace.

Art. **23**. — Sur tous les navires, de quelque nature qu'ils soient, les cabines doivent représenter un volume d'air au moins égal à 3^{m}500 par personne. Pour le calcul de ce volume d'air, les lits, les objets de literie, les tables et les sièges ne sont pas déduits.

ART. **24**. — Sur aucun navire les passagers d'entrepont ne doivent être logés dans un entrepont inférieur à celui qui est situé immédiatement au-dessous de la ligne de flottaison en charge.

Les locaux affectés habituellement ou temporairement au couchage des passagers d'entrepont sont séparés des compartiments voisins par des cloisons.

Dans tout local destiné au couchage des passagers d'entrepont, le nombre maximum de personnes pouvant y être admises est affiché d'une façon apparente.

ART. **25**, — Les couchettes ont au minimum 1^{m}83 de longueur sur 56 centimètres de largeur.

Le fond des couchettes inférieures doit être au moins à 15 centimètres au-dessus du sol et le fond des couchettes supérieures à 70 centimètres au moins du fond des couchettes de la rangée inférieure.

Sur les navires de pêche transportant des passagers, les couchettes peuvent être remplacées par des hamacs.

Les entreponts affectés aux logements des passagers sont pourvus d'échelles ayant une largeur minimun de 80 centimètres.

Le nombre des panneaux et celui des échelles sont déterminés comme suit, en raison du nombre de passagers auquel est affecté l'entrepont :

Au-dessous de 50 passagers :
Un panneau. — Une échelle.

De 50 à 149 passagers :
Un panneau. — Deux échelles.

De 150 à 199 passagers :
Un panneau. — Trois échelles.

A partir de 200 passagers :
Deux panneaux. — Quatre échelles
ou un grand panneau muni de quatre échelles.

Les compartiments affectés aux passagers d'entrepont ainsi que leur accès et dépendances doivent être convenablement éclairés pendant le jour. L'éclairage de nuit doit être assuré par des appareils fixes.

Les dispositions prévues pour l'aération doivent être telles que celle-ci soit assurée dans toutes les circonstances.

ART. **26**. — Les lieux d'aisances destinés aux passagers sont placés dans les parties supérieures du navire ; ils sont abrités contre les intempéries et contre la mer et munis d'appuis convenablement disposés.

Des cabinets distincts sont réservés aux femmes. Ceux qui sont affectés aux hommes sont pourvus d'urinoirs.

Les cabinets des hommes comme ceux des femmes peuvent comporter un collecteur commun et plusieurs places. Dans ce cas, les places sont séparées les unes des autres par des cloisons en tôle ayant une hauteur au moins égale à 1 mètre.

Un écran, autant que possible en tôle, est placé devant chaque compartiment.

Le nombre minimum de places est de deux, si le navire ne transporte pas plus de 100 passagers. Au-dessus de 100 passagers, il est exigé une place supplémentaire par 75 passagers en plus.

Une chasse d'eau en état continu de fonctionnement est établie dans tous les lieux d'aisances.

ART. **27**. — Sur tout navire destiné à transporter des passagers de pont pour des voyages comportant des traversées dont la durée normale de port à port dépasse 48 heures, un local spécial est affecté aux soins de propreté de ces passagers.

Art. **28** — Il est tenu sur chaque navire un registre destiné à recevoir les réclamations des passagers qui auraient des plaintes et observations à formuler. Le capitaine peut également y consigner les observations, qu'il jugerait utile, ainsi que les faits qu'il lui paraîtrait important de faire attester par les passagers.

Ce registre, coté et paraphé par l'administrateur de l'Inscription Maritime, doit être communiqué à toute réquisition aux autorités et Commissions chargées de la surveillance du navire.

Art. **29.** — Sur tout navire destiné à effectuer des traversées de plus de 48 heures et devant embarquer plus de 100 personnes y compris le personnel du bord, il doit être installé un hôpital.

Cet hôpital est placé dans un endroit convenablement éclairé et aéré, soit sur le pont, soit dans le premier entrepont ; il est isolé le plus complètement possible des locaux occupés par l'équipage et par les passagers.

L'hôpital est divisé en deux compartiments affectés, l'un aux hommes, l'autre aux femmes. Il est exigé un lit par 40 personnes embarquées, jusqu'à concurrence de 200 personnes. A partir de ce chiffre, il est prévu un lit par 60 personnes en plus.

A l'hôpital sont annexés : 1° une pharmacie, pouvant servir de salle d'opération et ayant des dimensions suffisantes pour recevoir un lit articulé du modèle ordinaire et pour permettre la circulation autour de ce lit ; 2° une salle de bains ; 3° des lieux d'aisances ; 4° une chambre d'isolement comprenant le quart des lits d'hôpital imposés par le paragraphe 3 du présent article.

Le cube d'air des hôpitaux doit représenter au minimum 4 mètres cubes pour chaque personne pouvant y prendre place. La hauteur sous plafond ne peut pas être inférieure à 1^m83.

Les couchettes doivent être en métal peint, verni ou galvanisé ; elles doivent avoir, au minimum, 1^m83 de longueur et 60 centimètres de largeur intérieure et être disposées de telle sorte que leur plus grande dimension soit placée en bordure d'un passage ayant une largeur au moins égale à 1 mètre.

Tant dans l'hôpital que dans les entreponts, quelques lits ayant une largeur de 0^m80 sont réservés aux femmes enceintes ou en couches.

Il peut n'être dressé que la moitié des couchettes de l'hôpital. En aucun cas, elles ne peuvent être superposées.

Section II. — Aménagements nécessaires a la conservation des vivres et des boissons.

Art. **30.** — Les cambuses affectées à la garde et à la conservation des approvisionnements sont exclusivement réservées à cet usage. Elles sont isolées des locaux habités et fermées à clef. Toutefois, sur les navires de pêche, les armoires servant de cambuses peuvent ouvrir sur les locaux habités par le capitaine. Aucun tuyau de vapeur ne doit passer par les cambuses.

Lorsqu'il est percé des ouvertures dans les parois verticales de ces compartiments, elles sont garnies de châssis en toile métallique.

Les cambuses sont pourvues d'armoires et d'étagères en quantité suffisante, surélevées au-dessus du parquet, de façon à permettre le nettoyage de celui-ci.

Les soutes où le vin est conservé sont aérées et d'une température aussi peu élevée que possible.

Art. **31.** — Les navires doivent être approvisionnés d'eau potable. Les récipients à eau douce, généralement connus sous le nom de caisses à eau et de charniers, ne peuvent être en bois. Cette disposition ne s'applique pas, toutefois, aux barils de galère des embarcations. Elle ne s'applique pas non plus aux navires de pêche opérant avec salaison à bord, qui sont autorisés à embarquer l'eau potable dans des barriques neuves ayant subi le traitement nécessaire pour assurer une bonne conservation de l'eau.

Les récipients à eau douce sont revêtus à l'intérieur d'un enduit, ciment ou autre, d'épaisseur convenable.

Ils sont munis d'un tuyau d'air, disposé de façon à ne pas permettre l'introduction de corps étrangers, d'un bouchon de vidange et d'une ouverture assez large pour qu'un homme puisse s'y introduire en vue de leur nettoyage et de leur visite. Cette ouverture est disposée de façon à pouvoir être hermétiquement fermée dans l'intervalle des visites.

Les caisses à douce eau sont placées, autant que possible, dans la cale et surélevées au-dessus du vaigrage.

Elles sont munies d'un tuyau de sonde. Une sonde spéciale est placée au voisinage dudit tuyau.

Une pompe reliée à un tuyautage spécial, est exclusivement affectée à la manutention de l'eau des caisses à eau d'alimentation.

Les joints des tuyaux et des caisses ne sont jamais faits avec des composés du plomb.

L'équipage doit disposer, pour son usage exclusif, de récipients de dimensions convenables. Sur les navires à vapeur, un charnier est réservé au personnel du pont et un autre au personnel de la machine. Ils sont placés au voisinage des postes.

Les récipients sont nettoyés à fond au moins tous les 3 mois ou à la suite de l'apparition d'une épidémie attribuable à l'eau du bord.

ART. **32**. — Les navires à vapeur et les navires à voiles pourvus d'une chaudière, qui sont armés au long-cours et dont l'effectif, équipage et passagers, dépasse trente personnes doivent être munis d'un appareil à distiller l'eau de mer.

Chapitre III. — Appareils moteurs.

SECTION Ire. — APPAREILS A VAPEUR.

ART. **33**. — La chambre des machines motrices et la chambre de chauffe doivent être de dimensions suffisantes pour que toutes les opérations, tant de la conduite et de l'entretien courant des machines que de la chauffe et de l'entretien courant des chaudières puissent s'effectuer sans danger.

Des dispositions sont prises pour que le charbon et les escarbilles ne puissent pénétrer sous le parquet des chaufferies. A cet effet, des gardes et des écrans en tôle sont adaptés sur les chaudières et partout où il est besoin. Des précautions sont prises également pour éviter l'engorgement des pompes de cale des chaufferies.

La chambre de chauffe doit offrir aux chauffeurs des moyens de retraite facile dans deux directions au moins.

Une bonne ventilation de la chambre des machines et de la chambre de chauffe doit être assurée au moyen de manches à air ou de tout autre système de ventilation artificielle.

Toutes les ouvertures pratiquées au-dessus du local des chaudières sont munies d'un grillage métallique pourvu de volets, permettant de les recouvrir par mauvais temps, à moins qu'elles ne soient surmontées par des claires-voies.

Aucune forge à feu ouvert ne doit être installée dans les chambres des machines et chaudières, à moins que ces compartiments ne soient aérés d'une façon spéciale ou qu'il n'existe un tuyau d'évacuation des produits de la combustion. Lorsque cette installation a lieu, le plancher et les parois de la forge sont en tôle ou recouverts de feuilles de tôle d'un millimètre au moins d'épaisseur.

Sur les navires de plus de 200 tonneaux, lorsque le compartiment des machines n'est pas placé à l'arrière, un tunnel ou galerie de visite étanche s'étend de la cloison du presse-étoupes à la cloison arrière du compartiment des machines. L'entrée du tunnel doit être pourvue d'une porte étanche pouvant se manœuvrer d'un pont situé au-dessous de la flottaison en charge.

La hauteur et la largeur du tunnel doivent être suffisantes pour permettre de procéder aisément aux travaux de réparation et d'entretien de la ligne d'arbres.

Autant que possible, il est prévu au-dessus des cylindres et dans le tunnel, des dispositifs facilitant le démontage des cylindres et de la ligne d'arbres.

La chambre des machines est reliée avec le poste de commandement du navire au moyen d'un télégraphe transmetteur d'ordres à répétition et d'un téléphone ou d'un porte-voix.

Sur les navires de moins de 200 tonneaux, le télégraphe n'est pas exigé; mais il doit exister un timbre d'appel en même temps qu'un porte-voix.

Lorsque les appareils auxiliaires ne sont pas placés dans le compartiment des machines et chaudières principales, les locaux qui leur sont affectés sont isolés des compartiments voisins par des cloisons métalliques auxquelles, sur les navires en bois, peuvent être substituées des cloisons en bois recouvertes de feuilles de tôle d'un millimètre au moins d'épaisseur. — Ces locaux sont largement éclairés et aérés.

Les ponts au-dessous des chaudières auxiliaires sont en tôle ou recouverts soit d'une couche de ciment, soit d'un enduit approprié.

Art. **34.** — Les machines et les chaudières principales ou auxiliaires sont solidement construites et soigneusement assujetties en place, de façon qu'aucun déplacement ne puisse se produire par suite des mouvements du navire.

Des appareils de préservation, tringles, masques ou manchons, sont établis de manière à mettre les personnes à l'abri des accidents auxquels pourrait les exposer l'approche des parties mobiles.

Des mains-courantes sont placées le long des parois du tunnel et de la chambre des machines.

Art. **35.** — Au-dessus de 500 chevaux indiqués, les machines à mouvement alternatif sont munies d'un appareil à vapeur de mise en train et de renversement de marche.

Pour les machines d'une puissance moindre, le dispositif de mise en train et de renversement de marche doit, s'il est à bras, être construit de telle sorte que le personnel de quart puisse le manœuvrer aisément et rapidement.

Toutes les machines motrices alternatives développant une puissance indiquée supérieure à 800 chevaux sont pourvues d'un vireur à vapeur. Un vireur à bras est exigé au-dessus de 300 chevaux.

Art. **36.** — Les tuyaux de vapeur sont disposés de façon à pouvoir se dilater et se contracter sans fatigue anormale et être facilement purgés. — Les robinets de purge sont munis de tuyaux de décharge, de manière à éviter tout accident au personnel.

Les tuyaux placés sous le pont sont recouverts d'un encaissement et pourvus d'un garnissage convenable ; ils doivent être munis de purges.

Les tuyaux de vapeur, ainsi que le tuyautage général du navire sont peints avec les couleurs et selon les dispositions conventionnelles adoptées pour les bâtiments de la flotte de guerre.

Art. **37.** — Le condenseur est muni de portes et de regards permettant de le visiter et de le nettoyer aisément.

Art. **38.** — Toutes les machines à mouvement alternatif développant une puissance indiquée supérieure à 500 chevaux sont pourvues des dispositifs nécessaires pour le relevé des diagrammes de pression.

Art. **39.** — Les navires à vapeur de plus de 600 tonneaux sont pourvus d'un guindeau à vapeur ou à moteur mécanique à commande directe, d'une puissance proportionnée au poids des ancres et des chaînes.

Le tuyautage de vapeur du guindeau et les tuyaux de vapeur des treuils sont, autant que possible, placés sur le pont. Toutes les parties en mouvement sont munies de masques mettant les personnes à l'abri des accidents.

Art. **40.** — Les chaudières sont construites et disposées de façon que toute paroi, en contact par une de ses faces, avec la flamme ou les gaz soit baignée par l'eau sur sa face opposée.

Le niveau de l'eau est maintenu, dans chaque chaudière, à une hauteur de marche telle qu'il soit en moyenne à 15 centimètres au moins au-dessus du plan pour lequel la condition précédente cesserait d'être remplie, dans la position normale du navire. Cette hauteur peut, toutefois, être réduite jusqu'à 10 centimètres pour les chaudières de petites dimensions.

La position limite est indiquée d'une manière très apparente au voisinage du tube de niveau mentionné ci-après :

Les prescriptions énoncées au présent article ne s'appliquent point :

1° Aux sécheurs et surchauffeurs de vapeurs à petits éléments distincts de la chaudière ;

2° A des surfaces relativement peu étendues et placées de manière à ne jamais rougir, même lorsque le feu est poussé à son maximum d'activité, telles que les tubes ou les parties de cheminées qui traversent le réservoir de vapeur en envoyant directement à la cheminée principale les produits de la combustion, ou telles que les faisceaux de tubes isolés de façon à former surchauffeur.

3° Aux générateurs dits « à petits éléments » et aux générateurs dits « à production de vapeur instantanée », lorsque la circulation y est assez intense pour que les parties de la surface de chauffe voisines de la surface libre ne soient pas susceptibles d'être portées au rouge, quelle que soit l'activité de la chauffe.

ART. **41.** — Chaque chaudière est munie de deux appareils indicateurs de niveau indépendants l'un de l'autre, suffisamment espacés et placés de façon à rester constamment visibles pour l'agent chargé de l'alimentation.

L'un au moins de ces indicateurs est un tube en verre ou est muni d'une lame de verre, la lame ou le tube étant disposé de manière à pouvoir être facilement nettoyé et remplacé au besoin.

Des précautions sont prises contre le danger provenant des éclats de verre en cas de bris des tubes au moyen de dispositions qui ne fassent pas obstacle à la visibilité du niveau.

L'indicateur est convenablement éclairé en tout temps.

L'autre appareil indicateur de niveau peut être un système de trois robinets étagés, ou de deux seulement pour les petites chaudières. Sur les chaudières fonctionnant sous une pression supérieure à 8 kilogrammes, les robinets de jauge sont munis d'un dispositif permettant de les fermer à distance.

Les chaudières qui ont des foyers sur plusieurs façades sont pourvues, sur chacune de celles-ci, des appareils indicateurs du niveau de l'eau.

Les indicateurs de niveau sont munis de robinets de fermeture permettant de remplacer le verre sans danger pour l'opérateur.

Les robinets de fermeture peuvent être manœuvrés au moyen d'un dispositif permettant de les fermer simultanément à distance ; toutefois le dispositif de manœuvre à distance des robinets de fermeture n'est pas exigé si l'appareil indicateur de niveau porte des soupapes automatiques fonctionnant en cas de rupture du verre.

ART. **42.** — Chaque chaudière est munie d'au moins deux soupapes de sûreté, à ressort, convenablement installées, calculées et chargées de manière :

1° Que chacune d'elles puisse suffire pour évacuer à elle seule toute la vapeur produite, quelle que soit l'activité du feu, sans que la pression effective dépasse de plus de 1/10e la pression indiquée par le timbre ;

2° Qu'elle se soulève avant que la pression excède de 1/20e celle qui est indiquée par le timbre.

Les mesures nécessaires sont prises pour que l'échappement de la vapeur ou de l'eau chaude ne puisse pas occasionner d'accident.

Les réchauffeurs d'eau d'alimentation sont munis d'appareils de fermeture permettant d'intercepter leur communication avec les chaudières, ils portent une soupape de sûreté réglée eu égard à leur timbre et suffisante pour limiter, d'elle-même et en toute circonstance, la pression au taux fixé ci-dessus.

Il en est de même pour les surchauffeurs de vapeur, à moins que les dispositions prises n'excluent l'éventualité d'une élévation de la pression au-dessus du timbre.

Sont soumis aux mêmes dispositions les récipients de formes diverses d'une capacité de plus de 100 litres, qui reçoivent de la vapeur empruntée à un générateur distinct, en exceptant, toutefois :

1° Ceux dans lesquels des dispositions matérielles efficaces empêchent la pression effective de la vapeur de dépasser 300 grammes par centimètre carré ;

2° Les cylindres de machines avec ou sans enveloppes, les enveloppes de turbines, les tuyauteries.

Les soupapes de sûreté de ces récipients et appareils peuvent être placées directement sur eux ou sur le tuyau de vapeur entre le robinet et le récipient ou l'appareil.

Il n'est exigé qu'une seule soupape pour les chaudières dont la surface de grille est inférieure à 45 décimètres carrés.

Art. **43**. — Aucune soupape de sûreté placée sur les chaudières n'a un diamètre inférieur à 32 millimètres. La levée ne doit pas être limitée à moins du quart de leur diamètre pour les soupapes à simple siège.

Les soupapes de sûreté sont posées directement sur la chaudière, ou bien, s'il existe une tubulure de raccordement, celle-ci est aussi courte que possible.

Aucune partie de cette tubulure ou du tuyautage placé en aval des soupapes n'a une section inférieure à leur section totale.

Les soupapes sont munies de purges ou de dispositifs permettant l'écoulement de l'eau condensée. L'une des soupapes au moins est munie d'un appareil permettant de la soulever et manœuvrable de la chambre de chauffe. Cet appareil est disposé de telle sorte qu'il n'augmente pas la charge de la soupape.

Les ressorts sont protégés et disposés de telle sorte qu'ils ne puissent subir de fatigues anormales. Des dispositions sont prises pour empêcher une projection des clapets en cas de rupture des ressorts.

Art. **44**. — Toute chaudière est en communication avec deux appareils d'alimentation indépendants, convenablement installés, chacun de ces appareils devant pouvoir suffire aux besoins de la chaudière dans toutes les circonstances. L'un d'eux au moins fonctionne par des moyens indépendants de la machine motrice du navire.

Les chaudières placées à bord des navires à voiles, des pontons, dragues, porteurs, et les chaudières auxiliaires des navires à vapeur peuvent n'avoir qu'un seul appareil d'alimentation, lorsque leur pression est inférieure à 7 kilogrammes et leur surface de chauffe à 30 mètres carrés.

Chaque appareil d'alimentation est muni d'un régulateur, soupape ou clapet, fonctionnant automatiquement et placé au point d'insertion du tuyau d'alimentation qui lui est propre. Ces régulateurs ont un robinet intermédiaire permettant de les visiter.

Lorsque plusieurs corps de chaudières sont en communication, le régulateur d'alimentation est obligatoire pour chacun d'eux.

Art. **45**. — Chaque prise de vapeur pour machines principales ou auxiliaires est munie d'une soupape ou d'un robinet d'arrêt de vapeur placé à l'origine du tuyau de conduite de vapeur sur la chaudière même.

La prise de vapeur pour machines principales doit, autant que possible, pouvoir se commander du pont supérieur.

Art. **46**. — Chaque corps de chaudière cylindrique est muni d'un appareil (robinet ou soupape) d'extraction de fond et d'un appareil d'extraction de surface, placés directement sur la chaudière.

Sur les chaudières à tube d'eau, un seul appareil d'extraction est exigé.

Des dispositions sont prises pour permettre le contrôle facile de l'ouverture et de la fermeture des robinets d'extraction. Les tuyaux d'extraction conduisant à l'extérieur sont munis de robinets à leurs aboutissements sur le bordé et sur la chaudière.

Lorsqu'un même tuyau d'extraction dessert plusieurs corps de chaudière, il est muni de robinets ou soupapes empêchant l'eau d'extraction de passer d'une chaudière dans l'autre.

L'appareil d'extraction de fond doit pouvoir se manœuvrer du parquet des chaufferies.

Art. **47**. — Chaque chaudière est munie d'un manomètre en bon état, placé de manière à être constamment visible pour le chauffeur et gradué de manière à indiquer en kilogrammes par centimètre carré la pression effective de la vapeur dans la chaudière. Ce manomètre est convenablement éclairé en tout temps.

Une marque très apparente indique, sur l'échelle du manomètre, la limite que la pression ne doit pas dépasser.

Tout manomètre est muni d'un robinet permettant de l'isoler de la chaudière.

Les chaudières qui ont des foyers sur plusieurs façades sont munies d'un manomètre sur chacune d'elles.

Des manomètres, reliés à chaque corps de chaudière, sont placés dans la chambre des machines, lorsque celle-ci n'est pas contiguë à la chaufferie et en libre communication avec elle.

Tout récipient ou appareil à vapeur, pour lequel une soupape de sûreté est exigée, doit être pourvu d'un manomètre.

ART. **48**. — Les chaudières sont munies d'un ajustage terminé par une bride de 4 centimètres de diamètre et de 5 millimètres d'épaisseur disposée pour recevoir un manomètre vérificateur.

Une tubulure analogue est prévue pour l'essai de pression hydraulique dans la partie haute de la chaudière, à moins que l'appareil d'obturation du trou d'homme ne puisse être utilisé pour cet essai.

ART. **49**. — Chaque chaudière est pourvue de trous d'homme, trous de sel et regards nécessaires pour son inspection, son nettoyage et son entretien. Aucun trou d'homme n'est muni de portes en fonte de fer.

Les chaudières dont les dimensions sont trop faibles pour qu'on puisse y pénétrer pour les visiter sont munies de trous de piquage en nombre suffisant pour permettre de les examiner entièrement par l'extérieur.

ART. **50**. — Les monte-escarbilles sont disposés de façon à fonctionner sans danger pour le personnel.

Sur les navires à vapeur de plus de 800 chevaux indiqués, ces appareils doivent être actionnés par des moteurs mécaniques, à vapeur ou autres.

ART. **51**. — Les soutes à charbon sont isolées des chaudières.

Les tuyaux traversant les soutes sont protégés contre les chocs par des encaissements solides.

Les soutes à pétrole et les compartiments du double fond, employés sur les navires à coque métallique à l'emmagasinage du combustible liquide, sont soigneusement isolés des chaudières.

L'échantillonnage de leurs parois est renforcé et le rivetage des joints entièrement étanche.

Si les soutes ne sont pas isolées des cales ou compartiments contigus par des cofferdams, une tôle verticale de faible hauteur est établie parallèlement à la cloison et sur toute son étendue, de façon à former, au pied de celle-ci, une cunette où se réunissent les égouts et suintements de la cloison.

Les compartiments des doubles fonds employés à l'emmagasinage du pétrole sont isolés des compartiments voisins par des cofferdams formés par deux varangues étanches. L'épuisement de ces cunettes et cofferdams a lieu au moyen d'une pompe spéciale.

Les pompes employées à la manutention du pétrole sont exclusivement réservées à cet usage.

Des robinets en nombre suffisant pour réduire autant que possible les fuites en cas de rupture de tuyautage sont disposés sur le tuyautage du pétrole.

Les soutes à pétrole sont munies d'un tuyautage de vapeur ou de tout autre dispositif permettant de les débarrasser, après vidange, des gaz combustibles.

ART. **52**. — Avant leur mise à bord, les chaudières neuves doivent subir chez le constructeur une première épreuve réglementée.

La chaudière est présentée pour cette épreuve avant d'être revêtue d'aucun garnissage calorifuge.

L'épreuve consiste à soumettre la chaudière à une pression hydraulique supérieure à la pression effective qui ne doit pas être dépassée dans le service.

Le temps pendant lequel est maintenue la pression d'épreuve doit être suffisant pour permettre l'examen de toutes les parties de la chaudière.

En principe, il doit varier entre cinq et dix minutes.

La charge d'épreuve est égale au double de la pression effective qui ne doit pas être dépassée dans le service, sans que la surcharge puisse excéder 10 kilogrammes.

L'épreuve n'est pas exigée pour l'ensemble d'une chaudière dont les diverses parties, éprouvées séparément, sont réunies par des tuyaux placés sur tout leur parcours en dehors du foyer et des conduits de flamme, et dont les joints peuvent être facilement démontés.

Les réchauffeurs d'eau sous pression, les sécheurs et les surchauffeurs de vapeur sont considérés comme chaudières ou parties de chaudières pour tout ce qui est dit au paragraphe précédent.

Les tuyaux de vapeur, ainsi que les collecteurs d'alimentation, sont essayés à l'atelier, au double de la pression qu'ils supportent en service.

Le chef de l'établissement où se fait l'épreuve fournit la main-d'œuvre et les appareils nécessaires à l'opération.

Toute chaudière neuve provenant de l'étranger est éprouvée, avant sa mise à bord, dans le port désigné par le propriétaire du navire, à moins que celui-ci n'ait joint à sa demande un certificat émanant d'une autorité reconnue et authentiqué par le consul de France dans le lieu où a été construite la chaudière, certificat constatant que l'épreuve réglementaire a été effectuée chez le constructeur.

ART. **53.** — Toute chaudière neuve présentée, après sa mise à bord, porte une plaque d'identité indiquant :

1º Le nom du constructeur ;

2º Le lieu, l'année et le numéro d'ordre de la fabrication ;

3º Un numéro d'ordre par corps de chaudière, si le navire en possède plusieurs.

Elle est disposée pour subir à froid l'épreuve réglementaire ci-après définie.

L'épreuve a lieu à une pression comportant une surcharge égale à la moitié de la pression effective que doit indiquer le timbre, sans jamais être inférieure à un demi-kilogramme, ni supérieure à 6 kilogrammes.

Le temps pendant lequel est maintenue la pression d'épreuve doit être suffisant pour permettre l'examen de toutes les parties de la chaudière.

En principe, il doit varier entre 5 et 10 minutes.

Après que la chaudière ou partie de la chaudière a été éprouvée avec succès, il y est apposé un ou plusieurs timbres indiquant en kilogrammes, par centimètre carré, la pression effective que la vapeur ne doit pas dépasser. Les timbres sont poinçonnés et reçoivent trois nombres indiquant le jour, le mois et l'année de la mise en service. Un de ces timbres est placé de manière à être toujours apparent.

L'épreuve n'est pas exigée pour l'ensemble d'une chaudière dont les diverses parties, éprouvées séparément, sont réunies par des tuyaux placés sur tout leur parcours en dehors des foyers et des conduits de flamme, et dont les joints peuvent être facilement démontés.

Pour les chaudières qui ne doivent pas être soumises au chauffage à feu nu, les conditions des épreuves sont les mêmes que pour les récipients de vapeur.

Pour cette épreuve, le bord fournit la main-d'œuvre et les appareils nécessaires.

Ensuite la chaudière est mise en pression, pour permettre de vérifier si les soupapes de sûreté sont en bon état de fonctionnement et si elles ont un débouché suffisant.

ART. **54.** — Sont soumis aux épreuves ci-dessus, suivies du timbrage, les récipients de formes diverses d'une capacité de plus de 100 litres qui reçoivent de la vapeur empruntée à un générateur distinct, lorsque leur communication avec l'atmosphère n'est point établie par des moyens excluant toute pression effective notable. Cette disposition ne vise pas les cylindres à vapeur ni les enveloppes des turbines.

Toutefois, les récipients dont il s'agit ne sont soumis pour l'épreuve prévue à l'article 52, comme pour l'épreuve prévue à l'article 53, qu'à une surcharge d'épreuve égale à la moitié de la pression maximum à laquelle ils peuvent fonctionner sans que cette surcharge puisse excéder 4 kilogrammes par centimètre carré.

Sont assimilées aux récipients les chaudières dans lesquelles la vaporisation est obtenue non par le chauffage à feu nu, mais au moyen de réactions chimiques ou autres sources de chaleur ne produisant jamais que des températures modérées, ainsi que les réservoirs dans lesquels de l'eau à haute température est emmagasinée à l'effet de fournir un dégagement de vapeur ou de chaleur, quel qu'en soit l'usage.

ART. **55.** — La visite annuelle des appareils à vapeur comporte un examen extérieur et intérieur des machines et des chaudières, principales et auxiliaires.

ART. **56.** — Les machines motrices et auxiliaires des navires sont soumises tous les quatre ans à des constatations plus complètes.

Les chaudières principales et auxiliaires de ces navires sont soumises également, au moment des visites périodiques, à des constatations plus complètes, tous les quatre ans, jusqu'à leur douzième année, et tous les deux ans à partir de leur douzième année.

ART. **57.** — Pour la visite des machines principales, prévue à l'article précédent, les coussinets de paliers sont démontés, les cylindres ouverts et les pistons soulevés ; les tiroirs, ainsi que toutes les pompes de la machine, sont démontés. Le tuyautage, les boîtes d'aspiration, crépines et boîtes égyptiennes sont dégagés et nettoyés. Toutes les parties de la machine et de la ligne d'arbres subissent ensuite une visite complète.

Les machines auxiliaires sont soumises à une visite analogue comportant les démontages qui sont jugés utiles.

ART. **58.** — Pour les chaudières principales et auxiliaires, la visite prévue à l'article 56 est précédée d'une épreuve sous pression hydraulique.

Avant cette épreuve, les foyers et boîtes à feu sont piqués et nettoyés, afin de pouvoir relever leurs dimensions dans les parties susceptibles de se déformer lorsque la chaudière est en pression.

L'épreuve a lieu à une pression comportant une surcharge égale à la moitié de la pression effective qu'indique le timbre, sans être inférieure à un demi-kilogramme, ni supérieure à 6 kilogrammes.

Le temps pendant lequel est maintenue la pression d'essai doit être suffisant pour permettre l'examen de toutes les parties de la chaudière.

En principe, il doit varier entre cinq et dix minutes.

Après l'épreuve hydraulique, la chaudière est ouverte et vidée de manière qu'elle puisse être examinée dans toutes ses parties.

ART. **59.** — Lorsqu'une chaudière neuve est mise à bord d'un navire dans les six mois qui suivent une visite périodique, la chaudière est, au point de vue des visites et épreuves ultérieures, considérée comme ayant été mise en service au moment de cette visite.

Si la mise à bord se fait après les six mois qui suivent la visite périodique, c'est à partir de la visite périodique suivante que se compte la durée du service de la chaudière.

ART. **60.** — Lorsqu'une chaudière ayant déjà servi est placée à bord d'un navire en service, cette chaudière est, au point de vue des visites et épreuves ultérieures, considérée comme ayant, au moment de la visite périodique suivante, un âge exprimé par un nombre entier d'années, qui s'obtient en augmentant ou en diminuant l'âge réel de la chaudière suivant que la fraction d'année écoulée au moment de la visite périodique est supérieure ou inférieure à six mois.

ART. **61.** — En dehors des époques indiquées à l'article 56, la visite de chaudières comportant des constatations plus complètes est exigée :

1° Lorsqu'une chaudière ayant déjà servi est placée à bord d'un navire en service;

2° Lorsque la chaudière a subi une réparation notable;

3° Lorsqu'elle est remise en service plus d'un an après l'expiration du dernier permis périodique de navigation.

Cette visite peut être exigée également lorsqu'à raison des conditions dans lesquelles la chaudière fonctionne, il y a lieu par la Commission d'en suspecter la solidité.

La chaudière est ensuite remise en ordre de marche, afin de permettre un essai sous vapeur des chaudières et du tuyautage de vapeur. Pour cet essai, le tuyautage de vapeur est, s'il le faut, dégarni, soit entièrement, soit dans le voisinage des brides.

Au moment de la visite annuelle ou d'une visite de quatrième année, le propriétaire du navire peut demander que le timbre de ces chaudières soit abaissé. Dans ce cas, l'épreuve hydraulique décrite à l'article 52 est effectuée sur la base du nouveau timbre et celui-ci est poinçonné comme il a été dit plus haut aux lieu et place de l'ancien timbre.

ART. 62. — Sont dispensés des visites, constatations et essais prévus aux articles qui précèdent les navires dont les propriétaires ont joint à la demande de permis de navigation un certificat délivré par une société de classification reconnue par le Ministre de la Marine et établissant que le navire possède la première cote.

ART. 63. — L'Inspecteur de la Navigation a qualité pour prendre connaissance du journal du bord et du journal de la machine.

Le journal de la machine, coté et parafé par l'Administrateur de l'Inscription Maritime et visé chaque jour par le capitaine, est tenu par les soins du chef mécanicien qui y consigne tous les faits concernant le fonctionnement et l'entretien des appareils à vapeur.

SECTION II. — APPAREILS MOTEURS AUTRES QUE LES APPAREILS A VAPEUR.

ART. 64. — Les moteurs à pétrole sont solidement assujettis en place sur un carlingage renforcé. Il en est de même des appareils de changement et de renversement de marche.

Si l'on emploie une hélice réversible, le dispositif de commande est simple et robuste. Autant que possible, il se manœuvre du pont supérieur.

Au-dessous du moteur est placé, soit une cuvette étanche, soit un carter, disposé de telle sorte que toutes les huiles de combustible liquide s'y rassemblent.

Si l'allumage du moteur se fait au moyen de brûleurs, ou par contact avec une partie de la culasse non chemisée et portée au rouge, les précautions nécessaires sont prises pour que le pétrole ou les vapeurs de pétrole ne puissent venir en contact avec le brûleur ou le dispositif qui en tient lieu.

Si l'allumage se fait au moyen de l'électricité, les canalisations doivent être, autant que possible, placées sous tubes de plomb. En tout cas, toutes les précautions doivent être prises pour éviter les courts-circuits, aussi bien dans la canalisation que dans les appareils générateurs.

S'il existe des accumulateurs électriques, ils doivent être placés dans un local spécial largement aéré.

Sauf autorisation de la Commission de visite, prévue, suivant les cas, à l'article 4 ou à l'article 6 de la Loi, qui fixe, alors, les précautions à prendre pour l'emmagasinage du combustible liquide et pour l'installation du tuyautage, il est interdit d'employer, sur les navires de plus de 25 tonneaux de jauge, des moteurs utilisant des hydrocarbures ayant une température d'ignition spontanée inférieure à 60 degrés centigrades.

Si la mise en marche se fait à l'aide d'un hydrocarbure plus inflammable, les récipients qui le contiennent doivent être placés dans un local spécialement ventilé, en dehors de la chambre du moteur et au-dessus de la flottaison en charge. — Au-dessous du réservoir, il est disposé une cuvette métallique pourvue d'un tuyau destiné à évacuer les fuites à l'extérieur.

Les soutes à pétrole doivent être disposées sur les navires à coque métallique, comme il est dit plus haut. — Sur les navires en bois, le pétrole est emmagasiné dans des caisses spéciales, en forte tôle, rivées et soudées ; il peut aussi être emmagasiné de la même manière sur les navires à coque métallique.

Ces caisses sont placées dans un compartiment spécial, largement ventilé et dont les parois sont en tôle, ou garnies de feuilles de tôle ou de plomb. — Ce compartiment est isolé du compartiment du moteur. — Il est muni d'un dispositif permettant d'évacuer ou d'épuiser le pétrole provenant des fuites qui pourraient se produire.

Des dispositions sont prises pour permettre la visite des caisses, leur remplissage et leur vidange.

Un réservoir de service, d'une contenance maximum correspondant à 10 heures de marche, peut être placé dans le compartiment du moteur.

Pour la pêche côtière, la provision du combustible nécessaire à une sortie peut être emmagasinée dans le compartiment du moteur.

Le tuyautage d'amenée du pétrole doit être en cuivre rouge avec joints à cônes rodés et brasés ou à bagues.

Art. 65. — La disposition des moteurs à gaz pauvre, moteurs électriques et de leurs accessoires fait l'objet d'un examen spécial de la Commission, qui procède à la première visite. Cette Commission fixe, dans chaque cas, les conditions auxquelles doit satisfaire l'installation.

Chapitre IV. — Instruments et documents nautiques.
Objets d'armement et de rechange.

Art. 66. — Les navires de plus de 25 tonneaux affectés à une navigation de long cours, de cabotage international ou de grand cabotage national sont pourvus au moins des instruments et documents nautiques ainsi que des objets d'armement et de rechange dont les nomenclatures figurent à l'article suivant.

S'ils se livrent à une navigation autre que celles qui sont prévues ci-dessus, ils doivent, en principe, être pourvus des mêmes instruments et du même matériel, sauf les réductions et exceptions expressément indiquées aux tableaux susvisés. Toutefois, la Commission de visite peut dispenser d'avoir à bord de ces navires ceux des instruments et objets qui sont marqués d'un astérisque, lorsqu'il est reconnu que ces dispenses ne peuvent avoir d'inconvénients.

ART. 67.

Nomenclature des instruments et documents nautiques dont les navires doivent être pourvus, et conditions auxquelles doivent satisfaire ces instruments.

(*Abréviations :* A. Long cours. — B. Cabotage international et grand cabotage national.)

OBJETS	A.	B.	OBSERVATIONS
Chronomètre.	2	1	Les chronomètres doivent être suspendus à la cardan dans des boîtes fixées dans un local où ils soient le plus possible à l'abri des trépidations, secousses, variations de température, etc.
Montre d'habitacle	1	1	Les vapeurs doivent, en outre, avoir une montre d'habitacle dans la machine.
Baromètre	2	1	Un des baromètres doit être enregistreur sur les navires au long cours qui doivent en avoir deux.
Thermomètre	1	1	Un de plus sur les vapeurs pour la machine.
Sextant*	2	1	Les sextants doivent être munis de tous leurs accessoires.
Longue-vue*	1	1	
Jumelle marine	2	1	
Compas complets.	Le nombre nécessaire suivant les installations.		Un par poste de barre et un autre pour les relèvements, si ceux-ci ne peuvent être pris avec un compas de barre. En tous cas, jamais moins de deux compas, dont un au moins compensé, ajusté avant le départ et muni d'alidades et de sa table de déviation. De plus, un compas de rechange avec alidade, un compas sur chaque embarcation de sauvetage.
Rose des vents.	2	1	En plus de celles appartenant au compas.
Loch marin et accessoires. .	2	1	
Loch à hélice*	1	1	N'est exigé que sur les navires à passagers.
Cartes et instructions nautiques (¹).	Suivant le voyage à entreprendre.		
Ouvrages nautiques (Connaissances des temps ou éphémérides. — Annuaire des marées. — Livre des phares et fanaux pour le voyage à entreprendre (¹).	1 de chaque sorte.	1	Le livre des phares et fanaux devra être tenu à jour au moyen des fiches du service hydrographique.
Rapporteur	2	1	
Compas à pointes sèches . .	2	2	
Fanaux de route ou verrines. Matériel de signaux de jour et de nuit, de brume et de détresse.	En quantité suffisante pour permettre de se conformer aux règlements en vigueur.		
Sonde avec plombs.	3	2	Dont une d'au moins 200 mètres.
Sondeur du système Thompson ou autre équivalent*	1	1	A exiger seulement sur les navires à vapeur transportant des passagers.
Code international des signaux et série complète de pavillons*.	1	1	
Table d'azimut.	1	1	Sur les navires en fer ou en acier.

(1) Les cartes, instructions et ouvrages nautiques doivent être à la disposition de l'officier de quart quand la terre ou des feux sont en vue.

*Nomenclature des objets d'armement et de rechange dont les navires doivent être pourvus,
et conditions auxquelles doivent satisfaire ces objets.*

A. — Armement.

Ancres, chaînes, grelins, aussières.	Le nombre, les dimensions ou le poids des ancres, chaînes, grelins et aussières, doivent être conformes aux indications des tableaux réglementaires du bureau Veritas pour les dimensions, le type et l'affectation du navire envisagé. Les navires possédant, à l'un des registres de classification reconnus, la première cote, sont considérés comme pourvus des ancres, chaînes, grelins et aussières réglementaires.
Gréement et voilure.	Complet en bon état.
Outillage de charpentier. . .	Hache, herminette, pince, repoussoir à chaîne et emmanché, marteau, tranche, égoïne, scie, masse, clous, vis, etc. Sur les navires en bois, chevilles et gournables, bordage de chêne ayant environ 6 mètres de longueur sur 0^m,25 de largeur et 0^m,05 d'épaisseur.
Outillage de calfat.	Un maillet et cinq fers.
Etoupe, brai ou mastic . . .	En quantité suffisante pour calfater environ 5 0/0 de la superficie du pont supérieur, superstructures comprises, et des œuvres mortes.
Ciment à prise rapide. . . .	150 kilogrammes environ (n'est exigé que pour le long cours et le cabotage international).
Goudron	50 litres environ.
Forge et outillage de forgeron.	Ne sont exigés que si le navire est en fer ou en acier, ou s'il est à propulsion mécanique, vapeur ou autre. L'outillage comporte notamment un cliquet avec mèche.
Tôle de fer ou d'acier et rivets.	Tôle de fer ou d'acier, de 2mq de surface environ et de l'épaisseur de la tôle la plus faible du bordé, sans dépasser 12 millimètres. 20 kilogrammes de rivets assortis.

B. — Objets de rechange pour tous les navires.

OBJETS	OBSERVATIONS
Palans de fortune pour la manœuvre du gouvernail.	Gréés et frappés sur des boucles convenablement disposées.
Manilles d'assemblage des drosses.	Un jeu.
Manilles d'assemblage des chaînes d'ancre.	Deux par chaîne.
Manille de jonction sur l'ancre.	Une par ancre.
Prélarts de rechange.	Deux pour les navires destinés au long cours, au cabotage international ou au grand cabotage national ; un pour les navires affectés à d'autres navigations.
Accessoires de pompes à bras.	Un jeu de rechange par pompe.
Filin assorti pour manœuvres courantes et amarrages.	Environ 1 kilogramme par trois tonneaux de jauge nette. Les navires ayant des rides en filin ont en plus une pièce de ride.
Ridoirs.	Deux par mât carré.

C. — Objets de rechange spéciaux aux navires à voiles.

VOILES, ESPARS		LONG COURS AU DELA des caps	LONG COURS EN DEÇA des caps	CABOTAGE INTER-NATIONAL ET GRAND CABOTAGE NATIONAL	OBSERVATIONS
Voiles de rechange pour navires ayant deux phares carrés.	Petit foc	1	1	1	Plus, pour les navires de long cours, une quantité de toile à voile suffisante pour compléter le jeu des voiles en vergue avec les rechanges ci-contre.
	Grand foc	1	1	»	
	Grande voile	1	»	»	
	Misaine	1	1	1	
	Hunier complet	2	2	1	
	Perroquet complet	1	1	»	
Voiles de rechange pour navires à voiles goélettes.	Petit foc	1	1	1	Pour les navires ayant plus de deux mâts carrés, en plus : un hunier complet et une basse voile, et, pour la navigation au delà des caps Horn ou de Bonne-Espérance, un perroquet complet.
	Grand foc	1	1	»	
	Voile goélette	2	1	1	
Espars de rechange pour navires ayant des mâts en plusieurs parties.	a) Espars pouvant faire vergue de hune, ou mât de hune et de perroquet.	2	1	2 (espars suivant gréement).	
	b) Espars pouvant faire vergue de perroquet .	1	1	2 (espars suivant gréement).	
Espars de rechange des navires ayant des mâts à pible.	a) Espars pouvant faire mât de perroquet ou vergue de hunier volant	1	1	2 (espars suivant gréement).	
	b) Espars pouvant faire vergue de perroquet . .	1	1	2 (espars suivant gréement).	

D. — Objets de rechange spéciaux aux navires à vapeur.

OBJETS		LONG COURS, CABOTAGE INTERNATIONAL, GRAND CABOTAGE NATIONAL	AUTRES NAVIGATIONS
Coussinets de bielle		1 paire.	»
Boulons avec écrous	pour tiges de piston ou tête de bielle	2	1
	pour pied de bielle	2	1
	pour paliers d'arbres à manivelles	2	1
	pour accouplement d'arbres	1 jeu.	1 jeu.
Clapets de pompes	de cale. s'ils sont métalliques	1 jeu.	1 jeu.
	s'ils sont en caoutchouc	3 jeux.	2 jeux.
	alimentaires	1/2 jeu.	1/2 jeu.
Siège de clapets (s'ils sont amovibles)		1 jeu.	1/2 jeu.
Segments de piston		1 jeu.	1/2 jeu.
Ressorts de soupapes de sûreté		1 jeu.	»

9

D. — Objets de rechange spéciaux aux navires à vapeur *(suite)*.

OBJETS	LONG COURS CABOTAGE INTERNATIONAL, GRAND CABOTAGE NATIONAL	AUTRES NAVIGATIONS
Tubes de niveau d'eau verre	2 jeux plus 12.	1 jeu plus 6.
Manomètre.	1 (pour 2 corps de chaudière).	1
Tubes de chaudière.	5 p. 100 du nombre total.	»
Tubes de condenseur	4 p. 100 du nombre total.	»
Barreaux de grille	1/2 jeu.	»
Manche à incendie en toile	1	1
Lampe pour feux électriques	1 jeu.	1 jeu.
Lampes de sûreté	2	1
Outils de chauffe.	1 jeu.	1 jeu.

On doit avoir, en outre, les principales clefs de démontage et un nombre suffisant de tampons pour tubes, si les chaudières sont à tubes de flamme.
Sur les navires affectés au transport de charbon ou d'autres marchandises dangereuses, il doit y avoir à bord quatre lampes de sûreté.
Sur les navires pourvus d'une installation électrique, les rechanges indispensables sont exigés, suivant le type des appareils employés.

E. — Plans dont doit être muni tout navire.

VOILIERS	VAPEURS
Plan du gouvernail et étambot.	Plan du gouvernail, étambot et propulseur.
Échelle de charge.	Échelle de charge.
Coupe au maître.	Coupe au maître.
Plan de voilure.	Plan général d'aménagement.
Plan général d'aménagement.	Plan des chaudières et des soupapes.
Plan des chaudières auxiliaires et des soupapes.	Plan du ballast avec tuyautage de remplissage, épuisement et tuyaux de vapeur (deux expéditions).
Plan du ballast et du tuyautage, s'il y a lieu.	Plan des cales et faux ponts donnant le cubage de chaque compartiment.
	Plan de la machine.
	Plan de l'installation électrique et du service d'incendie.

ART. **68.** — Sur tout navire ayant un appareil à gouverner éloigné de l'arrière, il doit y avoir, au-dessus du gouvernail, un appareil à gouverner de secours. A cet effet, la tête du gouvernail porte deux dispositifs de manœuvre indépendants, barre franche, secteur ou manchon à bras, disposés de telle façon que l'un puisse suppléer l'autre et que les palans de fortune puissent s'y fixer.
Sur les navires de plus de 800 tonneaux développant plus de 500 chevaux indiqués, il est exigé un servo-moteur ayant sur la chaudière une prise de vapeur distincte des prises de vapeur principales. La roue de commande du servo-moteur est reliée à un indicateur de l'angle de barre, qui doit être disposé de telle sorte que, lorsque l'index se dirige vers la direction marquée bâbord ou gauche, le safran du gouvernail soit porté sur bâbord ou sur la gauche, et que, lorsque l'index se dirige vers la direction marquée tribord ou droite, le safran du gouvernail soit porté sur tribord ou sur la droite.

ART. 69. — Les navires affectés à une navigation de long cours, de cabotage international ou de grand cabotage national doivent être munis de fanaux et autres signaux prescrits par les règlements en vigueur. Tous ces fanaux et signaux doivent avoir la puissance requise et être en bon état de service.

Les porte-fanaux et écrans doivent être solides; les fanaux sont abrités, autant que possible, contre la mer.

S'il est fait usage de lampes électriques, des fanaux de secours en bon état de service, utilisant un autre genre d'éclairage et ayant la puissance requise, sont disposés à proximité et prêts à être mis en place en cas de besoin.

Pour chaque chronomètre réglementaire, l'état absolu et la marche sont déterminés.

Si le navire est pourvu d'une installation électrique, la régulation des compas doit être faite, les dynamos étant successivement en marche et au repos.

ART. 70. — Les navires de plaisance doivent être pourvus des instruments et documents nautiques ainsi que des objets d'armement et de rechange énumérés ci-dessous :

a) Sur les yachts pour le commandement desquels il n'est exigé qu'un patron :

Cartes et instructions nautiques ;
Livre des phares ;
1 compas de route et 1 compas de relèvement, à moins que le compas de route ne comporte une alidade ;
1 rapporteur ;
1 compas à pointes sèches ;
1 baromètre anéroïde ;
1 sonde avec plombs, de 100 mètres ;
1 jumelle marine ;

b) Sur les yachts pour le commandement desquels il n'est exigé qu'un capitaine de yacht :

En plus des objets indiqués au paragraphe a) ci-dessus :
1 sextant ou octant ;
1 chronomètre ou une montre de torpilleur ou une bonne montre à secondes ;
Connaissance des temps ou éphémérides ;

c) Sur les yachts pratiquant le grand cabotage ou le long cours :

Les objets indiqués aux paragraphes a) et b) ci-dessus, le chronomètre et une montre de torpilleur pouvant servir de compteur.

Le tableau A de l'article 67 s'applique en ce qui concerne les ancres et chaînes, le gréement et la voilure.

Le tableau B s'applique en ce qui concerne les manilles d'assemblage des drosses et chaînes d'ancres.

Le tableau C ne s'applique pas ; mais il doit y avoir à bord des voiles de rechange en bon état, et en nombre suffisant suivant le gréement du yacht.

Le tableau D s'applique en faisant usage, dans tous les cas, de la colonne intitulée « autres navigations ».

Le tableau E ne s'applique pas.

Chapitre V. — Installations, embarcations, appareils ou engins de sauvetage.

SECTION I. — INSTALLATIONS.

ART. 71. — Tout navire à voile doit avoir au moins deux pompes à bras de puissance convenable, munies chacune d'un tuyautage fixe d'aspiration à la cale.

Si le navire comporte, à l'arrière de la cloison d'abordage, deux ou plusieurs compartiments étanches, il doit avoir, dans chacun de ces compartiments, un tuyau d'aspiration provenant de chacune des deux pompes à bras.

Le coqueron avant des navires en fer et en acier est épuisé par une pompe à bras spéciale.

Les navires en fer ou en acier pourvus de water-ballast ou de cales à eau ayant une capacité supérieure à 100 tonnes doivent être munis, pour le remplissage et la vidange de ces compartiments, d'un système de pompage à vapeur alimenté par une chaudière auxiliaire.

Ces compartiments sont, en outre, desservis par des pompes à bras spéciales.

Les aspirations sont, autant que possible, placées à l'arrière des compartiments. Elles sont munies de crépines.

Il doit y avoir, dans chaque compartiment, non compris les coquerons, une archipompe s'étendant depuis les fonds jusqu'à un pont situé au-dessus de la flottaison en charge, et dans laquelle sont disposés les tuyaux d'aspiration des pompes de cale.

Cette archipompe doit avoir les dimensions suffisantes pour que l'on puisse y travailler avec facilité et être accessible par le pont supérieur et par l'entrepont.

Les entreponts sont pourvus de tuyaux d'orgue pour l'écoulement des eaux dans la cale.

Tous les compartiments doivent être pourvus de tuyaux de sonde disposés de façon à être toujours accessibles.

Toutes les vannes et tous les robinets placés sur le tuyautage des pompes en dehors des archipompes doivent être manœuvrables d'un pont situé au-dessus de la flottaison en charge, et d'un endroit du pont toujours accessible.

Les six premiers alinéas seulement du présent article s'appliquent aux navires de pêche et aux navires de plaisance.

Sur les navires de plaisance, lorsque le lest est placé dans l'intérieur du navire, des dispositions doivent être prises pour ne pas gêner l'acheminement des eaux vers les aspirations des pompes.

Art. 72. — Les navires à voiles de plus de 200 tonneaux, ont une pompe à lavage, placée à l'avant ou à l'arrière, ayant sa prise d'eau installée de telle façon que le tuyautage ne passe pas dans les cales. Cette pompe est munie de raccords et de manches à incendie permettant de refouler l'eau dans toutes les parties du navire.

Les navires de plus de 800 tonneaux, ont, en plus de la pompe visée par le paragraphe précédent, une pompe à incendie portative à bras, aspirante et refoulante, munie de manches et autres accessoires permettant de l'utiliser pour envoyer de l'eau dans toutes les parties du navire.

Art. 73. — Les navires à vapeur, ont deux pompes à vapeur (ou au moins une pompe de cale mue par la machine et un petit cheval), permettant d'assécher tous les compartiments, à l'exception des coquerons, puits aux chaînes, et autres compartiments de faible capacité.

Ces pompes sont pourvues d'une boîte égyptienne placée au-dessus du parquet, d'un accès et d'un démontage faciles.

Chaque cale est desservie, en outre, par une pompe à bras se manœuvrant d'un pont situé au-dessus de la flottaison en charge; il en est de même du coqueron avant, lorsqu'il ne sert pas de water-ballast.

Au lieu des pompes à bras requises dans chaque cale, il peut être fait emploi d'une pompe unique à volant placée au-dessus de la flottaison en charge et reliée au tuyautage d'aspiration des pompes de cale à vapeur.

Dans les navires ayant un double fond sans puisard, les aspirations des pompes de cale sont doublées et placées aux bouchains, de part et d'autre du double fond.

Les aspirations sont, autant que possible, placées au point le plus bas des compartiments. Elles sont munies de crépines disposées de façon à pouvoir être facilement visitées et nettoyées.

Les entreponts sont munis de tuyaux d'évacuation ou tuyaux d'orgue, permettant l'écoulement des eaux dans la cale.

Toutefois, les entreponts situés à une grande hauteur au-dessus de la flottaison en charge peuvent être munis de dalots évacuant à travers la muraille.

Tous les compartiments sont pourvus de tuyaux de sonde disposés de façon à être toujours accessibles. Le tuyautage des water-ballast doit être étanche jusqu'au pont supérieur et disposée de manière que l'eau ne puisse se répandre dans les cales ou dans les puisards des cales.

Les tuyaux de pompe sont solidement fixés à leur passage à travers les cloisons ; ils doivent être protégés sur toute la longueur des cales à marchandises et des soutes.

Toutes les vannes et tous les robinets placés sur le tuyautage des pompes, en dehors du compartiment des machines et chaudières, doivent être manœuvrables d'un pont situé au-dessus de la flottaison en charge, et d'un endroit du pont toujours accessible.

Les tuyaux d'aspiration des pompes de cale, et leur robinetterie, sont disposés de telle sorte qu'ils ne permettent pas à l'eau de passer d'un compartiment à l'autre.

Le tuyautage d'épuisement des cales est entièrement indépendant du tuyautage de remplissage et d'épuisement des water-ballast. Ces deux catégories de tuyaux doivent aboutir à des boîtes de distribution distinctes et être installées de manière à rendre impossible l'introduction accidentelle de l'eau dans le navire.

Sur les navires de moins de 200 tonneaux, un éjecteur peut remplacer le petit cheval prévu ci-dessus comme moyen d'épuisement.

Un plan détaillé de tout l'arrangement du tuyautage d'épuisement des cales et du tuyautage de remplissage et d'épuisement des water-ballast, coquerons, cales à eau, est placé en vue dans un endroit où les officiers du pont et de la machine puissent le consulter facilement.

Les six premiers alinéas et le dernier sont seuls applicables aux navires de pêche. Sur ces navires, plusieurs compartiments d'une même cale peuvent être desservis par une même aspiration.

Art. **74.** — Sur tous les navires à vapeur de plus de 200 tonneaux, une pompe à vapeur reliée à un tuyautage fixe spécial est affectée particulièrement au service d'incendie.

Cette pompe doit pouvoir être alimentée indistinctement par les chaudières principales ou par la chaudière auxiliaire.

Le tuyautage fixe placé sur le pont supérieur est muni de bouches pour la fixation de manches flexibles à incendie. La disposition de ces bouches et la longueur des manches doivent être telles qu'elles permettent d'atteindre toutes les parties du navire.

Ces mêmes navires sont munis, en outre, d'une pompe à incendie portative se manœuvrant à bras, et pourvue d'une manche flexible spéciale.

Un dispositif pour l'extinction des incendies est installé dans les soutes, ainsi que dans les cales et entreponts, à moins que le navire ne soit exclusivement affecté au transport de marchandises incombustibles ou non spontanément inflammables.

Les soutes à poudre sont pourvues de robinets permettant de les noyer et de tous autres dispositifs nécessaires.

Les ouvertures pour prises d'eau ou évacuations percées dans la muraille sont munies, à toucher le bordé, ou aussi près que possible de celui-ci, de robinets ou soupapes disposés de façon à pouvoir être manœuvrés facilement et avec rapidité du dessus du parquet des machines ou d'un endroit situé au-dessus de la flottaison en charge, et à rester en tout temps accessibles.

Cette prescription ne s'applique pas à l'évacuation des dalots du pont supérieur, des lavabos et des water-closets, non plus qu'à l'évacuation des conduits à escarbilles, dont l'orifice intérieur est placé au-dessus de la flottaison. Ces ouvertures peuvent être munies de simples clapets.

Lorsqu'il existe une boîte de prise d'eau générale en acier coulé ou en tôle, elle doit être très fortement échantillonnée et solidement assujettie sur le bordé ; elle est munie d'une crépine.

Toutes les dispositions ci-dessus s'appliquent aux navires de pêche sauf celle qui est relative à la pompe à incendie portative.

Art. **75.** — Les prescriptions des articles 73 et 74 s'appliquent aux navires à propulsion mécanique autres que les navires à vapeur, sous réserve, toutefois, des modifications nécessitées par le système des appareils moteurs.

Il doit y avoir, sur tous les navires de plus de 800 tonneaux, à voiles, à vapeur ou à propulsion mécanique, dix seaux et deux haches à incendie au moins ; au-dessous de 800 tonneaux, cinq seaux et une hache à incendie seulement sont exigés.

Des appareils extincteurs d'un modèle éprouvé, grenades ou autres, sont placés dans tous les couloirs et locaux affectés au logement collectif des passagers et de l'équipage, dans les cambuses et dans les compartiments contenant des marchandises dangereuses.

SECTION II. — EMBARCATIONS ET ENGINS DE SAUVETAGE.

ART. **76.** — Le nombre des embarcations, appareils et engins de sauvetage dont un navire doit être pourvu, varie suivant que ce navire est affecté ou non au transport des passagers.

Tout navire ayant à bord plus de dix personnes, non compris le capitaine, maître ou patron, les officiers et les hommes d'équipage, est réputé affecté au transport des passagers, alors même qu'il ne serait pas habituellement employé à ce service.

ART. **77.** — Les navires sont répartis, en outre, suivant la nature de leurs voyages, telle qu'elle ressort de la déclaration prévue à l'article 1er du présent Règlement, en deux catégories, savoir :

1re Catégorie. — Navires accomplissant des voyages au long cours ou des voyages au cabotage, en dehors des parages visés dans la catégorie suivante.

2e Catégorie. — Navires ou bateaux accomplissant des voyages :

Dans les estuaires ou embouchures des fleuves ;

Dans les baies et rades, qu'elles reçoivent directement la mer du large ou qu'elles soient fermées ;

Entre les côtes de France, de Corse ou d'Algérie, d'une part, et les îles qui bordent ces côtes à moins de trente milles, d'autre part ;

Pour les courtes excursions en mer ;

Dans les lacs, bassins et étangs d'eau salée.

ART. **78.** — Les embarcations de sauvetage appartiennent à l'un des types suivants :

Type no 1. — Embarcation de construction appropriée, en bois ou en métal, d'une capacité d'au moins 3 mètres cubes, et dont la flottabilité est assurée par l'un des dispositifs suivants :

a) Caissons à air étanches ayant une capacité au moins égale à 10 0/0 de la capacité de l'embarcation, mesurée comme il est dit à l'article 84 ;

b) Caissons à air ou garnitures insubmersibles ayant une flottabilité égale à celle de l'embarcation visée au paragraphe *a*.

Cette flottabilité est assurée, pour moitié au moins, au moyen de caissons à air ou de garnitures insubmersibles placés à l'intérieur de l'embarcation et, pour le reste, par une ceinture garnie de substances insubmersibles placée à l'extérieur.

Le volume des garnitures insubmersibles doit être supérieur de 25 0/0 à celui des caissons à air qu'elles remplacent.

Type no 2. — Embarcation de construction appropriée, en bois ou en métal, d'une capacité d'au moins 3 mètres cubes, dont la flottabilité, inférieure de moitié au plus à celle d'une embarcation de type no 1, est assurée par les mêmes dispositifs, les garnitures insubmersibles étant placées, en totalité ou en partie, à l'intérieur ou à l'extérieur.

Type no 3. — Embarcation en bois, de construction appropriée et d'une capacité d'au moins 3 mètres cubes.

Les caissons à air ou les garnitures insubmersibles des embarcations en métal, appartenant aux types no 1 ou no 2, doivent donner un excédent de flottabilité assurant à ces embarcations une flottabilité totale égale à celle des embarcations en bois.

ART. **79.** — Sous réserve des dispositions prévues à l'article 87, tout navire à passagers de la 1re catégorie doit avoir à bord des embarcations de sauvetage dont le nombre et la capacité totale sont fixés par le tableau ci-après.

La moitié au moins des embarcations de sauvetage prescrites par ledit tableau doit appartenir au type no 1 et offrir, dans son ensemble, une capacité au moins égale à la moitié de celle qui est inscrite dans la troisième colonne dudit tableau.

Les autres embarcations de sauvetage peuvent appartenir indistinctement à l'un quelconque des types, sans toutefois qu'il puisse y en avoir plus de deux du type no 3.

TABLEAU indiquant le nombre minimum d'embarcations de sauvetage que doivent avoir à bord les navires à passagers de la 1re catégorie et la capacité minimum que doit représenter l'ensemble de ces embarcations (¹).

JAUGE BRUTE	NOMBRE MINIMUM d'embarcations sous porte-manteaux	CAPACITÉ MINIMUM de l'ensemble des embarcations
		mètres cubes
200 tonneaux à 400	2	8
400 — à 600	2	12
600 — à 800	3	20
800 — à 1.000	4	25
1.000 — à 1.500	4	34
1.500 — à 2.000	6	48
2.000 — à 2.500	6	56
2.500 — à 3.000	6	58
3.000 — à 3.500	8	68
3.500 — à 4.000	8	73
4.000 — à 4.500	8	79
4.500 — à 5.000	8	82
5.000 — à 5.500	10	96
5.500 — à 6.000	10	101
6.000 — à 6.500	12	113
6.500 — à 7.000	12	119
7.000 — à 7.500	12	125
7.500 — à 8.000	12	129
8.000 — à 9.000	14	142
9.000 — à 10.000	14	149
10.000 — à 11.500	14	155
11.500 — à 13.000	14	165
13.000 — à 15.000	14	180
15.000 — et au-dessus	16	200

ART. **80.** — Sous réserve des dispositions prévues à l'article 87, tout navire à passagers de la 2e catégorie doit avoir à bord :

Au moins deux embarcations de sauvetage des types n° 1 ou n° 2, à raison d'une de chaque bord, s'il a 100 tonneaux de jauge brute ou davantage ;

Au moins une embarcation de l'un de ces types, s'il a une jauge brute inférieure à 100 tonneaux.

ART. **81.** — Sous réserve des dispositions prévues à l'article 87, tout navire de la 1re ou de la 2e catégorie non destiné au transport des passagers, doit avoir à bord autant d'embarcations de sauvetage des types définis à l'article 78, qu'il est nécessaire pour contenir le personnel du bord ; la moitié au moins de ces embarcations doit appartenir aux types n° 1 ou n° 2.

ART. **82.** — L'une au moins des embarcations du bord doit avoir les dimensions suffisantes et être pourvue des installations utiles pour lui permettre de porter sans danger la plus grosse des ancres à jet et de la relever.

Toutefois, lorsque le poids de cette ancre excède 500 kilogrammes, il suffit qu'il y ait à bord des embarcations pouvant la porter en étant accouplées.

(1) Pour les navires dont la jauge brute est inférieure à 200 tonneaux, une seule embarcation du type n° 1 ou n° 2 est exigée.

Art. **83**. — Les caissons à air des embarcations de sauvetage doivent être solides et parfaitement étanches. Ils ont, au maximum, 1ᵐ,20 de longueur.

Les caissons des embarcations en bois sont en cuivre, laiton ou autre substance solide et durable. Ceux des embarcations métalliques peuvent être confectionnés avec le même métal que la coque et faire corps avec celle-ci.

La garniture insubmersible des embarcations de sauvetage est confectionnée en liège plein, kapok ou autre substance reconnue de flottabilité au moins égale, recouvert de toile peinte.

Pour évaluer la puissance de flottabilité de cette garniture, par rapport à celle des caissons à air, il est admis qu'un volume donné de caissons à air équivaut au même volume de liège augmenté d'un quart.

Art. **84**. — La capacité d'une embarcation s'obtient en prenant les six dixièmes du produit, en mètres cubes, de la longueur hors bordé par la largeur hors bordé et par le creux.

Le creux des embarcations dont la fargue est munie d'ouvertures pour les avirons se mesure seulement à partir du fond de ces ouvertures.

Il est déduit de la capacité, calculée comme ci-dessus, des embarcations à moteur mécanique, à vapeur ou autre, répondant aux conditions fixées par l'article 78, l'espace qu'occupent le moteur et ses accessoires, espace qui est réputé égal au produit en mètres cubes de la longueur totale des appareils évaporatoires et moteur par la largeur extrême et par le creux de l'embarcation.

Dans le cas où le moteur est à pétrole, à essence ou à alcool, il n'y a lieu à aucune déduction de la capacité, mais il est tenu compte du poids du moteur, comme il est indiqué à l'article suivant.

Art. **85**. — Le nombre de personnes que peut contenir une embarcation s'obtient en divisant la capacité intérieure de cette embarcation par 0ᵐ³,250, s'il s'agit d'une embarcation de type n° 1, et par 0ᵐ³,200, s'il s'agit d'une autre embarcation.

Toutefois, si l'embarcation est pourvue d'un moteur à pétrole, à essence ou à alcool, le nombre des personnes pouvant y prendre place est réduit du nombre obtenu en divisant par 90 le poids total exprimé en kilogrammes des moteurs, ligne d'arbre, hélice, accessoires, approvisionnements et réservoirs nécessaires à la propulsion mécanique.

Art. **86**. — Les embarcations sont installées de manière à pouvoir être promptement mises à la mer.

Toute embarcation doit pouvoir être dégagée de ses chantiers et de ses saisines facilement et sans l'aide d'aucun instrument.

La moitié au moins des embarcations prévues par les articles précédents sont placées sous porte-manteaux, et installées de manière à pouvoir être mises à l'eau en moins de cinq minutes, si elles sont placées à l'intérieur, en moins de deux minutes, si elles se trouvent déjà à l'extérieur, les durées étant comptées à partir du moment où le personnel de manœuvre est réuni à son poste.

Lorsqu'une seule embarcation suffit, elle est disposée de manière à pouvoir être mise à l'eau indifféremment d'un bord ou de l'autre.

Sur les navires à voiles, les embarcations de sauvetage sont placées de telle façon qu'elles ne gênent pas les manœuvres.

Chaque embarcation de sauvetage est munie de :

Un jeu complet d'avirons avec leurs sauvegardes, plus un armement de rechange pour un banc ;

Deux tampons pour chaque nable attachés à l'embarcation avec des aiguillettes ou des chaînettes ;

Un jeu et demi de dames ou tolets en fer galvanisé attachés à l'embarcation par de solides aiguillettes ;

Un grappin ;

Un gouvernail et sa barre attachés par des sauvegardes, montés et prêts à servir, ou un aviron de queue ;

Une bosse de 35 mètres de longueur au moins ;

Une gaffe ;

Un seau et une écope ;

Une boîte de signaux pyrotechniques et ce qui est nécessaire pour leur inflammation ;

Un coffre pour serrer les menus objets de matériel.

Les embarcations de type nᵒ 1 doivent, au nombre de 4 au moins et dans la limite du tiers du nombre total des embarcations du navire, être munies d'un armement supplémentaire comprenant :

Deux hachettes ;

Au moins un mât et une voile avec le gréement correspondant ;

Une corde fixée en guirlande tout autour de l'embarcation à l'extérieur ;

Un compas ;

Quatre litres au moins d'huile grasse, avec un dispositif convenable pour le filage de l'huile ;

Un fanal garni, pouvant brûler au moins pendant huit heures.

Le matériel d'armement ci-dessus est maintenu dans les embarcations par des jarretières ou des rabans faciles à larguer.

Pour les embarcations placées sous porte-manteaux, les garants des palans doivent avoir une longueur suffisante ; le croc de la poulie inférieure ne doit pas s'engager sous les bancs ; les étuis et capots sont tenus en place par un procédé permettant de les larguer sans perte de temps ; des échelles de cordes à marches et des tireveilles sont disposées pour permettre de descendre dans les embarcations, le navire étant lège.

Art. 87. — Lorsque, sur les navires à passagers de la première catégorie, les embarcations de sauvetage prescrites par le tableau annexé à l'article 79 n'offrent pas une place suffisante pour toutes les personnes présentes à bord, il y est adjoint assez d'embarcations d'espèces et de dimensions quelconques ou de radeaux de sauvetage, pour que la capacité totale des différentes embarcations et des radeaux dépasse la capacité minimum inscrite dans la troisième colonne du tableau, des trois quarts au moins sur les navires de 5.000 tonneaux de jauge et au-dessus, de moitié au moins sur les autres.

Il ne peut être exigé toutefois plus d'embarcations supplémentaires ou de radeaux de sauvetage qu'il n'est nécessaire pour contenir ou porter, avec les embarcations réglementaires, toutes les personnes qui, au cours du voyage, seront présentes à bord.

De même, lorsque, sur les navires à passagers de la première catégorie, le nombre de personnes présentes à bord est inférieur à celui que peuvent contenir, d'après la règle fixée à l'article 85, les embarcations spécifiées au tableau de l'article 79, le capitaine est autorisé à ne conserver que le nombre de ces embarcations nécessaires pour contenir toutes les personnes qui, au cours du voyage, seront présentes à bord.

Sur les navires à passagers de la deuxième catégorie, il doit y avoir à bord, en dehors des embarcations prévues à l'article 80, des embarcations supplémentaires d'espèce et de dimensions quelconques, ou des flotteurs individuels ou non, en nombre suffisant pour pouvoir contenir, porter ou soutenir, avec les embarcations exigées, toutes les personnes qui, au cours du voyage, seront présentes à bord.

Art. 88. — Les radeaux de sauvetage sont construits, soit avec des caissons à air étanches en cuivre, en laiton, en zinc ou en fer galvanisé, très solides, et dont les compartiments n'aient pas plus de 1ᵐ,20 de longueur, soit avec des éléments en liège plein ou autre substance reconnue de flottabilité égale, recouverts de toile peinte.

Art. 89. — Le nombre de personnes que peut supporter un radeau de sauvetage à caissons métalliques est déterminé par le volume des caissons à air étanches dont il dispose, à raison de 12 personnes par mètre cube.

Lorsque les radeaux de sauvetage comportent, au lieu de caissons à air, des éléments en liège plein ou autre substance reconnue de flottabilité égale recouverts de toile peinte, le volume de ceux-ci doit être supérieur d'un quart à celui des caissons à air.

10

Art. 90. — Les radeaux de sauvetage sont installés à bord de manière à pouvoir être promptement mis à la mer.

Les radeaux sont munis d'attrapes en ligne terminés par de petits flotteurs, d'avirons en nombre proportionné à leur dimension et d'une bosse d'au moins 35 mètres.

L'armement comprend, en outre, un mât de fortune et sa voile.

Ce matériel est maintenu sur les radeaux par des jarretières ou des rabans faciles à larguer.

Art. 91. — Est considéré comme flotteur tout corps insubmersible, tel qu'un siège ou un caisson, placé sur le pont, de manière à pouvoir être facilement mis à l'eau. Il doit être entouré d'une ligne en guirlande et offrir une périphérie suffisante pour que chaque personne qu'il est destiné à soutenir dispose, pour s'appuyer, d'un espace horizontal de $0^m,30$ au moins, mesuré suivant le bord extérieur du flotteur.

Le liège en grains, déchets ou copeaux, ne doit pas entrer dans la construction ou la fabrication des éléments des radeaux de sauvetage ou des flotteurs, non plus qu'aucune autre substance sans cohésion.

Il ne doit pas être fait usage de flotteurs ayant besoin d'être gonflés au moment d'être utilisés.

Le nombre de personnes qu'un flotteur peut soutenir s'obtient en divisant par 15 le poids de fer, exprimé en kilogrammes, complètement immergé que le flotteur peut soutenir sans couler.

Les flotteurs sont disposés de façon à pouvoir être dégagés aisément en cas de sinistre.

Art. 92. — Tout navire, à quelque catégorie qu'il appartienne, doit avoir à bord autant de bouées de sauvetage que d'embarcations et autant de gilets, plastrons, cordelières ou brassières de sauvetage qu'il y a de personnes embarquées ; mais il ne peut, en aucun cas, y avoir à bord moins de deux bouées.

Une au moins des bouées de sauvetage embarquées soit sur les navires de la première catégorie soit sur les navires de la deuxième catégorie transportant des passagers, doit être lumineuse.

Art. 93. — Les bouées de sauvetage doivent être confectionnées avec du liège plein, du kapok ou une autre substance de flottabilité au moins égale.

Le liège en grains, déchets ou copeaux, ne doit jamais entrer dans la construction ou la fabrication des bouées de sauvetage, non plus qu'aucune autre substance sans cohésion.

Elles doivent pouvoir flotter au moins pendant vingt-quatre heures consécutives en soutenant, sans couler, une masse de fer, complètement immergée, du poids de 15 kilogrammes.

Toutes les bouées de sauvetage doivent être garnies de filières ; une au moins de chaque bord doit, de plus, être munie de tireveilles avec flotteurs.

Les bouées de sauvetage doivent être placées à bord en des endroits aisément accessibles pour tous, et particulièrement pour les officiers et hommes de quart.

Elles doivent pouvoir être facilement et rapidement détachées, sans l'aide d'aucun instrument.

Art. 94. — Les plastrons, gilets, cordelières et brassières de sauvetage doivent pouvoir flotter pendant au moins vingt-quatre heures en soutenant, sans couler, une masse de fer, complètement immergée, du poids de 8 kilogrammes.

L'emploi de plastrons, gilets, cordelières ou brassières de sauvetage ayant besoin d'être gonflé au moment d'être utilisés est interdit.

Une notice affichée dans les cabines et entreponts affectés aux passagers et dans les postes d'équipage indique pour chaque personne l'emplacement où se trouve la brassière, le gilet, la cordelière ou le plastron qui lui est réservé, et contient des instructions pour l'usage de ces objets.

Sur les navires de la deuxième catégorie, ces brassières, gilets, cordelières ou plastrons sont placés sur le pont en des endroits toujours facilement accessibles sans l'intervention des hommes du bord.

Art. 95. — Toutes les embarcations, ainsi que les radeaux, flotteurs, bouées, plastrons, gilets cordelières et brassières de sauvetage portent extérieurement le nom du navire auquel ils appartiennent ainsi que l'indication de son port d'immatriculation.

Les embarcations, radeaux et flotteurs, sauf sur les navires de plaisance, indiquent le nombre de personnes qu'ils peuvent contenir, porter ou soutenir.

L'inventaire des objets d'armement et des vivres qu'ils renferment y est en outre inscrit.

Art. **96.** — Tout navire ayant des compartiments étanches en nombre suffisant pour qu'il puisse flotter avec l'un quelconque de ses compartiments envahi par l'eau, peut n'avoir à bord que la moitié des embarcations supplémentaires et radeaux prévus par l'article 87 du présent Règlement mais cette dispense ne s'étend, en aucun cas, aux plastrons, gilets, cordelières et brassières de sauvetage.

Art. **97** — Il doit y avoir à bord de tout navire :

a) Un appareil porte-amarres d'une portée de 200 mètres au moins, comportant de préférence l'emprunt de la voie aérienne, et pourvu de deux lignes de rechange.

Si le navire est pourvu uniquement de fusées porte-amarres, il doit en posséder au moins trois, enfermées dans des caisses métalliques étanches.

b) Un appareil de va-et-vient susceptible d'assurer les communications avec la terre, et les instructions afférentes à l'usage de cet appareil.

Art. **98.** — A chaque visite de partance, ou tous les trois mois au moins si les visites de partance sont faites chaque mois, l'Inspecteur de la Navigation peut exiger qu'une embarcation, qu'il désignera, soit mise à l'eau en sa présence afin de constater le bon état de fonctionnement des porte-manteaux et autres appareils.

Il peut se faire présenter à chaque visite le journal du bord, de l'examen duquel il doit résulter:

a) Qu'il est fait une fois par semaine sur les navires à passagers un exercice général au cours duquel tous les officiers et tous les hommes de l'équipage doivent se porter aux postes qui leur sont assignés pour la manœuvre des embarcations, et pour la défense contre l'incendie.

b) Que sur tous les navires il est fait, après chaque armement et deux fois au moins dans le courant de chaque année, une mise à l'eau effective de toutes les embarcations de sauvetage et tous les mois un exercice de mise en dehors de celles de ces embarcations qui sont placées sous porte-manteaux ;

c) Que tous les engins de sauvetage subissent chaque mois une visite permettant de constater qu'ils sont en état de servir en cas de besoin.

Art. **99.** — A bord des navires de la première catégorie, les embarcations de sauvetage sont pourvues d'un approvisionnement en eau potable et en biscuit de bonne qualité ou son équivalent en conserves, calculé à raison de 2 kilogr. 500 gr. de biscuit et de 6 litres d'eau pour chacune des personnes pouvant y prendre place.

Art. **100.** — Ces vivres et boissons sont enfermés dans des barils de galère à fermeture étanche, mais facilement démontable. Ils sont renouvelés tous les quinze jours au moins.

Les embarcations ne doivent contenir aucun objet en dehors de ces approvisionnements et de leur armement.

Art. **101.** — Tout bâtiment de pêche doit avoir à bord au moins une embarcation de sauvetage appartenant à l'un des types déterminés par l'article 78, les embarcations de pêche, dorys et warys étant assimilés aux embarcations du type n° 3 sans condition de capacité.

Art. **102.** — Sous réserve des dispositions prévues au dernier alinéa de l'article 87, tout bâtiment de pêche transportant des marins pêcheurs passagers doit avoir à bord au moins deux embarcations de sauvetage appartenant à l'un des types déterminés par l'article 78 du présent Règlement.

Les bâtiments qui emploient pour la pêche des embarcations s'éloignant du navire sont approvisionnés de torches, fusées ou autres artifices permettant, par temps de brume, de faire rallier ces embarcations.

Les embarcations, expédiées de la côte de Terre-Neuve ou des navires pour pêcher sur les bancs de Terre-Neuve, doivent porter à l'arrière et à l'avant, sur chaque bord, le nom du bâtiment duquel elles dépendent et celui du port d'attache de ce bâtiment. Elles sont pourvues d'un compas, d'un aviron de rechange, d'au moins 4 kilogr. 500 de biscuit et de 6 litres d'eau.

Art. **103.** — Les navires de plaisance sont assimilés aux navires de la deuxième catégorie.

Tout navire de plaisance, sauf les yachts de course, doit avoir à son bord :

S'il a moins de 100 tonneaux, une embarcation propre au sauvetage, dont le cubage pourra être de moins de 3 mètres cubes ;

Entre 100 et 200 tonneaux, une ou plusieurs embarcations propres au sauvetage, dont le cubage total doit être de 3 mètres cubes ;

Au-dessus de 200 tonneaux, deux embarcations propres au sauvetage, dont le cubage doit être pour chacune de 3 mètres cubes.

Sont applicables aux navires de plaisance le premier paragraphe de l'article 92, les deux premiers paragraphes de l'article 94, le premier alinéa de l'article 95 jusqu'aux mots « auxquels ils appartiennent ». Les marques peuvent être placées à l'intérieur des embarcations et des engins de sauvetage.

Est aussi applicable le premier alinéa de l'article 98.

Les dispositions de l'article 97 ne sont applicables aux navires de plaisance que lorsque ces navires jaugent plus de 350 tonneaux.

Chapitre VI. — Matériel médical et pharmaceutique.

Art. **104.** — Tout navire doit être pourvu du matériel médical et pharmaceutique déterminé, par les nomenclatures et tableaux annexés au présent Règlement.

Art. **105.** — Lorsqu'il existe un local affecté à la pharmacie, les médicaments toxiques sont renfermés dans une armoire spéciale fermant à clef, dite « armoire aux poisons ». Si le navire ne comporte pas de pharmacie, les médicaments toxiques sont enfermés dans un coffre spécial ou dans un compartiment du coffre réglementaire distinct et fermant à clef.

Art. **106.** — Les appareils, ustensiles et instruments de chirurgie, sont disposés dans des armoires ou caisses spéciales distinctes de celles qui contiennent les médicaments.

Les objets de pansement sont également renfermés dans un coffre ou un compartiment à part.

Ces différents coffres doivent toujours être placés dans des locaux facilement accessibles.

Art. **107.** — La liste de tous les médicaments, objets ou ustensiles contenus dans un coffre ou une armoire est inscrite sur le fond du couvercle du coffre ou sur la porte de l'armoire.

Sur les navires ne comportant pas de local affecté à la pharmacie, lorsque l'importance du matériel médical et pharmaceutique exige la répartition de ce matériel entre plusieurs caisses, la caisse contenant les médicaments pour l'usage interne, celle dans laquelle sont renfermés les médicaments pour l'usage externe, et celle qui est réservée aux objets de pansement, sont de couleurs différentes ou portent des signes extérieurs permettant de les reconnaître facilement.

Art. **108.** — Les récipients sont munis d'étiquettes indiquant très lisiblement le nom des médicaments qu'ils contiennent.

Les liquides toxiques sont placés dans des fioles ou flacons portant des étiquettes en papier rouge orangé et une bande circulaire en papier de même couleur, de 1 à 3 centimètres de largeur, selon la dimension des récipients, collée sur toute leur circonférence. Ces mêmes fioles sont munies d'une seconde étiquette en papier rouge orangé sur laquelle le mot poison est imprimé ou écrit en lettres majuscules.

Art. **109.** — Les médicaments sensibles à l'action de la lumière sont conservés dans des récipients en verre jaune ou noir et les herbes médicinales dans des bocaux en verre ou dans des boîtes en fer-blanc.

Les médicaments ne peuvent être conservés dans des sacs en papier qu'autant que ces sacs sont renfermés à leur tour dans des récipients en verre ou des boîtes en fer-blanc. Pour les poudres médicamenteuses divisées par paquets, chaque paquet doit être pourvu d'une étiquette lisible indiquant le nom de la substance et son poids, et son usage interne ou externe.

Art. **110.** — Les coffres à médicaments, objets de pansement, appareils et instruments de chirurgie, sont visités dans les ports de France, lorsque six mois se sont écoulés depuis la dernière visite.

Cette visite a lieu, soit à bord, soit au Bureau de l'Inscription Maritime si le propriétaire ou son représentant le désire, en présence du capitaine ou de son délégué, et du médecin du navire, s'il y en a un.

Elle est effectuée, sur la réquisition de l'Inspecteur de la Navigation, par le médecin membre de la Commission prévue à l'article 4 de la Loi du 17 Avril 1907, sous réserve, le cas échéant, de l'application des lois des 1er août 1905 et 25 Juin 1908 sur la répression des fraudes.

Une fois visités, les coffres sont scellés et placés dans un local fermant à clef; si les médicaments sont placés dans une pharmacie, ce local doit être fermé à clef.

Tout navire doit être muni d'une instruction médicale approuvée par le Ministre de la Marine; s'il y est embarqué un médecin, il doit en outre y avoir à bord un exemplaire du Codex français.

Art. **111.** — Tout navire destiné à naviguer au long cours ou à effectuer, au cabotage international ou au grand cabotage national, des traverées d'une durée normale de plus de 48 heures et devant embarquer plus de 100 personnes, est pourvu d'un appareil à désinfecter autorisé suivant les prescriptions des règlements en vigueur et conforme à un modèle approuvé par le Conseil supérieur de santé de la Marine.

Il doit être de dimension suffisante pour permettre de désinfecter les objets de literie.

Chapitre VII. — Règles de calcul du tirant d'eau maximum. Marques de franc-bord.

Art. **112.** — Tous les navires, quelle que soit leur affectation, doivent porter sur leur coque, au milieu de la longueur de chaque bord, une marque déterminant, d'une façon apparente, la limite supérieure d'immersion qu'il est licite d'atteindre.

Cette marque, dite « marque de franc-bord », consiste en un disque de 300 millimètres de diamètre, peint en blanc ou en jaune sur un fond foncé ou en noir sur un fond clair, traversé par une ligne horizontale de 460 millimètres de long, dont l'arête supérieure passe par le centre du disque.

Le disque et la ligne horizontale ont une largeur de 25 millimètres.

L'arête supérieure de la ligne horizontale indique la ligne de charge maximum d'été en eau de mer. Sa position est déterminée comme il est dit à l'article 113 ci-après.

Sur les navires à vapeur la marque de franc-bord proprement dite est complétée par des marques correspondant au franc-bord en eau douce, au franc-bord d'hiver, au franc-bord dans l'Atlantique Nord et au franc-bord d'été dans les mers tropicales.

Sur les navires à voiles, la marque de franc-bord proprement dite est complétée par des marques correspondant au franc-bord en eau douce et au franc-bord d'hiver. Toutes ces marques complémentaires consistent en des lignes horizontales de 230 millimètres de longueur et de 25 millimètres de largeur, peintes de la même couleur que le disque et disposées perpendiculairement à une ligne verticale tracée à 0m,52, à l'avant du centre du disque.

La ligne correspondant au franc-bord en eau douce est dirigée vers l'arrière; les autres lignes sont dirigées vers l'avant.

Art. **113.** — Au-dessus du disque est tracée une ligne horizontale, dite « ligne de pont réglementaire », peinte de la même couleur que le disque, ayant 30 centimètres de longueur avec une épaisseur de 25 millimètres et dont le milieu est à l'aplomb du centre du disque.

La position de l'arête supérieure de cette ligne par rapport au pont du navire et la distance (franc-bord) de cette arête supérieure au centre du disque, ainsi que la position, par rapport au centre du disque, des diverses marques complémentaires ci-dessus définies, doit répondre aux indications portées sur un certificat qui est établi conformément aux prescriptions d'un règlement de franc-bord, dressé par une Société de classification, reconnue et approuvée par un décret rendu sur le rapport du Ministre de la Marine, après avis du Conseil supérieur de la Navigation Maritime.

Le certificat susvisé doit émaner d'une Société de classification reconnue.

ART. **114.** — Les documents relatifs au franc-bord peuvent porter, pour les navires à voiles, l'indication des réductions dont chacun de ces navires bénéficie dans certains états de chargement, conformément aux dispositions du Règlement prévu à l'article précédent.

ART. **115.** — Outre ses marques de franc-bord, le navire doit porter sur l'étrave et sur l'étambot (étambot arrière des vapeurs) et d'un bord au moins, une échelle de tirant d'eau en décimètres, pointée au burin, peinte en noir sur fond clair, ou en blanc ou jaune sur fond foncé, et disposée de telle sorte que la partie inférieure de chaque chiffre corresponde au tirant d'eau qu'il indique.

Chapitre VIII. — Calcul du nombre maximum de passagers.

ART. **116.** — Lorsque le service auquel le navire est affecté, suivant la déclaration contenue dans le permis de navigation, comporte des traversées dont la durée normale de port à port dépasse 48 heures, le calcul du nombre maximum de passagers qui peuvent être logés à bord se fait suivant les règles ci-après :

Pour les passagers de cabine, les cabines avec ou sans cabinet de toilette doivent représenter au minimum un volume d'air de $3^{m3},500$ par personne.

Pour les passagers d'entrepont :

Les entreponts supérieurs et les superstructures affectés au logement des passagers doivent représenter, pour chaque passager (non compris les enfants de moins de 8 ans) un volume de $2^{m3}750$. Ce volume est porté à 3 mètres cubes pour l'entrepont inférieur.

Les enfants au-dessous d'un an ne sont pas comptés dans le calcul du nombre de passagers et deux enfants de plus d'un an et de moins de 8 ans sont comptés pour un passager.

Lorsqu'un hôpital est installé à demeure sur le navire, le nombre de personnes qu'il peut contenir, eu égard au cube d'air, entre dans l'évaluation du nombre total de passagers d'entrepont qui peuvent être admis à bord.

Les passagers de pont doivent disposer d'une surface horizontale de $1^{mq}15$ par personne.

ART. **117.** — Pour être admis à transporter des marins pêcheurs entre la France et Saint-Pierre et Miquelon ou inversement, les bâtiments pêcheurs ou chasseurs doivent avoir, au moins, 100 tonneaux de jauge brute.

Chapitre IX. — Personnel médical.

ART. **118.** — Tout navire français, à voiles ou à vapeur, dont l'effectif, équipage et passagers réunis, atteint le chiffre de 100 personnes et qui fait une traversée dont la durée normale dépasse 48 heures, doit avoir à bord un docteur en médecine.

Il lui est adjoint un second médecin si l'effectif de l'équipage et des passagers réunis atteint le chiffre de 1.200 personnes et si la traversée doit durer plus de 7 jours.

ART. **119.** — Sur les navires ayant un médecin, lorsque le nombre des personnes embarquées dépasse 300 et lorsque le voyage comporte des traversées de plus de trois jours, ce médecin est toujours assisté d'une personne exclusivement affectée au service médical.

S'il y a plus de 1.200 personnes à bord, il est affecté à ce même service une seconde personne.

ART. **120.** — Sur les navires ne comportant pas de médecin, le capitaine, à qui il appartient de donner des soins au malade, conserve les clefs des coffres à médicaments et en est responsable.

Chapitre X. — Fonctionnement de la Commission supérieure. — Procédure.

Art. **121.** — Le Président de la Commission supérieure instituée par l'article 19 de la Loi du 17 Avril 1907 est nommé par le Ministre de la Marine.

La Commission ne peut délibérer valablement que si la moitié au moins des membres sont présents.

Les résolutions de la Commission sont prises à la majorité des voix. En cas de partage, la voix du Président est prépondérante.

Art. **122.** — Les réclamations contre les décisions des Commissions instituées en vertu des articles 4, 6 et 8 de la Loi du 17 Avril 1907 doivent être formées, dans un délai de trois jours francs à partir du jour où l'Administrateur de l'Inscription maritime aura fait notification par écrit de la décision à l'armateur ou au capitaine. Elles sont motivées et déposées entre les mains de l'Administrateur, qui en donne un récépissé détaché d'un registre à souche.

Art. **123.** — L'Administrateur avise par la voie télégraphique le Ministre de la Marine de la réclamation et il lui transmet immédiatement la réclamation avec le procès-verbal dressé par la Commission dont la décision est attaquée.

Dès la réception de cet avis, le Ministre convoque télégraphiquement les membres de la Commision supérieure. Celle-ci doit se réunir dans le délai maximum de trois jours francs à compter de la réception de l'avis télégraphique adressé au Ministre par l'Administrateur, les jours fériés n'étant pas compris dans ce délai.

Le dossier relatif à la réclamation est remis au Président de la Commission avant la séance pour laquelle la Commission est convoquée.

Art. **124.** — Informé télégraphiquement par le Ministre de la Marine de la date et de l'heure de la réunion de la Commission supérieure, l'Administrateur de l'Inscription maritime porte, sans retard, ce renseignement à la connaissance de l'armateur, du propriétaire ou du capitaine qui a formé la réclamation et retire récépissé de cette communication.

Art. **125.** — Lorsque la Commission supérieure ne croit pas pouvoir prendre une décision sur le simple examen de la réclamation de l'armateur ou du capitaine et du procès-verbal de la Commission locale, elle peut faire procéder à telles enquêtes ou expertises qu'elle juge nécessaires.

Les enquêtes peuvent être confiées à un ou plusieurs de ses membres, qui se rendent à bord du navire en cause.

La Commission ne peut désigner des experts ayant pris part aux opérations des Commissions locales qui ont donné lieu à la réclamation.

Le résultat des enquêtes et des expertises est consigné dans des rapports écrits.

Art. **126.** — Dans les colonies, la réclamation doit être remise au Gouverneur ou au fonctionnaire délégué par lui à cet effet. Il en est délivré récépissé.

Le Ministre de la Marine est saisi par câblogramme et, après avoir pris l'avis de la Commission supérieure, fait connaître sa décision par la même voie.

A l'étranger, la réclamation est remise à l'autorité consulaire et la même procédure qu'au paragraphe précédent est suivie.

Art. **127.** — Lorsque l'avis de la Commission supérieure est provoqué en vertu de l'article 44 de la Loi du 17 Avril 1907, il est donné connaissance aux intéressés des actes de négligence ou des manquements dans l'exercice de leurs fonctions qui leur sont reprochés.

Un délai de cinq jours francs leur est imparti pour présenter leur défense soit par écrit, soit en comparaissant personnellement devant la Commission supérieure.

Chapitre XI. — Dispositions générales. — Publicité à donner à la Loi et aux règlements d'administration publique.

Art. **128.** — Pour les navires de commerce ayant moins de 200 tonneaux, pour les navires de pêche au-dessous de 200 tonneaux, s'ils sont à voiles et au-dessous de 250 tonneaux, s'ils sont à vapeur ou à propulsion mécanique, pour les navires de plaisance de moins de 200 tonneaux, pour les yachts de course et pour les navires ayant des affectations spéciales, le Ministre de la Marine peut, sur l'avis de la Commission supérieure (1), dispenser partiellement des prescriptions contenues dans les chapitres précédents, à l'exception des chapitres 3 et 7, s'il est reconnu que cette dispense ne peut avoir d'inconvénient.

Art. **129.** — Le texte de la Loi du 17 Avril 1907, ainsi que celui des règlements d'administration publique rendus en exécution de ses prescriptions, doit se trouver à bord des navires de plus de 25 tonneaux et être communiqué par le capitaine, sur leur demande, aux personnes embarquées.

Il doit également être mis à la disposition des inscrits maritimes, dans tous les quartiers et préposats de l'Inscription maritime.

Chapitre XII. — Dispositions transitoires.

Art. **130.** — Les navires de plus de 25 tonneaux de jauge brute en service au moment de la mise en vigueur de la Loi du 17 Avril 1907 sont soumis aux dispositions suivantes :

1° Renseignements que doit contenir toute demande de permis de navigation.

A l'appui de la première demande de permis périodique de navigation, le propriétaire doit fournir les renseignements énumérés à l'article 3 du présent décret.

2° Prescriptions relatives à l'hygiène et à la salubrité.

Les postes d'équipage sont munis de sièges et de tables pour la moitié de l'effectif pour lequel il a été prévu des postes de couchage.

Sont applicables les dispositions des paragraphes 2, 3 et 4 de l'article 7, des paragraphes 1 et 2 de l'article 8 et les articles 11, 12 et 13 du présent Règlement.

Sur les navires à passagers se livrant au long cours, des dispositions doivent être prises pour l'isolement des personnes malades, lorsque plus de 100 personnes sont embarquées simultanément à bord.

Aucune modification n'est apportée aux installations des hôpitaux existant avant la mise en vigueur de la loi en ce qui concerne les dimensions et la disposition des couchettes, des coursives et des locaux annexes desdits hôpitaux.

3° Appareils à vapeur.

Aucune modification ne sera exigée dans les dispositions des machines et appareils, lorsqu'elles sont conformes aux prescriptions des règlements antérieurs.

Les machines et chaudières en service sont soumises aux visites et épreuves prévues au présent Règlement, à l'exception de l'épreuve initiale.

Toutefois, les surcharges d'épreuve ne dépasseront pas celles auxquelles les appareils étaient antérieurement soumis en vertu du Décret du 1er Février 1893.

4° Instruments et documents nautiques, objets d'armement et de rechange.

Tous les instruments et documents nautiques visés aux tableaux de l'article 67 sont exigés.

Tous les objets d'armement et de rechange prévus auxdits tableaux sont exigés en principe ; la Commission qui procède à la première visite du navire peut admettre des tolérances suivant les cas.

(1) Le texte publié au *Journal Officiel* du 26 Septembre contenant les mots : « Sur la proposition de la Commission de visite » qui ont été rectifiés conformément au texte ci-dessus par un erratum publié au *Journal Officiel* du 27 Septembre 1908.

5° Installations, embarcations, appareils ou engins de sauvetage.

Les navires sont en principe soumis, en ce qui concerne les embarcations et engins de sauvetage, aux dispositions du présent Règlement, à l'exception de celles qui seraient reconnues par la première Commission de visite, devoir entraîner des modifications notables d'aménagement et d'installation par rapport aux dispositions qui leur étaient imposées par le Décret du 26 Juin 1903

6° Matériel médical et pharmaceutique.

Les coffres à médicaments composés conformément aux nomenclatures antérieures à la mise en vigueur de la loi seront admis pendant dix-huit mois.

7° Règles de calcul du tirant d'eau maximum, marques de franc-bord.

Tous les navires sont astreints à la réglementation concernant le franc-bord. Lorsque le navire est présenté à la Commission de visite, les marques de franc-bord doivent être apposées conformément aux prescriptions des articles 112 à 115, à moins que le navire n'ait reçu, avant la promulgation du Règlement d'Administration publique, des marques de franc-bord apposées sous le contrôle d'une Société de classification reconnue, comme il est dit à l'article 1er, n° 1, de la loi.

8° Calcul du nombre maximum de passagers.

Les propriétaires de navires ne sont pas tenus de modifier le nombre maximum de passagers fixé en vertu d'actes antérieurs.

Toutes les dispositions contenues dans les chapitres 9, 10 et 11 leur sont applicables.

ART. **131**. — Sous réserve des dispositions spéciales aux navires de pêche et de plaisance contenues aux chapitre 1 à 11 du présent Règlement et dont peuvent se prévaloir les navires de pêche et de plaisance en service au moment de la mise en vigueur de la Loi du 17 Avril 1907, ces navires sont soumis aux prescriptions de l'article 130, sous les réserves suivantes :

Pour les navires de pêche, le numéro 2 est remplacé par la disposition suivante :

N° 2. *Locaux.* — Les parois et meubles sont recouverts d'une peinture ou enduit lavable.

L'éclairage de jour est assuré par des hublots de côté, par des verres prismatiques dans le pont ou par des claires-voies. Lorsqu'ils ne présentent pas de danger, il est établi sur chaque bord un nombre de hublots en rapport avec les dimensions des compartiments qu'ils éclairent.

L'éclairage de nuit est assuré au moyen d'appareils fixes.

L'échelle de descente et le capot doivent être d'un accès facile ; le capot doit pouvoir être fermé hermétiquement pour empêcher l'eau de tomber dans le poste.

Un espace est réservé en dehors du poste ou dans le poste même pour recevoir les effets cirés.

Un moyen de chauffage est fourni pour chaque logement. Quand il y est installé un fourneau de cuisine, une ouverture spéciale est pratiquée pour dégager le produit de la combustion.

Une manche à air avec pavillon est placée en un endroit convenable pour introduire l'air frais. L'évacuation de l'air vicié est assurée par une autre manche, des champignons, cols de cygne ou tout autre moyen efficace.

Pour les navires de plaisance, le numéro 2 est remplacé par la disposition suivante :

N° 2. *Locaux.* — Les parois et les meubles sont recouverts d'une peinture ou d'un enduit lavables.

L'éclairage est assuré par des hublots de côté ou des verres primastiques dans le pont et par des claires-voies.

11

L'échelle de descente et le capot doivent être d'un accès facile ; le capot doit pouvoir être fermé hermétiquement pour empêcher l'eau de tomber dans le poste.

Art. **132.** — Les navires en construction au moment de la publication du présent décret seront soumis aux prescriptions des chapitres 1 à 11 du présent Règlement s'ils ne sont pas mis en service dans un délai maximum de deux ans, à partir de la même date.

Art. **133.** — La justification d'un permis de navigation ou d'un certificat reconnu équivalent audit permis ne sera exigée des navires étrangers embarquant des passagers dans un port français que six mois après la mise en vigueur de la loi.

Art. **134.** — Le Ministre de la Marine et le Ministre du Commerce et de l'Industrie sont chargés, chacun en ce qui le concerne, de l'exécution du présent décret, qui sera publié au *Journal Officiel* et inséré au *Bulletin des Lois.*

IX. — TABLEAUX ET NOMENCLATURES

visés à l'article 104 du Règlement d'administration publique du 21 Septembre 1908 prévu par l'article 53 de la Loi du 17 Avril 1907, concernant la sécurité de la navigation maritime [1].

1° Tableaux déterminant d'après la durée de la navigation et le chiffre du personnel embarqué, le matériel médical et pharmaceutique dont doivent être pourvus les navires de commerce, de pêche, de plaisance, etc., de plus de 25 tonneaux de jauge.

NOTA. — Il existe quatre catégories de coffres (médicaments et pansements) ; le mot « coffre » s'entendant non des récipients mêmes, mais de la série d'objets et de produits qui le compose. Ces différents coffres ont un numéro distinctif, n° 1, n° 2, n° 3 ou n° 4, selon leur importance ; le coffre n° 3 peut être estimé comme équivalant au moins au triple du coffre n° 2 ; le coffre n° 4, qui n'est délivré qu'aux bâtiments possédant un médecin, peut, en dehors des produits et objets qui n'existent pas dans les coffres n°s 2 et 3, parce qu'ils ne peuvent être utilisés que par un médecin, être considéré comme équivalant au moins au triple du coffre n° 3.

Tableau A. — Jusqu'à 100 personnes.

DURÉE de la NAVIGATION	NOMBRE DE PERSONNES EMBARQUÉES						
	1 à 10	11 à 15	11 à 30	11 à 50	16 à 30	16 à 50	16 à 80
Moins de 2 mois	1 coffre n° 2.	2 coffres n° 2.	»	»	»	»	»
— 3 mois	1 coffre n° 2.	2 coffres n° 2.	»	»	»	»	1 coffre n° 3.
— 4 mois	1 coffre n° 2.	2 coffres n° 2.	»	»	»	1 coffre n° 3.	»
— 5 mois	2 coffres n° 2.	»	»	1 coffre n° 3.	»	»	»
— 6 mois	2 coffres n° 2.	»	1 coffre n° 3.	»	»	»	»
— 7 mois	2 coffres n° 2.	»	1 coffre n° 3.	?	»	»	»
— 10 mois	1 coffre n° 3.	1 coffre n° 3.	. »	»	1 coffre n° 3 et 1 coffre n° 2.	»	»
— 12 mois	1 coffre n° 3.	1 coffre n° 3 et 1 coffre n° 2.	»	»	1 coffre n° 3 et 2 coffres n° 2.	»	»

DURÉE de la NAVIGATION	NOMBRE DE PERSONNES EMBARQUÉES					
	16 à 100	31 à 40	31 à 60	41 à 50	41 à 60	51 à 60
Moins de 2 mois.	1 coffre n° 3.	»	»	»	»	»
— 3 mois.	»	»	»	»	»	»
— 4 mois.	»	»	»	»	»	»
— 5 mois.	»	»	»	»	»	1 coffre n° 3 et 1 coffre n° 2.
— 6 mois.	»	1 coffre n° 3 et 1 coffre n° 2.	»	»	1 coffre n° 3 et 2 coffres n° 2.	»
— 7 mois.	»	1 coffre n° 3 et 1 coffre n° 2.	»	1 coffre n° 3 et 2 coffres n° 2.	»	»
— 10 mois.	»	1 coffre n° 3 et 2 coffres n° 2.	»	»	2 coffres n° 3.	»
— 12 mois.	»	»	2 coffres n° 3.	»	»	»

NOTA. — Les bateaux pratiquant la pêche côtière ou le bornage, qui ont moins de quinze hommes d'équipage, peuvent être pourvus seulement du coffre n° 1.

DURÉE de la NAVIGATION	NOMBRE DE PERSONNES EMBARQUÉES				
	51 à 70	51 à 80	61 à 80	61 à 100	71 à 100	81 à 100
Moins de 2 mois.	»	»	»	»	»	
— 3 mois.	»	»	»	»	»	1 coffre n° 3 et 1 coffre n° 2.
— 4 mois.	»	1 coffre n° 3 et 1 coffre n° 2.	»	»	»	1 coffre n° 3 et 2 coffres n° 2.
— 5 mois.	»	»	1 coffre n° 3 et 2 coffres n° 2.	»	»	2 coffres n° 3.
— 6 mois.	»	»	2 coffres n° 3.	»	»	3 coffres n° 3.
— 7 mois.	2 coffres n° 3.	»	»	»	3 coffres n° 3.	»
— 10 mois.	»	»	»	3 coffres n° 3.	»	»
— 12 mois.	»	»	»	3 coffres n° 3.	»	»

[1] Annexés au Décret du 10 Avril 1909 (*Journal Officiel* du 20 Avril 1909, Circ. n° 587).

Tableau B. — (De 101 à 1.500 personnes.)

DURÉE de la NAVIGATION	NOMBRE DE PERSONNES EMBARQUÉES							
	101 à 125	101 à 175	101 à 250	101 à 300	101 à 375	101 à 500	101 à 750	101 à 1.500
Moins de 2 mois.	»	»	»	»	»	»	»	1 coffre n° 4.
— 3 mois.	»	»	»	»	»	»	1 coffre n° 4.	»
— 4 mois.	»	»	»	»	»	1 coffre n° 4.	»	»
— 5 mois.	»	»	»	»	1 coffre n° 4.	»	»	»
— 6 mois.	»	»	»	1 coffre n° 4.	»	»	»	»
— 7 mois.	»	»	1 coffre n° 4.	»	»	»	»	»
— 10 mois.	»	1 coffre n° 4.	»	»	»	»	»	»
— 12 mois.	1 coffre n° 4.	»	»	»	»	»	»	»

DURÉE de la NAVIGATION	NOMBRE DE PERSONNES EMBARQUÉES				
	126 à 160	161 à 200	176 à 225	201 à 250	226 à 275
Moins de 2 mois.	»	»	»	»	»
— 3 mois.	»	»	»	»	»
— 4 mois.	»	»	»	»	»
— 5 mois.	»	»	»	»	»
— 6 mois.	»	»	»	»	»
— 7 mois.	»	»	»	»	»
— 10 mois.	»	»	1 coffre n° 4 et 1 coffre n° 3.	»	1 coffre n° 4 et 2 coffres n° 3
— 12 mois.	1 coffre n° 4 et 1 coffre n° 3.	1 coffre n° 4 et 2 coffres n° 3	»	2 coffres n° 4.	»

DURÉE de la NAVIGATION	NOMBRE DE PERSONNES EMBARQUÉES					
	251 à 300	251 à 325	276 à 350	301 à 350	301 à 400	326 à 400
Moins de 2 mois.	»	»	»	»	»	»
— 3 mois.	»	»	»	»	»	»
— 4 mois.	»	»	»	»	»	»
— 5 mois.	»	»	»	»	»	»
— 6 mois.	»	»	»	»	1 coffre n° 4 et 1 coffre n° 3	»
— 7 mois.	»	1 coffre n° 4 et 1 coffre n° 3.	»	»	»	1 coffre n° 4 et 2 coffres n° 3
— 10 mois.	»	»	2 coffres n° 4.	»	»	»
— 12 mois.	2 coffres n° 4 et 1 coffre n° 3.	»	»	2 coffres n° 4 et 2 coffres n° 3	»	»

DURÉE de la NAVIGATION	NOMBRE DE PERSONNES EMBARQUÉES					
	351 à 400	376 à 500	401 à 500	501 à 600	501 à 700	601 à 700
Moins de 2 mois.	»	»	»	»	»	»
— 3 mois.	»	»	»	»	»	»
— 4 mois.	»	»	»	»	1 coffre n° 4 et 1 coffre n° 3.	»
— 5 mois.	»	1 coffre n° 4 et 1 coffre n° 3.	»	1 coffre n° 4 et 2 coffres n° 3	»	»
— 6 mois.	»	»	1 coffre n° 4 et 2 coffres n° 3	2 coffres n° 4.	»	2 coffres n° 4 et 1 coffre n° 3
— 7 mois.	»	»	2 coffres n° 4.	2 coffres n° 4 et 1 coffre n° 3.	»	2 coffres n° 4 et 2 coffres n° 3
— 10 mois.	2 coffres n° 4 et 1 coffre n° 3.	»	2 coffres n° 4 et 2 coffres n° 3	3 coffres n° 4.	»	4 coffres n° 4.
— 12 mois.	3 coffres n° 4.	4 coffres n° 4.	»	»	»	»

DURÉE de la NAVIGATION	NOMBRE DE PERSONNES EMBARQUÉES					
	601 à 750	701 à 800	751 à 900	751 à 1.000	801 à 1.000	901 à 1.000
Moins de 2 mois.	»	»	»	»	»	»
— 3 mois.	»	»	»	1 coffre n° 4 et 1 coffre n° 3.	»	»
— 4 mois.	»	1 coffre n° 4 et 2 coffres n° 3	»	»	2 coffres n° 4.	»
— 5 mois.	2 coffres n° 4.	»	2 coffres n° 4 et 1 coffre n° 3.	»	»	2 coffres n° 4 et 2 coffres n° 3.
— 6 mois.	»	2 coffres n° 4 et 2 coffres n° 3	»	»	3 coffres n° 4.	»
— 7 mois.	»	3 coffres n° 4.	»	»	4 coffres n° 4.	»
— 10 mois.	»	»	»	»	»	»
— 12 mois.	»	»	»	»	»	»

Tableau C. — *Au-dessus de 1.000 personnes.*

DURÉE de la navigation.	NOMBRE DE PERSONNES EMBARQUÉES					
	1.001 à 1.200	1.201 à 1.351	1.201 à 1.500	1.351 à 1.500	1.501 à 1.750	1.501 à 2.000
Moins de 2 mois.	V. tabl. B, col. 9.	V. tabl. B, col. 9.	V. tabl. B, col. 9.	V. tabl. B, col. 9.	»	1 coffre n° 4 et 1 coffre n° 3.
— 3 mois.	1 coffre n° 4 et 2 coffres n° 3.	»	2 coffres n° 4.	»	2 coffres n° 4 et 1 coffre n° 3.	»
— 4 mois.	2 coffres n° 4 et 1 coffre n° 3.	2 coffres n° 4 et 2 coffres n° 3.	»	3 coffres n° 4.	»	4 coffres n° 4.
— 5 mois.	3 coffres n° 4.	»	4 coffres n° 4.	»	»	»
— 6 mois.	4 coffres n° 4.	»	»	»	»	»
— 7 mois.	V. tabl. B, col.31.	V. tabl. B, col.31.	V. tabl. B, col.31.	V. tabl. B, col.31.	V. tabl. B, col.31.	V. tabl. B, col.31.
— 10 mois.	*Idem*, col. 26.	*Idem*, col. 26.	*Idem*, col. 26.	*Idem*, col. 26.	*Idem*, col. 26.	*Idem*, col. 26.
— 12 mois.	*Idem*, col. 22.	*Idem*, col. 22.	*Idem*, col. 22.	*Idem*, col. 22.	*Idem*, col. 22.	*Idem*, col. 22.

DURÉE de la navigation.	NOMBRE DE PERSONNES EMBARQUÉES				
	1.751 à 2.000	2.001 à 2.250	2.001 à 2.400	2.251 à 3.000	2.401 à 3.000
Moins de 2 mois.	»	»	1 coffre n° 4 et 2 coffres n° 3.	»	2 coffres n° 4.
— 3 mois.	2 coffres n° 4 et 2 coffres n° 3.	3 coffres n° 4.	1	4 coffres n° 4.	»
— 4 mois.	»	»	»	»	»
— 5 mois.	»	»	»	»	»
— 6 mois.	»	»	»	»	»
— 7 mois.	V. tabl. B, col. 31	V. tabl. B. col. 31	V. tabl. B. col. 31	V. tabl. B. col. 31	V. tabl. B, col. 31
— 10 mois.	*Idem*. col. 26	*Idem*. col. 26	*Idem*. col. 26	*Idem*. col. 26	*Idem*. col. 26
— 12 mois.	*Idem*. col. 22	*Idem*. col. 22	*Idem*. col. 22	*Idem*. col. 22	*Idem*. col. 22

2° Nomenclature des médicaments, ustensiles et objets de pansement dont doivent être munis les navires de commerce, de pêche, de plaisance, etc. de plus de 25 tx de jauge.

A. — *Coffre n° 1 spécial aux bateaux de plus de 25 tonneaux de jauge, pratiquant la pêche côtière ou le bornage* (1), *qui ont moins de 15 hommes d'équipage.*

NOMENCLATURE	ESPÈCES des UNITÉS	QUANTITÉS
Instruction médicale (1 par bâtiment).		
Médicaments pour l'usage interne.		
Antipyrine (en comprimés de 50 centigrammes)	Grammes.	5 »
Chlorate de potasse (en comprimés de 30 centigrammes)	*Idem*.	20 »
Chlorhydrate de quinine (en comprimés de 50 centigrammes)	*Idem*.	10 »
Elixir parégorique (flacon compte-gouttes)	*Idem*.	25 »
Ether sulfurique	*Idem*.	25 »
Huile de ricin	*Idem*.	100 »
Ipéca en poudre (paquets de 50 centigrammes avec étiquette) . . .	*Idem*.	5 »
Sous-nitrate de bismuth (paquets de 2 grammes avec étiquette)	*Idem*.	30 »
Sulfate de soude (paquets de 20 grammes avec étiquette)	*Idem*.	120 »
Médicaments pour l'usage externe.		
Acide borique pulvérisé (paquets de 30 grammes avec étiquette)	*Idem*.	30 »
Eau phéniquée forte à 50 0/00 (2 flacons bleus avec étiquette vitrifiée)	*Idem*.	250 »
Acide picrique (en 4 tubes de 3 grammes avec étiquette)	*Idem*.	12 »
Solution d'acide picrique à 12/1000	*Idem*.	250 »
Alcool camphré	*Idem*.	225 »
Ammoniaque liquide (dans un flacon à bouchon à pointe, avec étiquette vitrifiée).	*Idem*.	25 »
Aristol (dans un saupoudreur) pour les plaies	*Idem*.	10 »
Sinapismes (moutarde en feuilles), boîte de 10	Boîte.	1 »
Sparadrap de diachylon dans un étui	Mètre.	0 50
Teinture d'iode (verre jaune), étiquette vitrifiée	Grammes.	60 »
Vaseline boriquée à 1/10	*Idem*.	60 »

(1) V. p. 1188 l'observation concernant les navires armés au bornage.

NOMENCLATURE	ESPÈCES des UNITÉS	QUANTITÉS
Objets de pansement.		
Bandages de corps	Nombre.	1
Bandes de crêpe	Idem.	1
Bandes de gaze apprêtée à pansements (paquets de 10), chaque bande enveloppée isolément	Idem.	1
Bandes roulées en coton (paquets de 10 = 3 × 0,04), chaque bande enveloppée isolément	Idem.	1
Compresses moyennes de gaze (paquets de 2 bien isolés ou fermés, mais tous réunis dans une enveloppe commune)	Idem.	5
Coton hydrophile purifié :		
Paquets de 25 grammes.	Idem.	4
Paquets de 50 grammes	Idem.	3
Doigtiers en peau de mouton	Idem.	10
Echarpe triangulaire (pièce de linge de 1 mètre de côté)	Idem.	1
Echarpe de Mayor.	Idem.	1
Gaze à pansements, non apprêtée et purifiée :		
0,70 × 1.	Paquet.	
0,70 × 5.	Idem.	3
Epingles de sûreté assorties en laiton étamé :		
Boîtes de 12	Boîte.	1
Grand linge	Kilogr.	0 500
Pansements tout préparés (¹) : type moyen	Nombre.	1
Pansements tout préparés (¹) : type petit.	Idem.	2
Pansements tout préparés (¹) : type très petit.	Idem.	5
Savon blanc (morceau de 100 grammes)	Idem.	2
Appareils et objets divers.		
Lacs en treillis avec boucle	Idem.	2
Ciseaux forts	Idem.	1 paire.
Compte-gouttes	Idem.	1
Spatule en buis (petite)	Idem.	1
Petit bassin en tôle émaillée	Idem.	1
Fiole à médecine	Idem.	1

B. — *Coffres nᵒˢ 2, 3 et 4.*

NOMENCLATURE	ESPÈCES des UNITÉS	Coffre nᵒ 2	Coffre nᵒ 3	Coffre nᵒ 4
Instruction médicale (1 par bâtiment)				
1ᵒ Médicaments pour l'usage interne.				
Acétate d'ammoniaque	Grammes.	»	»	100
Acide chlorhydrique dans un flacon, bouché à l'émeri, avec étiquette vitrifiée et capsule également bouchée à l'émeri (²) . . . . » . .	Idem.	»	»	10
Acide lactique	Idem.	»	»	50
Acide tartrique	Idem.	»	»	100
Alcoolat de cochléaria	Centim. cubes.	»	250	»
Alcoolature de racine d'aconit.	Grammes.	»	»	50
Alcoolé d'hamamelis Virginica	Idem.	»	»	15
Alcoolé au quinquina.	Idem.	»	450	900
Alcoolé d'hydrastis canadensis.	Idem.	»	»	15
Alcoolé à la digitale	Idem.	»	»	25
Antipyrine (en comprimés de 50 centigrammes)	Tubes de 20 comprimés.	»	3	10
Azotate de potasse (sel de nitre)	Grammes.	»	»	75
Benzo-naphtol (en comprimés de 0ᵍʳ,25)	Tubes de 10.	»	»	16
Benzoate de soude	Grammes.	»	»	50
Bicarbonate de soude.	Idem.	»	»	200
Bromhydrate de quinine (en flacon de 25 grammes)	Idem.	»	»	75
Bromhydrate de quinine (en comprimés de 0ᵍʳ,25)	Idem.	»	»	10

(1) Tout navire ayant à bord un générateur de vapeur doit avoir en plus deux grands pansements tout préparés, à éléments stérilisés à la vapeur sous pression, renfermés dans deux étuis en fer-blanc.

(2) Il serait à désirer que tous les flacons, mais particulièrement ceux renfermant des substances dangereuses ou susceptibles de tacher les étiquettes, fussent des flacons bouchés à l'émeri avec étiquettes vitrifiées.

NOMENCLATURE	ESPÈCES des UNITÉS	Coffre n° 2	Coffre n° 3	Coffre n° 4
Bromure de potassium	Grammes.	»	»	100
Cachets médicamenteux.	Nombre.	»	»	500
Caféine	Grammes.	»	»	15
Caféine (0,03 et benzoate de soude en comprimés pour injections hypodermiques)	Tubes de 10.	»	»	10
Calomel à la vapeur	Grammes.	»	»	50
Opiat (copahu et cubèbe)	Nombre.	»	360	500
Chloral hydraté	Grammes.	»	»	100
Chlorate de potasse (en comprimés de 30 centigrammes environ)	Idem.	50	150	300
Chlorhydrate de cocaïne pour injection hypodermique en comprimés de 1 centigramme	Tubes de 10.	»	»	25
Chlorhydrate de cocaïne en ampoules de 1 centigramme par boîtes de 12 ampoules	Nombre.	»	»	2
Chlorhydrate de morphine (en comprimés de 1 centigramme)	Tubes de 10.	»	»	20
Chlorhydrate de morphine en vrac	Grammes.	»	»	2
Chlorhydrate de quinine (en comprimés de 50 centigrammes) (¹)	Tubes de 10.	2	8	23
Créosote.	Grammes.	»	»	100
Eau distillée.	Idem.	»	»	500
Eau distillée de laurier-cerise.	Idem.	»	»	60
Elixir parégorique	Idem.	»	»	250
Emétique en poudre	Idem.	»	»	2
Ergotine d'Yvon	Flacons.	»	»	2
Ether sulfurique.	Grammes.	25	50	100
Extrait de réglisse	Idem.	200	600	1.200
Extrait de belladone	Idem.	»	»	15
Extrait d'opium	Idem.	»	»	15
Extrait de quinquina.	Idem.	»	»	50
Extrait d'ipéca.	Idem.	»	»	10
Feuilles de thé (en boîtes hermétiquement fermées de 75 grammes) . . .	Idem.	»	75	225
Glycérine	Idem.	»	»	200
Glyzine	Idem.	»	»	500
Huile de ricin	Idem.	100	500	1.000
Iodure de potassium	Idem.	»	»	150
Ipéca en poudre (²) (en paquets de 0gr,50 avec étiquettes imprimées sur chaque paquet : 0gr,50 ipéca)	Idem.	5	25	75
Kermès minéral	Idem.	»	»	25
Laudanum de Sydenham	Idem.	20	60	140
Tablettes d'ipéca de 1 centigramme en vrac	Nombre.	»	»	500
Tablettes de kermès de 1 centigramme en vrac	Idem.	»	»	500
Poudre de Dower	Grammes.	»	»	50
Liqueur de Fowler.	Idem.	»	»	25
Magnésie calcinée	Idem.	»	»	75
Pain azyme rond (dans une boîte en fer-blanc).	Nombre.	»	100	500
Pilules d'extrait de belladone de 1 centigramme chacune.	Idem.	»	»	50
Pilules d'extrait d'opium de 5 centigrammes chacune	Idem.	»	»	50
Poudre dentifrice . . . . { Chlorate de potasse porphyrisé, 1/8°. Acide borique porphyrisé, 1/8° Craie préparée et lavée, 6/8°	Grammes.	»	»	500
Pyramidon en comprimés de 15 centigrammes	Tubes de 10.	»	»	20
Rhubarbe en poudre	Grammes.	»	»	75
Salicylate de bismuth	Idem.	»	»	100
Salicylate de soude (¹) (en paquets de 2 grammes avec mention imprimée : salicylate de soude).	Idem.	»	100	200
Salol	Idem.	»	»	75
Santonine (en comprimés de 25 milligrammes) avec chocolat	Nombre.	»	»	100
Seigle ergoté (dernière récolte)	Grammes.	»	»	10
Sérum antidiphtérique	Doses.	»	»	10
Soufre sublimé et lavé	Grammes.	»	»	100
Sous-nitrate de bismuth (¹) (paquets de 2 grammes avec mention : S. N. de bismuth) . . . . » .	Idem.	30	100	200
Stovaïne pour injections hypodermiques en ampoules de 1 centigramme (boîtes de 12)	Boîtes.	»	»	2
Sulfate de soude (¹) (en paquets de 20 grammes avec étiquette)	Grammes.	200	800	2.000
Théobromine en comprimés de 25 centigrammes.	Tubes de 10.	»	»	20
Tannate de pelletiérine.	Doses.	»	»	2
Terpine.	Grammes.	»	»	50
Fioles à médecine de 125 grammes. Courtines bouchées avec un bouchon de liège (dans les coffres).	Nombre.	1	2	3

(¹) Voir nota à la fin de l'état.
(²) Peut ne pas être en paquets dans le coffre n° 4 qui s'applique aux bâtiments pourvus d'un médecin.

NOMENCLATURE	ESPÈCES des UNITÉS	Coffre n° 2	Coffre n° 3	Coffre n° 4
2° *Médicaments pour l'usage externe.*				
Acide borique pulvérisé (en paquets de 30 grammes avec étiquette imprimée portant mention : acide borique 30 grammes)	Grammes.	60	300	1.000
Acide phénique en solution dans glycérine (poids égaux) fortement coloré en rouge. [en flacon de forme spéciale et bleu de 250 et 500 gr., à étiquette vitrifiée. — En versant 3 éprouvettes (9 centilitres) de cette solution dans le flacon bleu d'un litre rempli d'eau, on obtient 1 litre d'eau phéniquée à 50/0 (étiquette rouge)]	Idem.	2 »0	500	1.000
Acide picrique (en tubes de 12 grammes) avec étiquette : chaque tube permet de faire un litre de solution pour panser les brûlures	Idem.	12	24	48
Alcool camphré	Idem.	225	900	900
Alun pulvérisé	Idem.	»	»	75
Amidon en poudre	Idem.	»	»	500
Ammoniaque liquide	Idem.	25	25	80
Aristol (pour saupoudrer les plaies, dans un saupoudreur en verre jaune)	Idem.	10	25	50
Borate de soude (borax)	Idem.	»	»	100
Carmin d'indigo (pour colorer les solutions de bichlorure de mercure, U.E.)	Idem.	»	»	2
Camphre (permettant de faire 2 kilogrammes de tafia camphré)	Idem.	»	»	50
Chloroforme anesthésique (en ampoule cylindrique — verre jaune — de 25 à 30 grammes à bout effilé et fermé à la lampe; soigneusement emballée dans du coton avec étui en carton)	Nombre.	»	»	»
Collodion	Grammes.	»	»	50
Eau sédative	Idem.	»	»	1.000
Eau oxygénée	Idem.	»	»	1.000
Farine de lin déshuilée (dans une boîte en fer-blanc)	Idem.	500	1.000	1.000
Formol (solution commerciale à 40 0/0	Idem.	»	»	500
Iodoforme	Grammes.	»	»	50
Nitrate d'argent cristallisé	Idem.	»	»	10
Nitrate d'argent fondu	Idem.	»	»	10
Onguent mercuriel simple (dans un pot cylindrique avec couvercle en celluloïd à pression)	Idem.	»	200	600
Pommade d'Helmerich (dans un pot cylindrique avec couvercle en celluloïd à pression)	Idem.	»	500	1.000
Perchlorure de fer dissous	Idem.	»	»	50
Permanganate de potasse en cristaux	Idem.	»	»	50
Pierre divine en cylindre	Idem.	»	»	25
Salicylate de méthyle	Idem.	»	»	250
Sinapismes (moutarde en feuilles), boîte de 10 feuilles	Nombre.	1	2	6
Sparadrap de diachylon (dans un étui)	Mètres.	0,50	1	2
Sparadrap vésicant (dans un étui)	Idem.	0,125	0,500	1
Sparadrap de Vigo (dans un étui)	Idem.	»	»	1
Sublimé corrosif (en comprimés bleus, en étui d'origine de 25 centigrammes) pour solution antiseptique	Nombre.	»	»	100
Sublimé corrosif en poudre (bichlorure de mercure pour préparer soit la solution de Van Swiéten pour l'usage interne, soit la solution antiseptique de bichlorure de mercure colorée au bleu d'indigo)	Grammes.	»	»	50
Sulfate de zinc cristallisé	Idem.	»	»	20
Sulfate d'atropine (5 centigrammes pour 30 grammes d'eau distillée en 6 ampoules stérilisées de 5 centimètres cubes pour collyres)	Ampoules.	»	»	6
Sulfure de potassium	Grammes.	»	»	1.000
Sulfate d'ésérine (10 centigrammes pour 20 grammes d'eau distillée en 4 ampoules stérilisées de 5 centimètres cubes pour collyres)	Ampoules.	»	»	4
Tannin	Grammes.	»	»	20
Teinture d'iode (flacon en verre jaune bouché à l'émeri, étiquette vitrifiée)	Idem.	60	200	400
Vaseline boriquée à un dixième	Idem.	60	200	400
Liqueur de Pasteur pour déceler le sucre dans les urines	Idem.	»	»	100
Réactif acéto-picrique pour déceler l'albumine dans les urines	Idem.	»	»	100
Un flacon vide de 25 centilitres bouché à l'émeri avec étiquette rouge « poison » et une autre étiquette vitrifiée portant mention « pour faire les solutions antiseptiques de bichlorure de mercure à 1 p. 1000 »	Nombre.	»	»	1
3° *Objets de pansements.*				
Bandages de corps	Nombre.	1	2	4
Bandages herniaires { côté droit	Idem.	»	1	2
{ côté gauche	Idem.	»	1	2
Bandes de crêpe	Idem.	1	4	8

NOMENCLATURE		ESPÈCES des UNITÉS	Coffre n° 2	Coffre n° 3	Coffre n° 4
Bandes de gaze apprêtée à pansements (paquets de 10 bandes) (¹)	de 5 × 0,07	Nombre de paquets.	1	2	4
	de 5 × 0,10	Idem.	»	1	2
Bandes roulées en toile de coton puri fiées (paquets de 10 bandes) (¹)	de 3 × 0,04	Idem.	1	2	4
	de 5 × 0,07	Idem.	»	1	2
Carton en feuilles		1/2 feuille.	»	»	1
Compresses moyennes de gaze de 0,55 × 0,45 phéniquées (paquets de 2 compresses) (²)		Nombre de paquets.	5	10	30
Coton hydrophile purifié en	paquets de 25 grammes	Idem.	4	12	24
	paquets de 50 grammes	Idem.	2	4	8
	paquets de 100 grammes	Idem.	1	3	6
	paquets de 250 grammes	Idem.	»	1	3
Doigtiers en peau de mouton		Nombre.	»	10	10
Echarpes triangulaires (Pièces de linge de 1 mètre de côté)		Idem.	1	2	4
Echarpes de Mayor		Idem.	1	2	4
Epingles de sûreté (grandes, moyennes), boîtes de 12		Nombre de boîtes.	»	2	4
Gaze à pansement non apprêtée et purifiée	de 0,70 × 1 (paquets)	Nombre de paquets.	2	6	12
	de 0,70 × 5 (paquets)	Idem.	1	3	6
	de 0,70 × 10 (paquets)	Idem.	»	1	3
Grand linge		Kilogr.	1	3	7
Ligaments antiseptiques.	Catgut en flacons n° 1 et 2	Nombre de flacons.	»	»	2
	Crins de Florence, flacons de 100, fins	Idem.	»	»	1
	Crins de Florence, flacons de 100, gros	Idem.	»	»	1
	Soie à ligatures (bobines n° 0, 1 et 2), deux de chaque numéro	Nombre.	»	»	6
Pansements tout préparés phéniqués. La couleur de l'enveloppe extérieure des pansements phéniqués sera différente des pansements stérilisés à la vapeur.	Type grand.	Idem.	»	1	3
	— moyen	Idem.	1	2	4
	— petits.	Idem.	2	4	8
	— très petits	Idem.	3	9	6
Pansements tout préparés stérilisés à la vapeur sous pression (³)	grand	Idem.	»	»	6
	moyen	Idem.	»	»	8
	petit	Idem.	»	»	10
	très petit	Idem.	»	»	12
Savon blanc (en morceaux de 100 grammes environ, dans les coffres ou hors des coffres)		Idem.	5	10	20
Tampons de gaze stérilisés à la vapeur sous pression (paquets de 10)	De 0 m. 06 × 0 m. 06	Nombre des paquets.	»	»	5
	De 0 m. 10 × 0 m. 10		»	»	5
Tissu imperméable pour pansements		Mètres.	0,50	1	4
Tissu imperméable pour alèzes		Idem.	»	»	4
Suspensoirs		Nombre.	1	2	4

Appareils. — Ustensiles et instruments divers.

NOMENCLATURE		ESPÈCES des UNITÉS	Coffre n° 2	Coffre n° 3	Coffre n° 4
Attelles en drap, fanon formant appareils avec lacs à boucle.	pour la cuisse	Nombre.	1	1	2
	pour la jambe	Idem.	1	1	2
	pour le bras	Idem.	1	1	2
	pour l'avant-bras	Idem.	1	1	2
Agitateur en verre		Idem.	»	»	6
Assiettes en grès		Idem.	1	1	2
Balance pour peser les médicaments		Idem.	»	»	1
Baignoire pour la main en tôle émaillée		Idem.	1	1	1
Bassin de commodité en étain ou tôle émaillée		Idem.	»	1	1
Bassin en tôle émaillée		Idem.	1	1	2
Biberon hygiénique sans tube caoutchouc		Idem.	»	»	1 par nourrice
Bocks en tôle émaillée de 2 litres, pour faire bouillir un litre d'eau		Idem.	»	»	2
Capsules à fond plat en tôle émaillée		Idem.	»	1	1
Compte-gouttes		Idem.	»	»	2
Conserve en verre forme ordinaire, hauteur avec couvercle 260 millimètres environ		Idem.	»	»	2
Conserve en verre, forme basse, hauteur avec couvercle 190 millimètres environ		Idem.	»	»	2

(1) Chaque bande enveloppée isolément dans le paquet de dix.
(2) Par cinq paquets de deux compresses dans une enveloppe.
(3) Tout navire sans médecin, ayant à bord un générateur de vapeur, recevra en supplément deux grands pansements tout préparés, à éléments stérilisés à la vapeur sous pression.
Ces deux grands pansements aseptiques sont renfermés dans deux étuis en fer-blanc,

NOMENCLATURE	ESPÈCES des UNITÉS	Coffre n° 2	Coffre n° 3	Coffre n° 4
Courtines-fioles à potion de 125 grammes avec bouchon de liège	Nombre.	»	4	15
Crachoir individuel émaillé avec couvercle bombé, non percé, de 10 à 12 centimètres de diamètre	Idem.	»	1	3
Densimètres pour urines, dans un étui	Idem.	»	»	1
Drains, dans un étui { petits	Mètre.	»	»	1
gros	Idem.	»	»	0,50
moyens	Idem.	»	»	0,75
Canule en verre pour laver les plaies	Nombre.	»	»	4
Canule en ébonite	Idem.	»	»	4
Eponges fines	Grammes.	»	»	20
Entonnoir en verre blanc de 15 centilitres	Nombre.	»	»	1
Entonnoir en tôle émaillée de 12 centimètres d'ouverture	Idem.	»	1	1
Eprouvette pour sonde avec bouchon caoutchouc, longueur 42 centimètres, diamètre intérieur 4 centimètres	Idem.	»	»	1
Eprouvette graduée de 50 centilitres	Idem.	»	»	1
Etiquettes blanches	Idem.	»	»	20
Etiquettes rouges avec le mot « poison »	Idem.	»	»	20
Fumigator	Idem.	»	»	2
Irrigateur Eguisier, cuivre, de 50 centilitres, avec tube et canule	Idem.	1	1	»
Lampe à alcool	Idem.	»	»	1
Mortier en porcelaine avec pilon, forme basse, contenance 200 centilitres	Idem.	»	»	1
Pots pour bains locaux	Idem.	»	2	5
Poëlette en tôle émaillée	Idem.	»	»	2*
Plâtre à modeler (en boîtes de 500 grammes soudées)	Boîtes.	»	»	5
Papier { à enveloppes	Feuilles.	5	10	40
à filtres	Idem.	»	»	20
rouge, orangé, gommé	Idem.	»	»	2
Pots à tisane en faïence de 1 litre	Nombre.	»	1	5
Sarreau à pansements ou blouse blanche non flottante	Idem.	»	»	3
Seringue en verre à bout effilé (dans un étui)	Idem.	»	»	6
Seringue en verre à bout rond	Idem.	»	»	4
Stérilisateur pour instruments de chirurgie	Idem.	»	»	1
Thermomètre de clinique à maxima dans un étui	Idem.	»	1	2
Tubes à essai pour urines	Idem.	»	»	10
Pipette, de 10 centimètres cubes, divisée par centimètres cubes	Idem.	»	»	1
Tubes caoutchouc pour bocks	Mètres.	»	»	5
Urinal en verre fort, pour hommes	Nombre.	»	1	1
Urinal en verre fort, pour femmes	Idem.	»	»	1
Spatule en fer à 2 grains	Idem.	»	»	1
Spatule en fer à cupule et à grain	Idem.	»	»	1
Ventouses en verre	Idem.	1	2	4
Verres à expérience	Idem.	»	»	2
Conserves de lait (en boîtes soudées) comme médicament (boîtes de 500 grammes) (¹)	Idem.	4	8	20
Alcool à brûler	Kilog.	»	»	2
Boîte en bois blanc, avec couvercle à coulisses	Nombre.	1	1	1

Comprenant :

Fil à coudre, 15 grammes ;
Ciseaux forts de lingère, 1 ;
Aiguilles à coudre (dans un étui), 5 ;
Epingles ordinaires (dans une boîte), 50 grammes ;
Epingles de sûreté (boîte de 12), 2 ;
Spatule en buis, petite, de 16 centimètres, 1 ;
Doigtiers en peau de mouton, 10 ;
Compte-gouttes ordinaires avec étui, 2 ;
Eprouvette en verre de 3 centilitres, 1 ;
Bouchons pour courtines, 10 ;
Pince à dissection taillée en lime, 1 ;
Pinceaux à pansement en blaireau, petit, 2 ;
Pinceau pour teinture d'iode (dans un tube bouché), 1 ;
Soie phéniquée (2 mètres dans un tube en verre bouché);
Thermomètre de clinique dans un étui à maxima, 1 ;
Sonde de Nélaton, n° 13 (dans un étui), 1 ;
Seringues en verre à bout effilé (dans un étui), 2 ;
Seringue en verre à bout rond (dans un étui), 1 ;
Etiquettes papier rouge « poison », 10 ;
Pièce de ruban de fil, 1 ;
Petite brosse à ongles sans manche, 1.

(*) Entrant l'une dans l'autre.
(1) Une boîte par petit enfant pour 15 jours de voyage.

NOMENCLATURE	ESPÈCES DES UNITÉS	Coffre n° 2	Coffre n° 3	Coffre n° 4
Désinfectants.				
Flacon blanc de 1 litre, rempli d'une solution d'acide borique à 30/1000 gr. (étiquette vitrifiée).	Nombre.	1	1	1
Flacon bleu de 1 litre, rempli d'une solution d'acide phénique à 50/1000 gr. (étiquette vitrifiée)	*Idem*.	1	1	1
Flacon jaune de 1 litre, rempli d'une solution d'acide picrique à 12/1000 gr. (étiquette vitrifiée).	*Idem*.	1	1	1
Chlorure de chaux	Kilogr.	5	10	10
Crésylol sodique liquide	*Idem*.	5	10	20
Sulfate de cuivre en cristaux	*Idem*.	»	»	5

Caisse de chirurgie (Une par navire pourvu d'un médecin).

Comprenant :
Bistouris : droit, 3 ; convexe, 1 ; boutonné, 1 ;
Rasoir, 1 ;
Couteau à amputation de 10 centimètres, 1 ;
Couteau à amputation de 15 centimètres, 1 ;
Ciseaux droits, 1 ;
Ciseaux courbes, 1 ;
Spatule, 1 ;
Sonde cannelée, 1 ;
Stylet boutonné, 1 ;
Lancettes, 3 ;
Plumes à vacciner (vaccinostyles), 36 ;
Pince à griffe, 1 ;
Pinces de Péan, 6 ;
Pinces de Kocher, 4 ;
Pinces de Kocher (longues). 2 ;
Pince courbe longue pour extraction de corps étrangers, œsophage, pharynx, 1 ;
Pince droite longue pour extraction de corps étrangers, œsophage, pharynx, 1 ;
Aiguilles à suture } courbes, 4 } de plusieurs dimensions dont une
Hagdorn . . . } demi-courbes, 4 } très petite pour les paupières.
Aiguilles de Boyer droites, 4 assorties ;
Aiguille de Moy, 1 ;
Porte-aiguille, 1 ;
Ecarteurs moyens (genre Farabeuf), 2 ;
Curette moyenne, 1 ;
Rugine courbe du professeur Farabeuf, 1 ;
Scie à amputation ordinaire, 1 (avec 1 lame de rechange) ;
Scie à chaîne, 1 ;
Ciseau droit tout acier, 1 ; }
Gouge droite tout acier, 1 ; } pour évidements osseux.
Maillet en maillechort garni de plomb, 1 ; }
Trépan à pyramide avec 2 couronnes et tirefond, 1 ;
Bande de caoutchouc, 1 (5 mètres) ;
Aiguille courbe pour corps étranger de la cornée, 1 ;
Sonde en argent pour hommes, 1 ;
Sonde en argent pour femmes, 1 ;
Sondes de Nélaton, 3 (n°s 6, 12, 16) ;
Sondes en gomme élastique assortie, 7 (n°s 4, 6, 8, 10, 12, 14, 18) ;
Bougies dilatatrices coniques, 7 (n°s 4, 6, 8, 10, 12, 15, 18) ;
Spéculum de Cusco, bivalve, 1
Sonde intra-utérine, 1 ;
Porte-coton utérin, 1 ;
Valve de Sims, 1 ;
Spéculum pour oreilles, 1 ;
Spéculum nasal, 1 ;
Sonde de Belloc, 1 ;
Seringue de Roux (pour sérum de 10 centimètres cubes), 1 ;
Seringue de Pravaz (stérilisable) pour injections hypodermiques, 1 ;
Seringue en caoutchouc durci, 1 ;
Canules à trachéotomie (n°s 2 et 6), 2, dont un pour enfant ;
Tube de Faucher, 1 ;
Thermo-cautère de Paquelin, 1 ;
Aspirateur Potain, 1 ;
Pince à fixation pour l'œil, 1 ;

Clef de Garangeot, 1 ;
Davier droit, 1 ;
Davier courbe, 1 ;
Pinces à chicot, 3 : 1 pour le maxillaire inférieur ; 2 pour le maxillaire
    supérieur ;
Forceps de Tarnier, 1.

NOTA. — Tous les bâtiments naviguant sur les côtes d'Afrique ou encore dans les régions où la fièvre intermitente est endémique, recevront un supplément de chlorhydrate de quinine et de teinture de quinine égal à la quantité allouée normalement.

C. — *Nomenclature du coffre à médicaments (boîte de secours) spécial aux navires de plaisance naviguant dans le voisinage des côtes.*

Objets de pansements et de matériel.

Pansements tout préparés { type moyen.		2
{ type petit.		4
{ type très petit.		4
Bandage de corps		1
Bande de crêpe		1
Bandes roulées en toile de coton purifiée de 3 mètres sur 4 centimètres		1 paquet.
Echarpe triangulaire de 1 mètre de côté		1
Sinapismes (boîte de dix)		1 boîte.
Lacs en treillis avec boucle		2
Epingles de sûreté		1 boîte.
Sparadrap de diachylon		1 mètre.
Coton hydrophile purifié. { paquets de 25 grammes		3
{ paquets de 50 grammes		1
Spatule en buis (petite)		1
Ciseaux forts		1
Compte-gouttes		1

Médicaments pour l'usage externe.

Alcool camphré	225	grammes
Teinture d'iode	60	—
Eau phéniquée à 5 0/0	500	—
Acide picrique (pour 1 litre) (brûlures)	12	—
Vaseline boriquée	60	—
Aristol	10	—

Médicaments pour l'usage interne.

Éther sulfurique	50	—
Elixir parégorique	25	—
Chlorhydrate de quinine (en comprimés de 0 gr. 50)	5	—
Antipyrine (en comprimés de 0 gr. 50)	5	—
Ipéca (en paquets de 0 gr. 50)	5	—
Sulfate de soude (en paquets de 20 grammes)	120	—
Acide lactique	25	—
Chlorate de potasse (en comprimés de 0 gr. 30 environ)	20	—
Azotate basique de Bismuth (en paquets de 2 grammes)	20	—

RÈGLES ET TABLES DE FRANC-BORD

DRESSÉES

PAR LE « BUREAU VERITAS »

(SOCIÉTÉ DE CLASSIFICATION RECONNUE)

ET APPROUVÉES

PAR LES DÉCRETS DES 21 SEPTEMBRE 1908

ET 20 FÉVRIER 1909

12.

Direction de la Navigation et des Pêches maritimes :
Bureau de la Navigation maritime.

Paris, le 20 septembre 1908.

RAPPORT AU PRÉSIDENT DE LA RÉPUBLIQUE FRANÇAISE
suivi d'un décret portant approbation d'un Règlement de franc-bord.

MONSIEUR LE PRÉSIDENT,

L'article 113 du projet de règlement d'administration publique, prévu par l'article 53 de la loi du 17 avril 1907 et relatif à la sécurité de la navigation maritime, dispose que tous les navires de commerce doivent être pourvus d'un certificat de franc-bord émanant d'une Société de classification reconnue. Le même article ajoute que ce certificat doit être établi conformément aux prescriptions d'un règlement de franc-bord, dressé par une Société de classification reconnue et approuvé par un décret rendu sur le rapport du Ministre de la Marine après avis du Conseil supérieur de la Navigation maritime. Il a paru qu'il suffisait d'un décret simple pour approuver le règlement de franc-bord dont il s'agit, de manière à éviter de recourir au Conseil d'État chaque fois que ce règlement devrait être modifié pour être tenu au courant des changements qui surviendraient dans le mode de construction des navires.

J'ai, en conséquence, l'honneur, Monsieur le Président, de soumettre à votre haute sanction un projet de décret portant approbation d'un règlement de franc-bord qui a été dressé par la Société de classification reconnue le « Bureau Veritas » et au sujet duquel un avis favorable a été exprimé par le Conseil supérieur de la Navigation maritime dans sa séance du 7 avril 1908.

Je vous prie d'agréer, Monsieur le Président, l'hommage de mon profond respect.

Le Ministre de la Marine,
Signé : GASTON THOMSON.

DÉCRET

portant approbation d'un Règlement de franc-bord.

(Du 21 septembre 1908).

LE PRÉSIDENT DE LA RÉPUBLIQUE FRANÇAISE,

Sur le rapport du Ministre de la Marine ;

Vu la loi du 17 avril 1907, concernant la sécurité de la navigation maritime et la réglementation du travail à bord des navires de commerce ;

Vu le chapitre VII du règlement d'administration publique en date du 21 septembre 1908, concernant la sécurité de la navigation maritime ;

Vu l'avis du Conseil supérieur de la Navigation maritime,

DÉCRÈTE :

ARTICLE PREMIER.

Est approuvé le règlement de franc-bord ci-annexé, dressé par le « Bureau Veritas », Société de classification reconnue.

ART. 2.

Le Ministre de la Marine est chargé de l'exécution du présent décret, qui sera publié au *Journal officiel* et inséré au *Bulletin des lois.*

Fait à Rambouillet, le 21 septembre 1908.

Signé : A. FALLIÈRES.

Par le Président de la République :
Le Ministre de la Marine,
Signé : GASTON THOMSON.

RAPPORT AU PRÉSIDENT DE LA RÉPUBLIQUE FRANÇAISE,
suivi d'un décret concernant le Règlement de franc-bord.
Règles et tables de franc-bord.

Paris, le 20 février 1909.

MONSIEUR LE PRÉSIDENT,

L'Administration du « Bureau Veritas » a reconnu l'utilité de modifier un certain nombre de dispositions de détail du règlement de franc-bord, qu'elle a établi, conformément aux dispositions de l'article 113 du règlement d'administration publique du 21 septembre dernier et que vous avez bien voulu approuver par le décret de même date, publié au *Journal officiel* du 29 septembre suivant.

Bien que les modifications que cette Société de classification a apportées audit règlement s'appliquent presque exclusivement à la disposition des formules ou aient seulement pour objet de préciser certaines prescriptions insuffisamment claires de la première rédaction, ne changeant rien, quant au fond, aux règles de calcul primitivement établies, elles ont été soumises à l'examen du Conseil supérieur de la Navigation maritime comme l'avait été, en exécution de l'article 113 du règlement d'administration publique du 21 septembre 1908, le règlement de franc-bord lui-même.

J'ai l'honneur, Monsieur le Président, de soumettre à votre haute sanction le projet de décret ci-joint, portant approbation de ces modifications.

Je vous prie d'agréer, Monsieur le Président, l'hommage de mon profond respect.

Le Ministre de la Marine,
Signé : A. PICARD.

_____

DÉCRET
concernant le Règlement de franc-bord (1).
Règles et tables de franc-bord.
(Du 20 février 1909).

LE PRÉSIDENT DE LA RÉPUBLIQUE FRANÇAISE,

Sur le rapport du Ministre de la Marine ;

Vu la loi du 17 avril 1907, concernant la sécurité de la navigation maritime et la réglementation du travail à bord des navires de commerce ;

Vu le chapitre VII du règlement d'administration publique en date du 21 septembre 1908, concernant la sécurité de la navigation maritime ;

Vu le décret du 21 septembre 1908, portant approbation d'un règlement de franc-bord ;

Vu l'avis du Conseil supérieur de la Navigation maritime,

DÉCRÈTE :

ARTICLE PREMIER.

Sont approuvées les dispositions ci-après, qui modifient les dispositions correspondantes du règlement de franc-bord approuvé par le décret du 21 septembre 1908 (1).

ART. 2.

Le Ministre de la Marine est chargé de l'exécution du présent décret, qui sera publié au *Journal officiel de la République française* et inséré au *Bulletin des lois.*

Fait à Paris, le 20 février 1909.

Signé : A. FALLIÈRES.

Par le Président de la République :

Le Ministre de la Marine,
Signé : A. PICARD.

_____

(1) Les modifications apportées par ce décret au règlement primitif ont été incorporées dans le texte définitif inséré ci-après.

X.—RÈGLEMENT DE FRANC-BORD DRESSÉ PAR LE BUREAU VERITAS

SOMMAIRE DU RÈGLEMENT

châteaux, des ponts surélevés. — Limite des superstructures. — Longueur des gaillards, des châteaux, des dunettes, demi-dunettes et ponts surélevés. — Construction et échantillonnage des superstructures. — Systèmes de fermeture des ouvertures percées dans les cloisons extrêmes des superstructures. — Effet des dispositifs de fermeture dans certains cas.

Encaissements des machines et chaudières, et panneaux de charge.

Appendice B.

RÈGLES RELATIVES A L'INSTALLATION DE LA PASSERELLE AU-DESSUS DU COFFRE DES NAVIRES A WELL-DECK.

Appendice C.

FORMES DANS LESQUELLES LE CERTIFICAT DE FRANC-BORD EST ÉTABLI ET DÉLIVRÉ PAR LES REGISTRES DE CLASSIFICATION RECONNUS PAR LE MINISTRE DE LA MARINE.

Demande de franc-bord. — Rapport joint à la demande de franc-bord des navires cotés, des navires non cotés. — Établissement et délivrance du certificat de franc-bord. — Durée de validité du certificat de franc-bord.

Appendice D.

RÈGLES RELATIVES A LA DÉLIVRANCE AUX NAVIRES A VOILES, DU CERTIFICAT SPÉCIAL, VISÉ A L'ARTICLE 114 DU RÈGLEMENT D'ADMINISTRATION PUBLIQUE RENDU POUR L'APPLICATION DE LA LOI DU 17 AVRIL 1907.

Navires pouvant recevoir le certificat spécial. — Conditions d'aménagement et de construction requises pour l'obtention du certificat spécial. — Conditions de stabilité. — Détermination du ρ - a initial. — Détermination du moment de stabilité sous voiles.

Établissement et remise du certificat spécial.

RÈGLES ET TABLES DE FRANC-BORD

Chapitre I. — Dispositions générales.

Art. 1ᵉʳ. — On entend par franc-bord la distance verticale mesurée sur les flancs du navire au milieu de la longueur de la flottaison en charge, depuis cette flottaison jusqu'à l'intersection de la surface extérieure du bordé de muraille avec la surface supérieure du pont, que celui-ci soit bordé en tôle ou en bois.

Lorsqu'il existe une cunette en abord, le franc-bord se mesure jusqu'à l'intersection de la surface extérieure du bordé de muraille avec la face supérieure du bordé en bois du pont, prolongée parallèlement aux barrots *(fig. 1).*

En règle générale, le franc-bord se mesure, sur tous les navires, à l'exception des navires à awning-deck et à turret-deck, jusqu'au pont supérieur ; sur les navires à awning-deck, il se mesure jusqu'au pont principal (deuxième pont), et sur les navires à turret-deck, jusqu'au pont turret.

Définition du franc-bord.

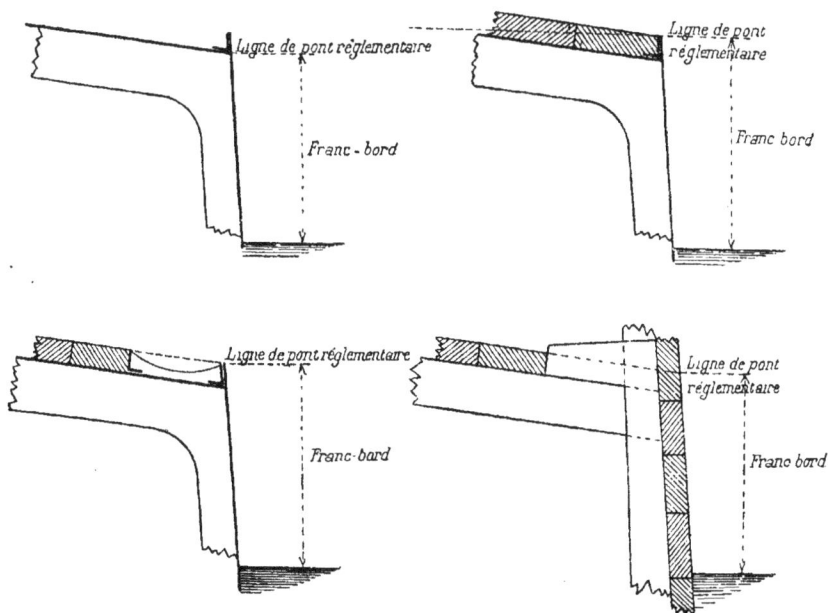

Fig.1

---

(1) Reproduction du texte publié au *Journal Officiel* du 26 Septembre 1908, rectifié d'après les erratas publiés au *Journal Officiel* des 9 octobre 1908 et 7 mars 1909 et les modifications approuvées par le Décret du 20 février 1909 (*Journal Officiel* du 2 mars 1909).

Marques de franc-bord.

Aʀᴛ. **2.** — Les francs-bords calculés suivant les règles et tableaux ci-après, sont marqués de chaque bord sur les flancs du navire. comme l'indiquent les croquis ci-après *(fig. 2 et 3)*.

1° Ligne de pont réglementaire.— Cette ligne horizontale de 300 millimètres de longueur et de 25 millimètres d'épaisseur, est tracée sur la muraille du navire, au niveau du pont considéré pour le mesurage du franc-bord, de telle sorte que son arête supérieure coïncide avec la ligne d'intersection définie à l'article 1ᵉʳ.

2° Disque et franc-bord d'été. — Au-dessous de la ligne de pont réglementaire est tracé un disque de 300 millimètres de diamètre et de 25 millimètres d'épaisseur, traversé par une ligne horizontale de 460 millimètres de longueur et de 25 millimètres d'épaisseur, dont l'arête supérieure passe par son centre.

Le centre du disque est placé au milieu de la longueur du navire, à la flottaison, et sa distance verticale à l'arête supérieure de la ligne de pont réglementaire est égale au franc-bord d'été en eau salée, déterminé suivant les règles et tableaux ci-après.

Le centre du disque et l'arête supérieure de la ligne qui le traverse servent de point de départ pour la détermination des diverses marques de franc-bord.

Ces marques consistent en des lignes horizontales de 250 millimètres de longueur et de 25 millimètres d'épaisseur, disposées perpendiculairement à une ligne verticale tracée à 540 millimètres sur l'avant du centre du disque. La marque de franc-bord en eau douce est dirigée vers l'arrière du navire, les autres marques sont dirigées vers l'avant.

3° Marque de franc-bord d'été. — L'arête supérieure de la ligne passant par le centre du disque et, sur les navires à vapeur, l'arête supérieure de la ligne marquée E tracée dans son prolongement indiquent la limite maximum d'immersion qu'il est licite d'atteindre en eau salée, lorsque le navire prend chargement dans les ports d'Europe et de la Méditerranée, entre le 1ᵉʳ Avril et le 30 Septembre inclusivement, ou dans les autres parties du monde, pendant la période correspondante.

4° Marque de franc-bord d'hiver. — L'arête supérieure de la ligne marquée H indique la limite maximum d'immersion qu'il est licite d'atteindre en eau salée lorsque le navire prend chargement dans les ports d'Europe et de la Méditerranée, entre le 1ᵉʳ Octobre et le 31 Mars inclusivement ou, dans les autres parties du monde, pendant la période correspondante.

5° Marque de franc-bord d'hiver dans l'Atlantique nord. — L'arête supérieure de la ligne marquée H A N indique la limite maximum d'immersion qu'il est licite d'atteindre en eau salée pour les voyages effectués du 1ᵉʳ Octobre au 31 Mars entre les ports d'Europe ou de Méditerranée et les ports de la côte d'Amérique situés au nord du cap Hatteras.

6° Marque de franc-bord d'été dans les mers tropicales. — L'arête supérieure de la ligne marquée E T indique la limite maximum d'immersion qu'il est licite d'atteindre en eau salée au départ pour les voyages effectués pendant la belle saison dans les mers tropicales et, dans l'Océan Indien, entre Suez et les ports de Cochinchine.

7° Marque de franc-bord en eau douce. — L'arête supérieure de la ligne marquée E D indique la limite maximum d'immersion qu'il est licite d'atteindre lorsque le navire prend chargement en eau douce pendant la saison d'été.

Les navires à vapeur reçoivent toutes les marques énumérées ci-dessus ; toutefois, les navires qui ne sont destinés à naviguer ni dans l'Atlantique nord ni dans les mers tropicales, ne reçoivent pas les marques correspondant à ces navigations.

Les navires à voiles ne portent, en dehors du disque, que la marque de franc-bord d'hiver dans l'Atlantique nord et celle de franc-bord en eau douce.

Les navires à voiles ne faisant que du cabotage, et les yachts, reçoivent seulement la marque de franc-bord en eau douce, en dehors de la marque de franc-bord d'été (disque). Pour les yachts, le disque et les marques de franc-bord peuvent ne pas être apposés, mais la ligne de pont réglementaire doit être marquée dans tous les cas, afin de permettre une vérification rapide du franc-bord à l'aide du certificat.

Les francs-bords donnés par les tables ne s'appliquent pas aux navires effectuant des navigations sur les lacs, fleuves et rivières, en dehors des limites des eaux maritimes.

Tracé des marques.

Aʀᴛ. **3.** — Le disque et les lignes ou marques employées conjointement avec lui, sont peints en blanc ou en jaune sur fond sombre, ou en noir si la muraille est de couleur claire.

Le centre du disque et la position de chaque ligne sont repérés à coups de pointeau d'une manière permanente, sur les navires en fer et en acier. Sur les navires en bois, les lignes sont entaillées d'au moins 6 millimètres dans les bordages.

NAVIRES A VAPEUR

Ligne de pont réglementaire

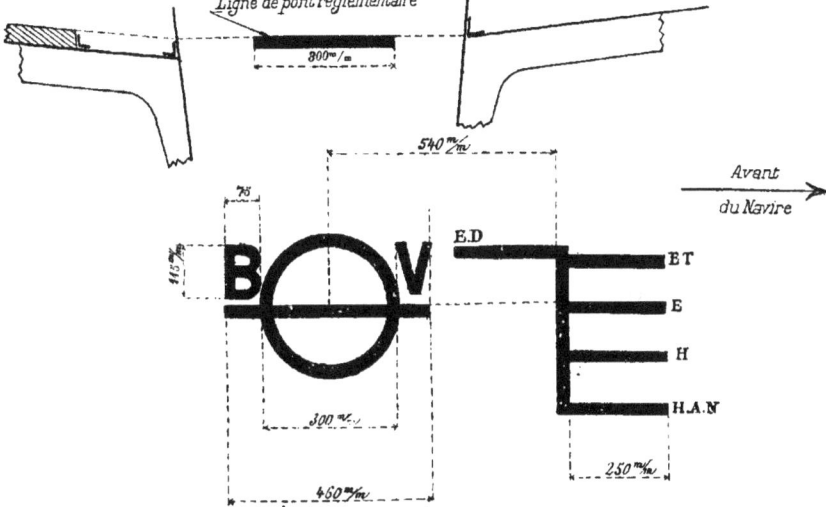

300ᵐ/ₘ

540ᵐ/ₘ

75

115ᵐ/ₘ

E.D

ET

E

H

H.A.N

*Avant
du Navire*

300ᵐ/ₘ

460ᵐ/ₘ

250ᵐ/ₘ

Fig. 2

Toutes les lignes doivent avoir 25 millimètres d'épaisseur.

NAVIRES A VOILE

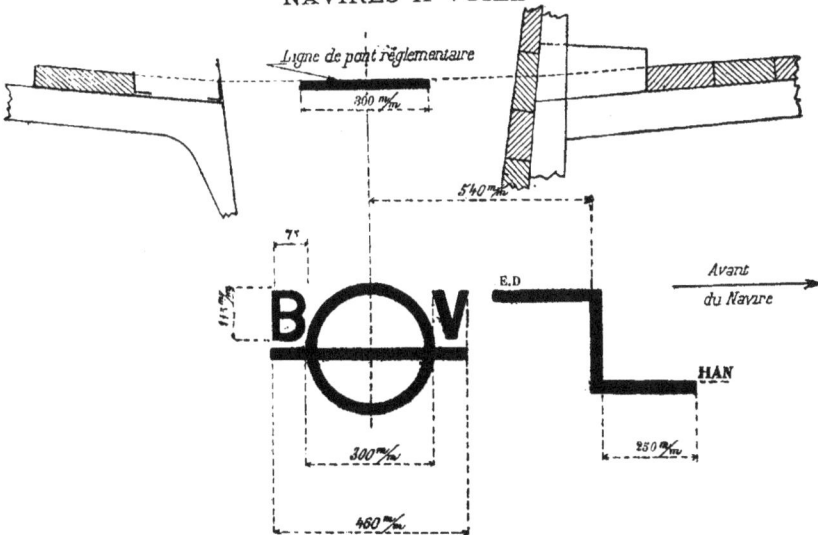

Ligne de pont réglementaire

360ᵐ/ₘ

540ᵐ/ₘ

7ᵗ

111ᵐ/ₘ

E.D

HAN

*Avant
du Navire*

300ᵐ/ₘ

460ᵐ/ₘ

250ᵐ/ₘ

Fig. 3

Toutes les lignes doivent avoir 25 millimètres d'épaisseur.

13

Chapitre II. — Usage des tables de franc-bord.

<table>
<tr><td>Tables
de franc-bord.</td><td>

Art. 4. — Les tables A, B, C et D, données au chapitre IV ci-après, fournissent :
La table A, le franc-bord des navires à vapeur à un ou plusieurs ponts, autres que les navires à spardeck et à awning-deck.
La table B, le franc-bord des navires à vapeur à spardeck.
La table C, le franc-bord des navires à vapeur à awning-deck.
La table D, le franc-bord des navires à voiles.
Les différents types de navires à vapeur auxquels s'appliquent les tables de franc-bord (navires à un ou plusieurs ponts, navires à spardeck, navires à awning-deck, à turret-deck, etc.), sont ceux définis dans les règlements du Bureau Veritas.
</td></tr>
<tr><td>Navires
de type normal.</td><td>

Art. 5. — Les tables de franc-bord s'appliquent à des navires ayant les proportions, la tonture et le bouge normaux, définis aux articles suivants, ne portant sur leur pont supérieur aucune superstructure, pourvus sur ce pont supérieur d'un bordé en bois et comportant un échantillonnage, un système de construction, et des dispositions intérieures conformes ou équivalentes aux prescriptions des règlements du Bureau Veritas en vigueur à la date de détermination du franc-bord.
Le franc-bord d'un navire donné s'obtient en apportant au franc-bord fourni par les tables pour le navire-type, une série de corrections successives portant sur chacune des divergences entre ces deux navires.
Les règles déterminant ces diverses corrections sont données au chapitre III ci-après.
</td></tr>
<tr><td>Rapport normal
de la
longueur au creux.</td><td>

Art. 6. — Le rapport de la longueur au creux sur le navire-type auquel s'appliquent les tables de franc-bord est égal à 12 pour les navires à vapeur (tables A, B et C) et à 10 pour les navires à voiles (table D).
La longueur se mesure sur la flottaison en charge, de la face avant de l'étrave à la face arrière de l'étambot (étambot arrière sur les navires à vapeur).
</td></tr>
<tr><td>Rapport normal
de la
largeur au creux.</td><td>

Art. 7. — Le rapport de la largeur au creux doit être tel qu'il assure au navire une stabilité convenable dans les circonstances ordinaires de chargement avec une cargaison homogène, et en tenant compte des moyens dont on dispose pour régler cette stabilité. S'il en était autrement, le franc-bord devrait être augmenté.
</td></tr>
<tr><td>Tonture normale.</td><td>

Art. 8. — La tonture normale moyenne du navire-type auquel s'appliquent les tables de franc-bord, est donnée en millimètres par la formule suivante, dans laquelle L est la longueur du navire en mètres (voir aussi art. 20) :
</td></tr>
</table>

$$T = 8,3 \, L + 255 = \frac{t_1 + t_8}{2} \ \textit{(fig. 4)}.$$

La courbure de la tonture normale est supposée régulière et tracée de telle sorte que l'on ait :

1° A 1/8 de la longueur du navire à partir des extrémités, une tonture moyenne égale à 55 0/0 de la tonture moyenne aux extrémités :

$$\frac{t_2 + t_7}{2} = 0,55 \, T \ \textit{(fig. 4)} ;$$

2° A 1/4 de la longueur du navire à partir des extrémités, une tonture moyenne égale à 26 0/0 de la tonture moyenne aux extrémités :

$$\frac{t_3 + t_6}{2} = 0,26 \, T \ \textit{(fig. 4)} ;$$

3° A 3/8 de la longueur du navire à partir des extrémités, une tonture moyenne égale à 7 0/0 de la tonture moyenne aux extrémités :

$$\frac{t_4 + t_5}{2} = 0,07 \, T \ \textit{(fig. 4)}.$$

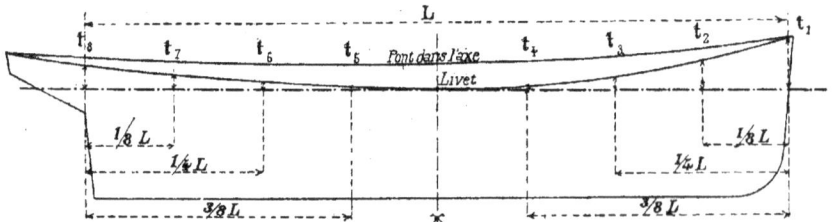

Fig. 4.

Les tontures se mesurent comme l'indique le croquis de la figure 4, à partir d'une ligne horizontale parallèle à la quille, passant par le livet du pont au milieu.

ART. **9.** — Le bouge normal des barrots du pont supérieur du navire-type auquel s'appliquent les tables de franc-bord est défini par le bouge au maître-bau, qui est supposé égal à 1/48 de la longueur du barrot.

Bouge normal.

ART. **10.** — Les francs-bords des navires de type normal sont relevés directement dans les tables en fonction du creux sur quille au livet du pont et du coefficient de tonnage.

Détermination
du franc-bord des
navires de type normal.

ART. **11.** — Le creux pour les navires en fer et en acier est la distance verticale mesurée au milieu de la longueur du navire depuis la face supérieure des barrots du pont supérieur en abord jusqu'au plan horizontal passant par le dessus de quille.

Creux sur quille
au livet.

Dans les navires à spardeck et à awning-deck, le creux se mesure à partir de la face supérieure des barrots du pont principal en abord.

Le creux pour les navires en bois et composites est la distance verticale mesurée au milieu du navire depuis la face supérieure des barrots du pont supérieur en abord, jusqu'au plan horizontal passant par le trait inférieur de la râblure de quille.

Lorsque, sur les navires en bois et composites, les fonds présentent des sections transversales creuses, ou lorsque les galbords sont plus épais que les bordages des fonds, le creux se mesure à partir du plan horizontal passant par l'intersection de la quille avec la partie plane des fonds, supposée prolongée.

Sur les navires à un ou plusieurs ponts, dont le pont supérieur est muni d'un bordé en tôle non recouvert de bois, et pour lesquels la longueur totale des superstructures fermées est inférieure aux 4 dixièmes de la longueur du navire, on retranche du creux mesuré comme il est dit plus haut, l'épaisseur d'un pont en bois conforme aux règlements du Bureau Veritas en vigueur à la date de détermination du franc-bord.

Par contre, lorsqu'un pont en bois présente une épaisseur plus grande que l'épaisseur réglementaire, ou lorsqu'il est doublé sur toute sa surface, l'excédent d'épaisseur par rapport au pont réglementaire est ajouté au creux.

Le creux des navires à voiles en fer ou en acier ayant un relevé de varangues supérieur à 12,5 0/0, peut être réduit de la moitié de la différence entre le relevé de varangues, mesuré sur la demi-largeur, et le relevé normal à 12,5 0/0 de pente.

Toutefois, on ne doit pas envisager de relevé de varangues ayant une pente supérieure à 21 0/0.

ART. **12.** — Le coefficient de tonnage est déterminé dans tous les cas par la formule :

Coefficient de tonnage.

$$K = \frac{2{,}83 \times T}{L \ (B - 2d) \ (C \pm S)}$$

dans laquelle :

T est le tonnage brut total sous le pont à partir duquel se mesure le franc-bord, relevé sur le certificat de jauge du navire ;

L est la longueur en mètres du navire, mesurée sur la flottaison en charge depuis la face avant de l'étrave jusqu'à la face arrière de l'étambot (étambot arrière sur les vapeurs) ;

B est la largeur du navire au milieu de la longueur, mesurée hors bordé au point le plus large ;

d est la différence entre l'épaisseur du bordé du navire et l'épaisseur réglementaire fixée par les règles du Bureau Veritas pour le navire-type.

Cette épaisseur s'entend de la somme des épaisseurs ou hauteurs du bordé, de la membrure et du soufflage ou vaigrage ;

C est le creux de cale donné sur le certificat de jauge du navire ;

S est le tiers de la différence entre la tonture moyenne mesurée aux extrémités du navire et la tonture moyenne normale.

La correction S est additive dans le cas où la tonture moyenne du navire est supérieure à la tonture normale moyenne ; elle est soustractive dans le cas contraire.

ART. **13.** — Les coefficients de tonnage donnés dans les tables s'appliquent à des navires sans double-fond sur lesquels la hauteur des varangues et l'épaisseur du vaigrage sont réglementaires.

Coefficient de tonnage
des navires
sans double-fond.

Pour les navires ayant un double-fond continu ou partiel, on doit apporter au coefficient de tonnage les corrections indiquées aux articles suivants, en ne perdant pas de vue que le coefficient cherché est celui que devrait avoir le navire s'il était construit avec des varangues et un vaigrage normaux.

ART. **14.** — Pour les navires construits avec un double-fond continu ayant la hauteur moyenne réglementaire, et s'étendant de la cloison étanche du coqueron avant à la cloison étanche du coqueron arrière, on réduit de 0,02 le coefficient de tonnage déterminé à l'aide de la formule donnée ci-dessus.

Coefficient de tonnage
des navires
ayant un double-fond
continu.

**Coefficient de tonnage
des navires
ayant un double-fond
partiel.**

Art. 15. — Lorsque es navires sont construits avec des doubles-fonds partiels dans les cales avant ou arrière, ou au-dessous des machines et chaudières, le coefficient de tonnage est déterminé suivant la règle fixée à l'article 13 ou suivant celle fixée à l'article 14 *(fig. 5 et 6)*.

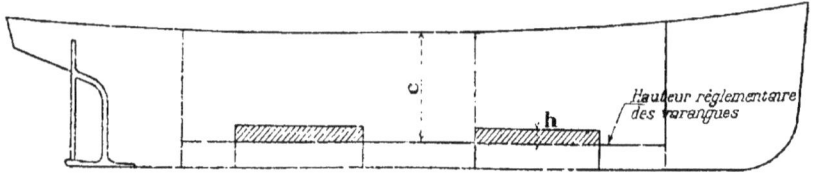

Fig. 5

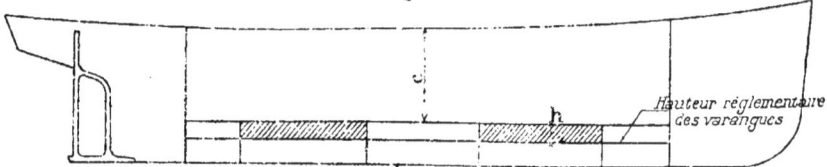

Fig. 6

Dans le cas indiqué par ces figures, le coefficient de tonnage est donné soit par la formule :

$$K = \frac{2,83\ (T + T_1)}{L\ (B - 2d)\ (C \pm S)}$$

dans laquelle T_1 est le tonnage de la portion des waterballasts partiels situés au-dessus du plan des varangues de hauteur réglementaire (partie hachurée *(fig. 5)*.
Soit par la formule :

$$K = \frac{2,83\ (T - T_2)}{L\ (B - 2d)\ (C - h \pm S)} - 0,02$$

dans laquelle h est la hauteur du double-fond au-dessus du plan des varangues réglementaires et T_2 est le tonnage d'un double-fond dont le plafond s'élèverait à une hauteur h au-dessus du plan des varangues réglementaires, diminué du tonnage de la portion des doubles-fonds partiels situés au-dessus de ce plan. (C'est-à-dire le tonnage de la partie ombrée, moins celui de la partie ombrée en hachures doubles, *fig. 6*).
Les résultats obtenus pour un même navire à l'aide de ces deux formules doivent être identiques.
Les indications qui précèdent permettront de déterminer dans tous les cas le coefficient de tonnage exact à employer pour la détermination du franc-bord.

**Calcul direct
du
coefficient de tonnage.**

Art. 16. — Le coefficient de tonnage peut être obtenu directement en relevant sur un plan des formes du navire dûment vérifié, le volume intérieur situé au-dessous du pont à partir duquel se mesure le franc-bord et limité par la membrure, les varangues et le vaigrage (plein ou à claire-voie) normaux.

**Coefficients de tonnage
non prévus
par les tables.**

Art. 17. — Il n'est apporté aucune correction au franc-bord dans le cas où le coefficient de tonnage obtenu par l'un ou par l'autre des procédés-ci-dessus définis est plus petit ou plus grand que le plus petit ou le plus grand des coefficients prévus dans la table considérée.

Chapitre III. — Correction du franc-bord donné par les Tables.

**Énumération des
corrections que doit
subir le
franc-bord des tables
pour les navires
s'écartant
du type normal.**

Art. 18. — Lorsque le navire considéré diffère du navire-type défini au chapitre précédent, le franc-bord donné par les tables en fonction du creux et du coefficient de tonnage, doit subir, suivant le cas, tout ou partie des corrections stipulées ci-après et relatives :
1° A la longueur ;
2° A la tonture ;
3° Aux superstructures ;
4° Au revêtement du pont ;
5° Au bouge ;

6° A la hauteur d'entrepont dans les navires à spardeck ;

7° A la section des sabords de décharge dans les navires à well-deck ;

8° A la communication entre le poste d'équipage et le château central dans les navires à well-deck

9° A l'échantillonnage ;

10° A la classification.

Le franc-bord ainsi déterminé est le franc-bord d'hiver en eau salée ; on doit donc déterminer ensuite :

Le franc-bord d'été ;

Le franc-bord d'été dans les mers tropicales ;

Le franc-bord d'hiver dans l'Atlantique Nord

Le franc-bord en eau douce.

ART. **19.** — Lorsque la longueur du navire, mesurée de la face avant de l'étrave à la face arrière de l'étambot (étambot arrière sur les navires à vapeur), est supérieure ou inférieure à celle prévue par la table pour le navire-type ayant le même creux, le franc-bord doit être augmenté ou diminué conformément au coefficient de correction donné au bas de la colonne correspondant au creux.

> *Correction pour la longueur : (a).*

La valeur de cette correction est donc :

$$a = (L - L_1) \times C,$$

L étant la longueur du navire, en mètres.

L₁ étant la longueur du navire type, en mètres.

C étant la correction pour une différence de longueur de 1 mètre.

La moitié seulement de cette correction sera appliquée dans le cas de navires à vapeur dont les superstructures, mesurées et corrigées comme il est dit à l'appendice A, s'étendent sur les 6/10ᵉ ou plus de la longueur du navire.

ART. **20.** — Si la tonture moyenne du navire est plus petite ou plus grande que la tonture normale moyenne, la différence entre ces tontures doit être divisée par 4 et le quotient *b* doit être ajouté au franc-bord ou en être retranché.

> *Correction pour la tonture : (b*

Dans les navires sans superstructures et dans les navires ayant un château central fermé à ses deux extrémités, la tonture moyenne du navire est la moyenne des tontures relevées aux extrémités.

Pour ces navires, lorsque le tracé de la tonture est régulier et tel que le définit l'article 8, la tonture normale moyenne aux points considérés est déterminée comme il est dit dans ce même article par l'expression :

$$8,3 \ L + 255$$

dans laquelle L est la longueur du navire en mètres.

Si le tracé de la tonture n'est pas régulier, la tonture moyenne s'obtient en divisant par 0,55 la moyenne des tontures relevées à 1/8 de la longueur à partir de chacune des extrémités du navire.

Dans les navires ayant une dunette et un gaillard, mais n'ayant pas de château ou en ayant un non fermé à ses extrémités, la tonture moyenne est la moyenne des tontures relevées à 1/8 de la longueur du navire à partir de ses extrémités, mais, dans ce cas, l'excédent de tonture pour lequel une bonification est apportée au franc-bord ne doit pas dépasser la moitié de la tonture normale mesurée sur la même longueur du navire.

Pour ces navires, la tonture normale moyenne aux points considérés est déterminée par l'expression :

$$4,98 \ L + 150$$

dans laquelle L est la longueur du navire en mètres.

Dans les navires ayant seulement un gaillard, la tonture moyenne est la moyenne des tontures relevées à l'étambot et à 1/8 de la longueur du navire à partir de l'étrave.

Pour ces navires, la tonture normale moyenne aux points considérés est déterminée par l'expression :

$$5,81 \ L + 175$$

dans laquelle L est la longueur du navire en mètres.

La tonture se mesure dans tous les cas à partir d'une ligne horizontale parallèle à la quille passant par le livet du pont au milieu de la longueur du navire, et lorsque, sur les navires n'ayant pas de superstructures ou ayant seulement un gaillard et une dunette, le point le plus bas de la courbe de tonture est à l'arrière du milieu de la longueur du navire, la moitié de la hauteur de la courbe de tonture en ce dernier point au-dessus du point le plus bas doit être ajoutée au franc-bord donné par les tables.

Aucune correction ne doit être apportée en raison de la tonture, au franc-bord des navires à awning-deck et au franc-bord des navires à spardeck de type normal.

ART. **21.** — Les corrections qui doivent être apportées au franc-bord des navires comportant des superstructures sont spécifiées aux articles suivants.

> *Correction pour les superstructures : (c).*

Ces prescriptions s'appliquent à des superstructures s'étendant jusqu'en abord.

Le mode de mesurage des superstructures, leur construction et la disposition de leurs ouvertures font l'objet de prescriptions spéciales données à la fin du présent règlement. (Appendice A.)

Art. **22**. — Lorsque les superstructures comprennent un gaillard, une courte dunette ayant une cloison fronteau robuste, et un château non relié aux autres superstructures, recouvrant, dans les navires à vapeur, les panneaux du compartiment des machines et chaudières, la valeur en millimètres de la réduction à faire subir au franc-bord est donnée par la formule :

$$c = (A — C)\ P_2.$$

Dans cette formule, A est le franc-bord du navire relevé dans la table A, et corrigé pour la longueur et la tonture ;
C est le franc-bord du navire relevé dans la table C et corrigé pour la longueur ;
P_2 est le pourcentage donné dans la deuxième colonne du tableau n° 1¹ ci-après.
Lorsque le château n'est pas fermé à ses deux extrémités, le franc-bord A n'est pas corrigé pour la tonture.

Art. **23**. — Lorsque les superstructures comprennent un gaillard et un château séparés, ce dernier recouvrant, dans les navires à vapeur, les panneaux du compartiment des machines et chaudières, la valeur en millimètres de la réduction à faire subir au franc-bord est donnée par la formule :

$$c = (A — C)\ P_3.$$

Dans cette formule, A et C ont la même signification qu'à l'article précédent, et P_3 est le pourcentage donné dans la première colonne du tableau n° 1² ci-après.
30 p. 100 est la valeur maximum de P_3, pour les navires de ce type.

Art. **24**. — Lorsque les superstructures comprennent un gaillard et une dunette ou une demi-dunette (pont surélevé) et lorsque la dunette ou demi-dunette (pont surélevé) est fermée et de construction robuste, et s'étend sur une longueur inférieure aux 5/10 de la longueur du navire, la valeur en millimètres de la réduction à faire subir au franc-bord est donnée par l'une des formules suivantes :
a) Navires à vapeur dans lesquels la dunette ou un roufle en tôle, solidement construit, recouvrent les panneaux des compartiments des machines et chaudières :

$$c = (A — C)\ P_4.$$

Dans cette formule, A et C sont les francs-bords du navire, relevés dans la table A et dans la table C et corrigés pour la longueur.
P_4 est le pourcentage donné dans la deuxième colonne du tableau n° 1² ci-après.
b) Navires à vapeur dans lesquels les panneaux des compartiments des machines et chaudières ne sont pas recouverts par une dunette ou par un roufle en tôle solidement construit :

$$c = \frac{6}{10}\ (A — C)\ P_4.$$

Dans cette formule, A et C sont les francs-bords du navire, relevés dans la table A et dans la table C et corrigés pour la longueur.
P_4 est le pourcentage donné dans la deuxième colonne du tableau n° 1² ci-après.
c) Navires à voiles :

$$c = D \times P_5.$$

Dans cette dernière formule, D est le franc-bord du navire relevé dans la table D et corrigé pour la longueur.
P_5 est le pourcentage donné dans la troisième colonne du tableau n° 1² ci-après.

Navires
ayant une seule
superstructure,
gaillard,
château ou dunette.

Art. **25**. — Pour les navires n'ayant qu'une seule superstructure, gaillard, château, dunette ou demi-dunette (pont surélevé), la valeur en millimètres de la réduction à faire subir au franc-bord est fixée par l'une des formules suivantes :
a) Navires à vapeur ayant un gaillard seulement ne recouvrant pas les panneaux du compartiment des machines et chaudières :

$$c = \frac{6}{10}\ (A — C)\ P_4.$$

Dans cette formule, A et C sont les francs-bords du navire, relevés dans la table A et dans la table C, et corrigés pour la longueur.
P_4 est le pourcentage donné dans la deuxième colonne du tableau n° 1² ci-après.
b) Navires à vapeur ayant un château seulement, recouvrant l'encaissement des machines et chaudières.
Dans ce cas, on suppose qu'il existe un gaillard ayant une longueur égale à 1/8 de la longueur du navire.
On calcule la réduction à faire subir au franc-bord, comme il est dit à l'article 23 ci-dessus, et l'on réduit le chiffre ainsi obtenu de une fois et demie la valeur de la correction prévue au paragraphe précédent (*a*).
c) Navires à vapeur ayant seulement une dunette ou une demi-dunette recouvrant les panneaux du compartiment des machines et chaudières :

$$c = \frac{5}{10}\ (A — C)\ P_4.$$

A, C et P_4 ayant les mêmes significations que ci-dessus.

d) Navires à vapeur ayant seulement une dunette ou une demi-dunette ne recouvrant pas les panneaux des machines et chaudières :

$$c = \frac{3}{10} (A - C) P_4.$$

A, C et P_4 ayant les mêmes significations que ci-dessus.

e) Navires à voiles ayant un gaillard seulement :

$$c = \frac{5}{10} \times D \times P_5.$$

Dans cette formule, D est le franc-bord du navire relevé dans la table D et corrigé pour la longueur.

P_5 est le pourcentage donné dans la troisième colonne du tableau n° 1² ci-après, pour une longueur de gaillard égale au double de la longueur réelle.

f) Navires à voiles ayant une dunette seulement :

$$c = \frac{1}{4} D \times P_5.$$

Dans cette formule, D est le franc-bord du navire relevé dans la table D et corrigé pour la longueur.

P_5 est le pourcentage donné dans la troisième colonne du tableau n° 1² ci-après, pour une longueur de dunette égale au double de la longueur réelle.

Art. **26.** — Pour les navires à vapeur ayant en même temps qu'un gaillard une longue dunette ou un pont surélevé relié à un château pourvu d'une cloison fronteau robuste, établie et échantillonnée conformément au règlement du Bureau Veritas, et recouvrant les panneaux du compartiment des machines et chaudières, lorsque la longueur de ces deux superstructures est égale ou supérieure a 60 0/0 de la longueur du navire, la valeur en millimètres de la réduction à faire subir au franc-bord est donnée par la formule : Navires
à well-deck.

$$c = (A - C) P_1.$$

Dans cette formule, A est le franc-bord du navire relevé dans la table A et corrigé pour la tonture.

C est le franc-bord du navire, dans la table C.

P_1 est le pourcentage donné dans la première colonne du tableau n° 1¹ ci-après.

Ce qui précède ne s'applique pas aux cas où les superstructures couvrent moins des 6/10 de la longueur du navire.

Lorsque, toutefois, la superstructure arrière s'étend sur les 4/10 au moins de la longueur, et que la portion couverte par l'ensemble des superstructures est comprise entre 5/10 et 6/10 de la longueur, la correction doit être déterminée en établissant une proportion entre celle qui résulte de l'application de l'article 24 pour des superstructures couvrant les 5/10 de la longueur au moins, et celle qui résulte de l'application du présent article pour des superstructures couvrant 6/10 de la longueur.

Les corrections pour la longueur et pour la tonture doivent être prises en considération pour ce calcul.

Dans tous les autres cas où les superstructures couvrent moins des 6/10 de la longueur les prescriptions de l'article 24 s'appliquent.

Lorsque les panneaux du compartiment des machines et chaudières ne sont abrités que par une demi-dunette (pont surélevé), le franc-bord doit subir une correction additive variant entre 25 millimètres dans les navires ayant un creux au livet égal à 4ᵐ,50 et 50 millimètres dans les navires ayant un creux égal à 6 mètres.

Pour les valeurs intermédiaires du creux, la correction est calculée par interpolation.

Si l'extrémité avant de la demi-dunette (pont surélevé) est reliée à un court château ne recouvrant pas les panneaux du compartiment des machines et chaudières, la correction calculée comme il vient d'être dit doit être réduite de moitié.

Art. **27.** — (*a*) Pour les navires à vapeur n'ayant pas de gaillard, mais ayant une dunette ou une demi-dunette (pont surélevé) et un château, l'une ou l'autre de ces superstructures recouvrant les panneaux du compartiment des machines et chaudières, la valeur en millimètres de la réduction à faire subir au franc-bord est déterminée comme suit : Autres cas.

On suppose qu'il existe, indépendamment des superstructures réelles, un gaillard ayant une longueur égale à 1/8 de la longueur du navire, on calcule la réduction à faire subir au franc-bord comme il est dit à l'article 22 ou à l'article 26 ci-dessus suivant le cas, et l'on réduit le chiffre ainsi obtenu d'une fois et demie la valeur de la correction prévue au paragraphe *a* de l'article 25 pour ce gaillard, ou de deux fois pour les navires well-deck.

(*b*) Lorsque, pour les navires à voiles, les superstructures comprennent un château en plus d'une dunette ou d'un gaillard ou en plus d'un gaillard, la valeur en millimètres de la correction à faire subir au franc-bord est déterminée comme il est dit aux articles 22, 23 et 26 ci-dessus, en faisant usage des tables A et C comme dans le cas des navires à vapeur.

En d'autres termes, lorsque les superstructures d'un navire à voiles comprennent gaillard, château et dunette, ou gaillard et château, la correction à faire subir au franc-bord est identique à celle que devrait subir pour les mêmes superstructures, un navire à vapeur de mêmes dimensions.

Lorsque le château et la dunette sont réunis, c'est-à-dire pour les navires à voiles à well-deck, la valeur en millimètres de la réduction à faire subir au franc-bord est donnée par la formule

$$C = (A - C)P_2$$

A, C et P_2 ayant la même signification que ci-dessus.

TABLEAU N° 1¹. — Pourcentages à employer pour la détermination de la correction pour les superstructures.

RAPPORT DE LA LONGUEUR des superstructures à celle du navire	POURCENTAGES		RAPPORT DE LA LONGUEUR des superstructures à celle du navire	POURCENTAGES		RAPPORT DE LA LONGUEUR des superstructures à celle du navire	POURCENTAGES	
	P_1 (art. 26)	P_2 (art. 22)		P_1 (art. 26)	P_2 (art. 22)		P_1 (art. 26)	P_2 (art. 22)
	0/0	0/0		0/0	0/0		0/0	0/0
0,95	90,0	75,0	0,76	64,0	56,0	0,57	»	37,6
0,94	89,0	74,0	0,75	62,5	55,0	0,56	»	36,8
0,93	88,0	73,0	0,74	61,0	54,0	0,55	»	36,0
0,92	87,0	72,0	0,73	59,5	53,0	0,54	»	35,2
0,91	86,0	71,0	0,72	58,0	52,0	0,53	»	34,4
0,90	85,0	70,0	0,71	56,5	51,0	0,52	»	33,6
0,89	84,0	69,0	0,70	55,0	50,0	0,51	»	32,8
0,88	83,0	68,0	0,69	53,5	49,0	0,50	»	32,0
0,87	82,0	67,0	0,68	52,0	48,0	0,49	»	31,3
0,86	81,0	66,0	0,67	50,5	47,0	0,48	»	30,6
0,85	80,0	65,0	0,66	49,0	46,0	0,47	»	29,9
0,84	78,0	64,0	0,65	47,5	45,0	0,46	»	29,2
0,83	76,0	63,0	0,64	46,0	44,0	0,45	»	28,5
0,82	74,0	62,0	0,63	44,5	43,0	0,44	»	27,8
0,81	72,0	61,0	0,62	43,0	42,0	0,43	»	27,1
0,80	70,0	60,0	0,61	41,5	41,0	0,42	»	26,4
0,79	68,5	59,0	0,60	40,0	40,0	0,41	»	25,7
0,78	67,0	58,0	0,59	»	39,2	0,40	»	25,0
0,77	65,5	57,0	0,58	»	38,4			

TABLEAU N° 1². — Pourcentages à employer pour la détermination de la correction pour les superstructures.

RAPPORT DE LA LONGUEUR des superstructures à celle du navire	POURCENTAGES			RAPPORT DE LA LONGUEUR des superstructures à celle du navire	POURCENTAGES			RAPPORT DE LA LONGUEUR des superstructures à celle du navire	POURCENTAGES		
	P_3 (art. 23)	P_4 (art. 24 et 25)	P_5 (art. 24 et 25)		P_3 (art. 23)	P_4 (art. 24 et 25)	P_5 (art. 24 et 25)		P_3 (art. 23)	P_4 (art. 24 et 25)	P_5 (art. 24 et 25)
	0/0	0/0	0/0		0/0	0/0	0/0		0/0	0/0	0/0
0,50	30,0	32,00	12,00	0,34	21,0	21,76	9,44	0,18	»	11,52	6,88
0,49	29,4	31,36	11,84	0,33	20,5	21,12	9,28	0,17	»	10,88	6,72
0,48	28,8	30,72	11,68	0,32	20,0	20,48	9,12	0,16	»	10,24	6,56
0,47	28,2	30,08	11,52	0,31	19,5	19,84	8,96	0,15	»	9,60	6,40
0,46	27,6	29,44	11,36	0,30	19,0	19,20	8,80	0,14	»	8,96	6,24
0,45	27,0	28,80	11,20	0,29	»	18,56	8,64	0,13	»	8,32	6,08
0,44	26,4	28,16	11,04	0,28	»	17,92	8,48	0,12	»	7,68	5,92
0,43	25,8	27,52	10,88	0,27	»	17,28	8,32	0,11	»	»	»
0,42	25,2	26,88	10,72	0,26	»	16,64	8,16	0,10	»	»	»
0,41	24,6	26,24	10,56	0,25	»	16,00	8,00	0,09	»	»	»
0,40	24,0	25,60	10,40	0,24	»	16,36	7,84	0,08	»	»	»
0,39	23,5	24,96	10,24	0,23	»	14,72	7,68	0,07	»	»	»
0,38	23,0	24,32	10,08	0,22	»	14,08	7,52	0,06	»	»	»
0,37	22,5	23,68	9,92	0,21	»	13,44	7,36	0,05	»	»	»
0,36	22,5	23,04	9,76	0,20	»	12,80	7,20				
0,35	21,0	22,40	9,60	0,19	»	12,16	7,04				

Correction pour le revêtement du pont : (d)

ART. 28. — Les tables de franc-bord étant établies dans l'hypothèse où le pont supérieur (pont principal dans les navires à awning-deck) est recouvert d'un bordé en bois ayant l'épaisseur exigée par les règlements du Bureau Veritas, une correction doit être apportée au franc-bord lorsque le pont n'est pas recouvert de bois.

Si l'on désigne par P le rapport de la longueur totale des superstructures à la longueur de la flottaison et si T et t sont les épaisseurs indiquées par le règlement du Bureau Veritas pour le bordé en bois du pont et pour la gouttière, la valeur en millimètres de la réduction à faire subir au franc-bord est égale à

$$d = T - t \qquad \text{si} \qquad P \geqslant \frac{7}{10};$$

$$d = (4P - 1{,}8)\,(T - t) \quad \text{si} \quad \frac{6}{10} \leqslant P \leqslant \frac{7}{10};$$

$$d = P(T - t) \qquad \text{si} \quad \frac{4}{10} \leqslant P \leqslant \frac{6}{10}.$$

Si $P < \frac{4}{10}$, voir article 11 ci-dessus.

Lorsque sur les navires à spardeck, le pont spardeck n'est pas recouvert de bois, la correction à faire subir au franc-bord est égale T — t.

Il en est de même pour les navires à awning-deck, lorsque le pont principal n'est pas recouvert de bois.

ART. 29. — Lorsque le bouge du navire considéré est plus grand ou plus petit que le bouge normal, le franc-bord doit subir une correction soustractive ou additive dont la valeur en millimètres est donnée par l'expression :

Correction
pour le bouge : (e).

$$e = \frac{d}{2} \quad \frac{100 - P}{100}.$$

dans laquelle d est la différence entre le bouge du navire et le bouge normal, et P est le pourcentage de la longueur totale des superstructures par rapport à la longueur du navire à la flottaison.

Il n'est fait aucune correction en raison du bouge, aux francs-bords des navires à spardeck et awning-deck.

Dans les navires à voiles sans superstructures, l'excédent de bouge pour lequel le franc-bord est corrigé ne doit pas dépasser le bouge normal.

Pour les navires à voiles ayant des superstructures, la correction pour le bouge doit subir en outre une réduction proportionnelle à la portion du pont principal non recouverte par les superstructures.

ART. 30. — Dans les navires à spardeck, la hauteur normale de l'entrepont est égale à 2^m,13.

Correction
pour
la hauteur d'entrepont
des navires
à spardeck : (f).

Si la hauteur d'entrepont est supérieure à 2^{m}13, le franc-bord doit être augmenté; il peut, par contre, être diminué si la hauteur d'entrepont est inférieure à 2^m,13.

Lorsque la hauteur d'entrepont dépasse 2^{m}13, le nombre longitudinal et le nombre transversal déterminant les échantillons dans les règlements du Bureau Veritas sont calculés en supposant que l'entrepont a une hauteur de 2^m,13. Si ces deux nombres tombent dans les mêmes intervalles que ceux calculés avec le creux exact du navire, la valeur en millimètres de la correction f à faire subir au franc-bord est égale au tiers de l'excédent de hauteur de l'entrepont.

Si l'un seulement des nombres tombe dans un intervalle plus élevé, la valeur de la correction f est égale à la moitié de l'excédent de hauteur de l'entrepont.

Si ces deux nombres tombent dans un intervalle plus élevé, la correction est égale aux deux tiers de l'excédent de hauteur de l'entrepont.

La même règle s'applique lorsque la hauteur d'entrepont est inférieure à 2^m,13.

ART. 31. — Dans les navires à well-deck, ayant des superstructures couvrant plus de 60 0/0 de la longueur du navire, les sabords de décharge établis dans le puits et munis de charnières à leur partie supérieure doivent avoir de chaque bord une section totale conforme aux indications du tableau ci-après :

Correction
pour la section
des sabords
dans les navires
à well-deck : (g).

TABLEAU N° 2. — Section des sabords des navires à well-deck.

Longueur de pavois dans le coffre	Section totale des sabords de chaque côté	Longueur de pavois dans le coffre	Section totale des sabords de chaque côté
Mètres	Décimètres carrés	Mètres	Décimètres carrés
1,50	40	10,50	92
3,00	59	12,00	96
4,50	70	13,50	101
6,00	78	15,00	106
7,50	82	16,50	110
9,00	87	18,00	115
		19^{m}50 et au dessus	6 par mètre de longueur de pavois.

Si la section des sabords est inférieure aux indications de ce tableau, le franc-bord doit subir une correction additive g égale à 1 0/0 du creux sur quille au livet.

Pour les navires ayant un château, une dunette et un gaillard séparés, couvrant ensemble 5/10 ou plus de la longueur du navire, lorsque le creux sur quille au livet est inférieur à 4^{m}50, la même règle s'applique comme suit :

14

Si la longueur couverte par les superstructures atteint 6/10 de la longueur à la flottaison, la correction g est égale à 1 0/0 du creux sur quille au livet.

Lorsque la longueur couverte par les superstructures est comprise entre 5/10 et 6/10 de la longueur à la flottaison, la valeur du pourcentage du creux sur quille au livet est déterminée par interpolation, entre 0 et 1 0/0.

Correction pour communication entre le gaillard et le château dans les navires à well-deck (h).

ART. 32. — Lorsque, dans les navires à well-deck, l'équipage est logé sous le gaillard, et qu'il n'existe aucun dispositif, passerelle ou autre, permettant aux hommes de circuler sans danger entre le gaillard et le château, le franc-bord doit subir une correction additive h égale à 1 0/0 du creux sur quille au livet.

Cette correction s'applique lorsque la longueur du coffre est égale ou inférieure à 21ᵐ50; ou lorsque la longueur du navire est égale ou supérieure à 55 mètres. Il n'est pas fait de correction au franc-bord lorsque la longueur du coffre est égale ou supérieure à 24ᵐ50 ou que la longueur du navire est égale ou inférieure à 45ᵐ70 Pour les longueurs du coffre ou du navire comprises entre les limites précédentes, la correction se calcule par interpolation.

Les prescriptions du présent article s'appliquent aux navires ayant château, dunette et gaillard séparés, lorsque leur creux sur quille au livet est inférieur à 4ᵐ50. Dans ce cas, les pourcentages et limites prévus aux deux derniers alinéas de l'article précédent doivent être adoptés.

Les détails relatifs à l'installation de la passerelle reliant le gaillard au château sont donnés dans l'appendice B.

Correction pour l'échantillonnage (i).

ART. 33. — *Navires à un ou plusieurs ponts.* — Lorsque l'échantillonnage des navires à un ou plusieurs ponts est supérieur aux prescriptions du Bureau Veritas pour ce type de navires, aucune réduction n'est apportée de ce chef aux francs-bords donnés par les tables A et D.

Lorsque l'échantillonnage est inférieur aux prescriptions du Bureau Veritas, c'est-à-dire lorsque le navire ne possède pas la plus haute cote, les francs-bords des navires à un ou plusieurs ponts subissent, comme ceux des navires des autres types, les augmentations prévues à l'article 34 ci-après.

Navires à spardeck. — Lorsque les navires à spardeck présentent un échantillonnage et une solidité générale de coque supérieurs aux prescriptions du Bureau Veritas pour ce type de navires, mais inférieure aux prescriptions pour le type à « un ou plusieurs ponts », leur franc-bord s'obtient en ajoutant au franc-bord donné par la table A (corrigé comme il est dit au Chapitre III) la correction :

$$i = K (B - A),$$

dans laquelle A et B sont les francs-bords donnés pour le navire considéré par les tables A et B, lesdits francs-bords étant corrigés comme il est dit au chapitre III.

K est un coefficient déterminé en comparant la résistance et l'échantillonnage de la coque avec la résistance et l'échantillonnage du navire type ayant la même disposition générale et les mêmes dimensions, et tel que le définissent les règlements du Bureau Veritas pour les navires à spardeck et à trois ponts.

Les 4/10 de la différence B—A se rapportent à la résistance longitudinale et les 6/10 de cette différence à la résistance transversale.

Le calcul de résistance longitudinale pour la détermination de K est exécuté d'après la méthode ordinaire, en se conformant aux règles ci-après :

1° On ne considère que ceux des éléments longitudinaux continus qui conservent sur les 4/10 au moins de la longueur du navire l'échantillonnage qu'ils ont au maître-couple;

2° Pour le bordé en tôle du pont supérieur ou du pont du château, ainsi que pour le bordé du plafond du water-ballast, les épaisseurs sont multipliées par les coefficients donnés par le tableau suivant :

TABLEAU N° 3. — **Coefficients de réduction pour le pont supérieur ou le pont du château et pour le plafond du water-ballast.**

Épaisseurs des tôles en millimètres. Acier ou fer	6,5	7,5	9,0	10,0	11,5
Coefficients { Barrots ou varangues à chaque membre	0,6	0,7	0,9	1,0	1,0
de réduction. { Barrots ou varangues de deux en deux membres	0,4	0,5	0,6	0,7	0,8

Pour les épaisseurs intermédiaires, le coefficient est déterminé par interpolation.

1° Lorsque les ponts en tôle sont recouverts de bois et que les attaches du bordé en bois ne sont pas espacées de plus de 60 centimètres, les coefficients donnés par la première ligne peuvent être employés alors même que les barrots seraient placés de deux en deux membres.

2° Les ponts en bois qui conservent, sur 4/10 au moins de la longueur du navire, l'échantillonnage qu'ils ont au maître couple, sont considérés comme équivalents à des ponts en acier ayant une épaisseur égale à 1/25 de l'épaisseur de leurs bordages.

3° Le bordé de pont se mesure depuis le bord extérieur de la gouttière, jusqu'à l'hiloire du panneau le plus large, situé dans la demi-longueur du navire au milieu.

Sur le navire type, on prend comme largeur de ce panneau 1/3 de la largeur du pont au maître couple

Les navires à spardeck qui présentent une solidité générale et un échantillonnage inférieurs à ceux du navire à spardeck type défini par les règlements du Bureau Veritas ou qui leur sont inférieurs sur certains points sont considérés comme des navires à awning-deck et traités comme il est dit ci-après.

Navires à awning-deck. — Lorsque les navires à awning-deck présentent un échantillonnage et une solidité générale de coque supérieure aux prescriptions du Bureau Veritas pour ce type de navires, mais inférieurs aux prescriptions pour le type spardeck, leur franc-bord s'obtient en retranchant du franc-bord donné par la table C (corrigé comme il est dit au chapitre III) l'expression :

$$i = K (h + C - B)$$

dans laquelle B et C sont les francs-bords donnés pour le navire considéré par les tables B et C, lesdits francs-bords étant corrigés comme il est dit au chapitre III.

h est la hauteur de l'entrepont.

K est un coefficient déterminé comme il est dit ci-dessus en comparant la résistance et l'échantillonnage de la coque avec la résistance et l'échantillonnage du navire type (à spardeck ou awning-deck) conforme aux règlements du Bureau Veritas, ayant la même disposition générale et les mêmes dimensions.

Les 6/10 de la différence $(h + C - B)$ se rapportent à la résistance longitudinale et les 4/10 de cette différence à la résistance transversale.

Les réductions d'épaisseur de pont pour le calcul de K fixées par le tableau ci-dessus, s'appliquent au pont principal dans le cas des navires à awning-deck.

Le franc-bord des navires à awning-deck inférieurs comme résistance et échantillonnage au navire type défini par les règlements du Bureau Veritas, doit subir une augmentation proportionnelle.

Si le franc-bord ainsi fixé est tel que l'une des marques soit placée au-dessus du pont principal, les francs-bords sont mesurés à partir du pont awning-deck.

Navires à awning-deck partiel. — Lorsque les navires à awning-deck partiel et à pont surélevé, combiné avec de longues superstructures, sont échantillonnés et renforcés comme il est dit ci-après, et lorsque la coupée du pont surélevé est située à 1/10 de la longueur du navire en arrière du milieu et que la continuité de résistance par le travers de cette coupée est parfaitement assurée, le franc-bord donné par la table C peut être réduit comme l'indique le tableau suivant :

TABLEAU N° 4. — **Awning-deck partiel.** — **Réduction du franc-bord.**

Nombre longitudinal	Réduction en millimètres
Au-dessous de 5.100	65
De 5.100 à 6.800	75
De 6.800 à 9.200	90

Lorsque la distance de la coupée en arrière du milieu est égale ou supérieure à 3/10 de la longueur du navire, la réduction déterminée comme il vient d'être dit est doublée. Pour des distances intermédiaires entre 1/10 et 3/10, la réduction se détermine par interpolation.

Les renforts extraréglementaires visés plus haut sont les suivants :

L'awning-deck partiel au milieu du navire doit être bordé en tôle d'une épaisseur minimum de 8 millimètres pour le fer et $7^{mm},5$ pour l'acier.

Le carreau du pont principal doit être doublé sur 6 mètres par le travers de la coupée de l'awning-deck partiel au milieu du navire.

Les abouts du carreau de l'awning-deck partiel au milieu du navire doivent être rivés à trois rangs et les joints longitudinaux à deux rangs.

Le bordé extérieur de l'awning-deck partiel au milieu du navire et sa gouttière doivent avoir les échantillons donnés par le tableau ci-après :

TABLEAU N° 5. — **Bordé et gouttière de l'awning-deck partiel au milieu du navire.**

NOMBRE LONGITUDINAL	CARREAU	BORDÉ EXTÉRIEUR	GOUTTIÈRE
	millimètres	millimètres	millimètres
Au-dessous de 5.100	900 × 10,0	10,0	900 × 10,0
De 5.100 à 5.520	900 × 11,5	10,0	900 × 10,0
De 5.520 à 6.370	900 × 12,5	11,5	960 × 11,5
De 6.370 à 7.640	900 × 12,5	11,5	1000 × 12,5
De 7.640 à 9.200	900 × 14,0	11,5	1000 × 12,5

Pour la hauteur du pont surélevé dans les navires à awning-deck partiel, voir Appendice A (art. 4 *b*).

Une correction additive doit être apportée au franc-bord, lorsque les échantillons des superstructures sont inférieurs aux échantillons réglementaires prescrits par les Règlements du Bureau Veritas (voir Appendice A, art. 9); la même remarque s'applique à la construction des panneaux et des ouvertures dans les compartiments des machines et chaudières.

ART. **34.** — Une correction additive j doit être apportée aux francs-bords de navire à coque métallique classés II. 3/3 ou III. 3/3 et à ceux des navires en bois cotés 5/6, au Bureau Veritas, ainsi qu'à ceux des navires possédant les cotes correspondantes dans les autres registres de classification reconnus.

Correction
pour la cote (*j*)

Navires à coque métallique. — La correction additive *j* est donnée par le tableau suivant :

TABLEAU N° 6. — **Correction pour la cote.**

LONGUEUR DU NAVIRE	40	50	60	70	80	90	100
Addition en millimètres pour les navires cotés II. 3/3 . .	12,5	12,5	12,5	19,0	22,5	31,0	39,0
Addition en millimètres pour les navires cotés III. 3/3 .	25,5	25,5	31,0	40,0	48,0	61,0	78,0

Navires en bois. — Le franc-bord des navires cotés 5/6 1. 1. et construits en bois dur (c'est-à-dire en d'autres bois que le sapin et le spruce) est augmenté de 8 0/0 ; celui des navires construits en bois tendre est augmenté de 10 0/0.

Le franc-bord des navires cotés 5/6 2. 1. et construits en bois dur est augmenté de 15 0/0, celui des navires construits en bois tendre de 20 0/0.

Pour les navires non classés, le franc-bord est augmenté de 20 0/0 s'ils sont en bois dur et de 25 0/0 s'ils sont en bois tendre, à moins que, les ouvertures nécessaires ayant été pratiquées, il résulte d'une inspection complète de la coque qu'ils sont assimilables aux navires pourvus d'une des cotes 3/3 1. 1. ou 5/6 1. 1.

Détermination des marques complémentaires de franc-bord.

ART. **35**. — Le franc-bord donné par les tables et corrigé comme il est dit aux articles précédents, est le franc-bord d'hiver en eau salée.

Ce franc-bord étant déterminé, les valeurs en millimètres des différents francs-bords définis à l'article 2 s'obtiennent de la manière suivante :

Franc-bord d'été. — Pour les navires à vapeur ayant des superstructures, la correction soustractive *k* à faire subir au franc-bord d'hiver pour obtenir le franc-bord d'été est déterminée par l'expression :
$$k = a + p\,(c. - a),$$
a et *c* étant les corrections données par les tables A et C, et *p* étant le rapport de la longueur effective des superstructures à la longueur du navire.

Franc-bord d'été dans les mers tropicales. — La correction soustractive *l* à faire subir au franc-bord d'hiver pour obtenir le franc-bord d'été dans les mers tropicales, est égale au double de la correction pour le franc-bord d'été.

Franc-bord d'hiver dans l'Atlantique Nord. — La correction additive *m* à faire subir au franc-bord d'hiver des navires à vapeur ayant une longueur inférieure ou au plus égale à 100ᵐ,50 pour obtenir le franc-bord d'hiver dans l'Atlantique Nord est égale à 50 millimètres.

Pour les navires à well-deck, la correction additive à faire subir au franc-bord d'hiver est donnée en millimètres par le tableau suivant :

TABLEAU N° 7. — **Correction pour le franc-bord d'hiver, dans l'Atlantique Nord, des navires à well-deck.**

LONGUEUR DU NAVIRE	RAPPORT DE LA LONGUEUR DES SUPERSTRUCTURES A LA LONGUEUR DU NAVIRE				
	0,60	0,65	0,70	0,75	0,80
	millimètres	millimètres	millimètres	millimètres	millimètres
40 mètres	100	90	75	65	50
50 —	100	90	75	65	50
60 —	100	90	75	65	50
70 —	90	90	75	60	50
80 —	90	80	75	50	50
90 —	85	75	65	50	50
100 --	75	75	65	50	50

Pour les navires à voiles, la correction est de 75 millimètres dans tous les cas.

Franc-bord en eau douce. — La correction soustractive *n* à faire subir à un franc-bord pour obtenir le franc-bord en eau douce correspondant est donnée par la formule suivante :
$$n = 0,022\,(C - f),$$
dans laquelle

C est le creux sur quille au livet,

f le franc-bord considéré.

La marque de franc-bord en eau douce marquée sur les flancs du navire correspond au franc-bord en eau douce en été.

La correction pour le franc-bord en eau douce peut également être calculée à l'aide de l'échelle de déplacement du navire.

Modification du franc-bord en raison des ouvertures dans le bordé.

ART. **36**. — Lorsqu'il existe des ouvertures dans le bordé, telles que sabords, portes d'embarquement, qui ne sont destinées à être ouvertes que dans le port, ces ouvertures doivent être pourvues de fermetures présentant une étanchéité absolue et une solidité égale à celle du bordé dans la région où elles sont percées.

Si ces conditions ne sont pas remplies, ou ne le sont qu'imparfaitement, le franc-bord est augmenté de telle sorte que le seuil inférieur de ces ouvertures soit placé à une distance suffisante au-dessus de la flottaison en charge.

Lorsque les hublots sont disposés comme le spécifie le Règlement d'administration publique visé à l'article 53 de la Loi du 17 Avril 1907, la marque de franc-bord d'été ou, si elle existe, la marque de franc-bord d'été dans les mers tropicales doit être à 15 centimètres au moins au-dessous du point le plus bas de l'ouverture.

Toutefois, lorsque le diamètre en clair des hublots n'excède pas 250 millimètres, le franc-bord n'est pas modifié, quelle que soit leur position.

Dans ce cas, les hublots doivent comporter un cadre robuste en bronze, laiton ou en acier coulé, fixé au bordé au moyen de 10 boulons au moins, d'une façon absolument étanche.

Ils doivent être munis de contre-hublots à charnière, dûment renforcés, et être disposés de façon à pouvoir recevoir une tape en tôle placée par l'intérieur.

Chapitre IV. — Règles pour la détermination du franc-bord des vapeurs à turret-deck ou de type analogue.

Art. 37. — Les vapeurs à turret-deck envisagés dans le présent chapitre répondent à la définition de ce type de navire donnée dans les règlements du Bureau Veritas.

La largeur du pont turret doit être au moins égale à la moitié de la largeur extrême du navire, et sa hauteur moyenne au-dessus du harbour-deck ne doit pas être inférieure au quart du creux sur quille au livet.

La hauteur des panneaux au-dessus du pont turret doit être de 60 centimètres au moins, et celle des encaissements des machines et chaudières d'au moins 1m35.

Toutes les ouvertures percées dans le harbour-deck doivent être fermées au moyen de plaques de tôle convenablement armaturées d'une épaisseur au moins égale à celle du pont lui-même, boulonnées solidement, et parfaitement étanches.

Le franc-bord des vapeurs à turret-deck est déterminé conformément aux prescriptions données plus haut pour les navires de type ordinaire ayant des superstructures, le creux étant mesuré jusqu'au harbour-deck.

Définition des vapeurs à turret-deck. Détermination du franc-bord.

Art. 38. — On doit modifier, comme il est dit à l'article 12, le creux de cale servant à déterminer le coefficient de tonnage des navires ayant soit un excès, soit un défaut de tonture, puis on ajoute 0,01 dans les cas ordinaires au coefficient ainsi obtenu, quand le navire est à formes arrondies dans les hauts.

Coefficient de tonnage.

Art. 39. — Quand la largeur du turret est égale à la moitié de la largeur du navire, on prend pour correction de la longueur les trois quarts de celle spécifiée dans la table A.

Quand la largeur du turret atteint ou dépasse les six dixièmes de la largeur du navire, la correction de la table doit être divisée par 2.

Enfin, pour les navires dont la largeur du pont turret est comprise entre les 5/10 et les 6/10 de la largeur du navire, on détermine la correction par interpolation.

Correction pour la longueur.

Art. 40. — La correction pour la tonture se calcule conformément aux prescriptions de l'article 20 ci-dessus, en relevant la tonture aux extrémités du navire.

Correction pour la tonture.

Art. 41. — La longueur du turret servant à déterminer la correction à faire subir au franc-bord, s'obtient en multipliant la longueur réelle par le rapport de la largeur moyenne à celle du navire au maître-couple.

Quand la longueur ainsi fixée est égale à la moitié ou plus de la longueur du navire, la correction est donnée par la formule :

$$c = (A — C)(P — 5),$$

A étant le franc-bord donné par la table A, corrigé pour la tonture.

C étant le franc-bord donné par la table C.

P le pourcentage de la longueur du turret par rapport à la longueur du navire à la flottaison.

Une correction peut être apportée au franc-bord lorsqu'il existe sur le pont turret une dunette et un gaillard, ou un gaillard seulement. Cette correction est donnée par la formule :

$$c = 0,64 (A — C) \frac{Ld + Lg}{L},$$

A et C ayant les mêmes significations que ci-dessus.

Ld et Lg étant les longueurs de la dunette et du gaillard réduites dans le rapport de leur largeur à celle du navire mesurée à la cloison fronteau, et L étant la longueur du navire, la valeur de cette correction ne doit pas excéder 0,1 (A — C).

Correction pour le turret.

Art. 42. — Lorsque le harbour-deck (pont principal) n'est pas recouvert d'un bordé en bois, on applique la correction indiquée à l'article 28.

Correction pour le revêtement du harbour-deck.

Art. 43. — La résistance transversale et la résistance longitudinale du navire sont rapportées à la résistance transversale et longitudinale du navire-type à trois ponts ayant les mêmes dimensions principales et le même coefficient de finesse.

Les échantillons du navire à turret doivent être tels que la charge par centimètre carré sur la fibre la plus chargée au maître-couple n'excède pas celle que l'on obtient pour un navire type de mêmes dimensions et formes construit conformément aux prescriptions réglementaires du Bureau Veritas pour les navires à trois ponts de plus haute cote, et supposé chargé au franc-bord donné par la table A, réduit de 12 0/0.

Correction pour l'échantillonnage.

Art. 44. — La ligne de pont réglementaire est tracée à la hauteur du pont turret.

Ligne de pont réglementaire.

Chapitre V. — Règles pour la détermination du franc-bord des vapeur à shelter-deck.

Définition des vapeurs à shelter-deck. Détermination du franc - bord.

Art. **45.** — On entend par vapeurs à shelter-deck dans le présent article des navires ayant une superstructure solidement établie s'étendant sur toute leur longueur.

Les murailles de cette superstructure ne doivent présenter aucune solution de continuité, mais le pont qui la recouvre (shelter-deck) peut comporter des ouvertures placées dans l'axe du navire, non pourvues de dispositifs de fermeture permanents, mais pouvant être munies de dispositifs de fermeture temporaires.

Le franc-bord des vapeurs à shelter-deck doit être déterminé conformément'aux prescriptions données plus haut pour les navires de type ordinaire ayant des superstructures.

L'article 26 s'applique, dans ce cas, aux navires ayant une seule ouverture dans le pont supérieur, et l'article 22 aux navires ayant, à l'avant et à l'arrière, une ou plusieurs ouvertures.

Correction pour la tonture.

Art. **46.** — La correction pour la tonture se calcule conformément à l'article 20 ci-dessus, en relevant la tonture aux extrémités du navire.

Le franc-bord doit subir cette correction avant que la correction pour les superstructures ne soit évaluée.

Correction pour les superstructures.

Art. **47.** — Pour déterminer la correction pour les superstructures, la longueur de celles-ci doit être relevée sans y comprendre celle des ouvertures percées dans le pont, et la correction doit être déterminée d'après cette longueur, réduite, comme il est dit à l'appendice A.

Si cette longueur réduite est égale à l et si L est la longueur du navire à la flottaison, on doit, dans le cas où les ouvertures du pont sont pourvues des dispositifs de fermeture réglementaires, ajouter à l une correction égale à

$$\frac{L - l}{2};$$

dans le cas contraire, on ajoute à l une correction moitié moindre :

$$\frac{L - l}{4}.$$

Dans les deux cas, lorsque le rapport de la largeur des ouvertures à celle du pont par leur travers excède 1/2, les corrections ci-dessus doivent être modifiées proportionnellement à ce rapport.

Dispositif temporaire de fermeture des ouvertures du shelter-deck.

Art. **48.** — Les dispositifs temporaires de fermeture envisagés dans l'article précédent doivent consister en des panneaux mobiles ayant une épaisseur au moins égale à celle exigée pour le bordé en bois des awning-decks par le règlement du bureau Veritas, et dûment tenus en place au moyen d'un dispositif convenable (boulons, saisines, etc.).

Ces panneaux devront être supportés par des barrots mobiles placés soit en long, soit en travers, espacés de 1m50 au plus, et solidement tenus à leurs extrémités.

Le pont doit être convenablement épontillé par le travers des ouvertures.

Sabords.

Art. **49.** — S'il n'existe pas de dispositifs temporaires de fermeture, destinés à être mis en place par mauvais temps, des sabords devront être établis dans la muraille quel que soit le nombre des ouvertures percées dans le shelter-deck.

Ces sabords, qui sont munis de portes à charnières, convenablement disposées, doivent avoir, au minimum, la section donnée par le tableau suivant :

TABLEAU n° 8. — Section totale des sabords de décharge dans les navires à shelter-deck.

Longueur des ouvertures dans le shelter-deck.	Sections des sabords de décharge de chaque bord.	Longueur des ouvertures dans le shelter-deck.	Section des sabords de décharge de chaque bord.
mètres.	décimètres carrés.	mètres.	décimètres carrés.
1,50	41,5	6,00	78,0
3,00	60,0	7,50	82,5
4,50	69,0	»	»

Si la section des sabords est moindre que ne l'indique ce tableau, le franc-bord doit être augmenté de 0,5 0/0 du creux au livet, pourvu toutefois qu'au cas où le navire est traité suivant l'article 22, le franc-bord augmenté n'excède pas celui exigé pour un navire ayant des superstructures de même longueur avec des coffres ouverts.

Correction pour le franc-bord. — Valeur minimum du franc-bord.

Art. **50.** — La correction soustractive pour le franc-bord d'été doit être comprise entre les valeurs données pour cette correction par les tables A et C ; elle est déterminée proportionnellement à la longueur des superstructures servant à l'évaluation de la correction pour les superstructures.

Le franc-bord assigné à un vapeur à shelter-deck ne doit, en aucun cas, être moindre que celui attribué à un navire à awning-deck de mêmes dimensions.

La marque de franc-bord la plus élevée en eau de mer ne doit en aucun cas être placée au dessus du pont principal.

Chapitre VI. — Tables de franc-bord.

Table A. NAVIRES A VAPEUR

Franc-bord d'hiver en eau salée des navires de plus haute cote sans superstructures, autres que les navires à spardeck et à awning-deck.

A¹

CREUX SUR QUILLE AU LIVET DU PONT PRINCIPAL	1^m50	1^m65	1^m80	1^m95	2^m10	2^m25	2^m40	2^m55	2^m70	2^m85	3^m00	3^m15
	Millim.	Millim.	Millim.	Millim.	Millim.	Millim.	Millim.	Millim.	Millim.	Millim.	Millim.	Millim.
Coefficient de tonnage — 0,68	147	173	198	223	248	273	298	323	348	373	398	423
0,70	147	173	198	223	248	273	298	323	348	373	398	423
0,72	160	186	210	235	261	286	311	336	361	386	411	436
0,74	160	186	210	235	261	286	311	336	361	386	411	436
0,76	173	198	224	249	274	298	324	348	374	398	423	448
0,78	173	198	224	249	274	298	324	348	374	398	423	448
0,80	182	211	237	261	286	311	336	361	386	411	436	461
0,82	182	211	237	261	286	311	336	361	386	411	436	461
Longueur du navire	18^m00	19^m80	21^m60	23^m40	25^m20	27^m00	28^m80	30^m60	32^m40	34^m20	36^m00	37^m80
Correction pour une longueur de 1 mètre	6	6	6	6	6,5	6,5	6,5	6,5	6,5	6,5	6,5	7,5
Correction pour le franc-bord d'été	25	25	25	25	25	25	25	25	25	25	25	25

A²

CREUX SUR QUILLE AU LIVET DU PONT PRINCIPAL	3^m30	3^m45	3^m60	3^m75	3^m90	4^m05	4^m20	4^m35	4^m50	4^m65	4^m80	4^m95
	Millim.	Millim.	Millim.	Millim.	Millim.	Millim.	Millim.	Millim.	Millim.	Millim.	Millim.	Millim.
Coefficient de tonnage — 0,68	448	481	511	536	568	598	630	668	699	730	768	806
0,70	448	481	511	536	568	606	636	668	706	744	781	818
0,72	461	494	524	549	582	619	649	681	719	756	793	831
0,74	461	494	524	549	582	619	656	694	731	769	806	844
0,76	473	506	536	562	594	631	669	706	744	781	819	856
0,78	473	506	536	569	607	644	674	706	744	781	819	862
0,80	486	519	549	582	619	656	687	719	757	794	832	875
0,82	486	519	549	582	619	656	694	731	769	806	844	888
Longueur du navire	39^m60	41^m40	43^m20	45^m00	46^m80	48^m60	50^m40	52^m20	54^m00	55^m80	57^m60	59^m40
Correction pour une longueur de 1 mètre	7,5	7,5	7,5	7,5	7,5	7,5	8,5	8,5	8,5	8,5	8,5	8,5
Correction pour le franc-bord d'été	25	25	25	25	25	38	38	38	38	38	38	51

A³

CREUX SUR QUILLE AU LIVET DU PONT PRINCIPAL	5^m10	5^m25	5^m40	5^m55	5^m70	5^m85	6^m00	6^m15	6^m30	6^m45	6^m60	6^m75
	Millim.	Millim.	Millim.	Millim.	Millim.	Millim.	Millim.	Millim.	Millim.	Millim.	Millim.	Millim.
Coefficient de tonnage — 0,68	843	881	918	956	993	1.031	1.073	1.118	1.160	1.206	1.248	1.298
0,70	856	894	931	968	1.006	1.048	1.093	1.135	1.181	1.223	1.273	1.323
0,72	869	906	944	981	1.024	1.069	1.106	1.148	1.193	1.235	1.285	1.336
0,74	881	919	956	994	1.036	1.087	1.132	1.173	1.219	1.261	1.310	1.361
0,76	894	931	969	1.012	1.056	1.099	1.144	1.186	1.232	1.274	1.324	1.373
0,78	906	944	987	1.032	1.074	1.124	1.170	1.211	1.257	1.299	1.349	1.399
0,80	919	956	1.000	1.045	1.087	1.137	1.183	1.224	1.270	1.312	1.362	1.412
0,82	932	969	1.013	1.057	1.100	1.150	1.195	1.236	1.283	1.324	1.374	1.424
Longueur du navire	61^m20	63^m00	64^m80	66^m60	68^m40	70^m20	72^m00	73^m80	75^m60	77^m40	79^m20	81^m00
Correction pour une longueur de 1 mètre	9,0	9,0	9,0	9,0	9,0	9,0	9,0	10,0	10,0	10,0	10,0	10,0
Correction pour le franc-bord d'été	51	51	51	51	51	51	63		63	63	63	63

NAVIRES A VAPEUR *(suite)*

Franc-bord d'hiver en eau salée des navires de plus haute cote sans superstructures,
autres que les navires à spardeck et à awning-deck.

A⁴

CREUX SUR QUILLE AU LIVET DU PONT PRINCIPAL	6ᵐ90	7ᵐ05	7ᵐ20	7ᵐ35	7ᵐ50	7ᵐ65	7ᵐ80	7ᵐ95	8ᵐ10	8ᵐ25	8ᵐ40	8ᵐ55
	Millim.	Millim.	Millim.	Millim.	Millim.	Millim.	Millim.	Millim.	Millim.	Millim.	Millim.	Millim.
Coefficient de tonnage. 0,68...	1.348	1.398	1.448	1.500	1.563	1.624	1.675	1.735	1.787	1.849	1.910	1.961
0,70...	1.373	1.422	1.473	1.523	1.576	1.637	1.687	1.748	1.794	1.861	1.923	1.985
0,72...	1.386	1.435	1.486	1.539	1.602	1.662	1.713	1.773	1.824	1.887	1.949	2.011
0,74...	1.411	1.461	1.511	1.561	1.614	1.674	1.725	1.789	1.850	1.912	1.974	2.036
0,76...	1.424	1.474	1.524	1.577	1.640	1.699	1.751	1.814	1.875	1.937	1.999	2.061
0,78...	1.449	1.498	1.548	1.598	1.652	1.713	1.764	1.827	1.888	1.950	2.013	2.075
0,80...	1.462	1.512	1.562	1.615	1.678	1.737	1.789	1.852	1.914	1.976	2.038	2.101
0,82...	1.474	1.527	1.587	1.640	1.703	1.763	1.814	1.877	1.939	2.001	2.063	2.126
Longueur du navire..	82ᵐ80	84ᵐ60	86ᵐ40	88ᵐ20	90ᵐ00	91ᵐ80	93ᵐ60	95ᵐ40	97ᵐ20	99ᵐ00	100ᵐ80	102ᵐ60
Correction pour une longueur de 1 mètre..	10,0	10,0	11,0	11,0	11,0	11,0	11,0	11,5	11,5	11,5	11,5	11,5
Correction pour le franc-bord d'été.....	76	76	76	76	76	89	89	89	89	101	101	101

A⁵

CREUX SUR QUILLE AU LIVET DU PONT PRINCIPAL	8ᵐ70	8ᵐ85	9ᵐ00	9ᵐ15	9ᵐ30	9ᵐ45	9ᵐ60	9ᵐ75	9ᵐ90	10ᵐ05	10ᵐ20	10ᵐ35
	Millim.	Millim.	Millim.	Millim.	Millim.	Millim.	Millim.	Millim.	Millim.	Millim.	Millim.	Millim.
Coefficient de tonnage. 0,68...	2.010	2.060	2.110	2.172	2.236	2.297	2.361	2.423	2.474	2.535	2.598	2.661
0,70...	2.036	2.099	2.149	2.211	2.274	2.336	2.399	2.462	2.511	2.574	2.636	2.699
0,72...	2.061	2.124	2.174	2.236	2.300	2.362	2.424	2.487	2.537	2.599	2.662	2.724
0,74...	2.087	2.149	2.200	2.262	2.325	2.387	2.450	2.512	2.575	2.637	2.700	2.762
0,76...	2.112	2.174	2.225	2.287	2.351	2.413	2.475	2.539	2.600	2.664	2.725	2.788
0,78...	2.137	2.200	2.263	2.325	2.388	2.450	2.513	2.576	2.638	2.701	2.763	2.826
0,80...	2.163	2.226	2.289	2.351	2.414	2.476	2.539	2.601	2.664	2.726	2.789	2.851
0,82...	2.189	2.251	2.314	2.376	2.439	2.501	2.564	2.627	2.689	2.752	2.814	2.874
Longueur du navire..	104ᵐ40	106ᵐ20	108ᵐ00	109ᵐ80	111ᵐ60	113ᵐ40	115ᵐ20	117ᵐ00	118ᵐ80	120ᵐ60	122ᵐ40	124ᵐ20
Correction pour une longueur de 1 mètre..	12,5	12,5	12,5	12,5	12,5	13,5	13,5	13,5	13,5	13,5	14,5	14,5
Correction pour le franc-bord d'été.....	101	114	114	114	127	127	127	127	140	140	140	152

A⁶

CREUX SUR QUILLE AU LIVET DU PONT PRINCIPAL	10ᵐ50	10ᵐ65	10ᵐ80	10ᵐ95	11ᵐ10	11ᵐ25	11ᵐ40	11ᵐ55	11ᵐ70	11ᵐ85	12ᵐ00	12ᵐ15
	Millim.	Millim.	Millim.	Millim.	Millim.	Millim.	Millim.	Millim.	Millim.	Millim.	Millim.	Millim.
Coefficient de tonnage. 0,68...	2.723	2.786	2.837	2.888	2.948	3.010	3.072	3.125	3.175	3.225	3.276	3.325
0,70...	2.761	2.812	2.863	2.913	2.973	3.036	3.098	3.160	3.213	3.264	3.314	3.363
0,72...	2.787	2.838	2.899	2.951	3.011	3.074	3.135	3.198	3.251	3.302	3.352	3.401
0,74...	2.825	2.876	2.937	2.989	3.049	3.112	3.174	3.236	3.289	3.340	3.390	3.440
0,76...	2.850	2.912	2.964	3.025	3.087	3.150	3.212	3.273	3.327	3.378	3.428	3.477
0,78...	2.889	2.940	3.001	3.052	3.113	3.175	3.237	3.299	3.353	3.404	3.453	3.513
0,80...	2.914	2.976	3.029	3.089	3.151	3.214	3.275	3.337	3.391	3.441	3.491	3.550
0,82...	2.939	3.001	3.064	3.127	3.189	3.251	3.312	3.375	3.429	3.480	3.529	3.589
Longueur du navire..	126ᵐ00	127ᵐ80	129ᵐ60	131ᵐ40	133ᵐ20	135ᵐ00	136ᵐ80	138ᵐ60	140ᵐ40	142ᵐ20	144ᵐ00	145ᵐ80
Correction pour une longueur de 1 mètre..	14,5	14,5	14,5	14,5	14,5	14,5	14,5	14,5	14,5	14,5	14,5	14,5
Correction pour le franc-bord d'été.....	152	152	152	165	165	165	165	178	178	178	178	190

NAVIRES A VAPEUR (suite)

Franc-bord d'hiver en eau salée des navires de plus haute cote sans superstructures,
autres que les navires à spardeck et à awning-deck.

A⁷

CREUX SUR QUILLE AU LIVET DU PONT PRINCIPAL		12m30	12m45	12m60	12m75	12m90	13m05	13m20	13m35	13m50	13m65	13m80	13m95
		Millim.	Millim.	Millim.	Millim.	Millim.	Millim.	Millim.	Millim.	Millim.	Millim.	Millim.	Millim.
Coefficient de tonnage.	0,68...	3.375	3.425	3.483	3.538	3.595	3.642	3.687	3.730	3.768	3.813	3.863	3.916
	0,70...	3.413	3.463	3.521	3.575	3.633	3.688	3.738	3.780	3.818	3.857	3.901	3.944
	0,72...	3.451	3.501	3.559	3.613	3.671	3.726	3.777	3.819	3.856	3.895	3.939	3.989
	0,74...	3.489	3.539	3.597	3.652	3.709	3.764	3.814	3.857	3.895	3.940	3.990	4.040
	0,76...	3.528	3.577	3.635	3.689	3.748	3.802	3.852	3.895	3.939	3.991	4.041	4.092
	0,78...	3.565	3.608	3.670	3.728	3.786	3.841	3.891	3.940	3.990	4.034	4.078	4.129
	0,80...	3.603	3.653	3.711	3.766	3.824	3.878	3.929	3.978	4.028	4.073	4.117	4.167
	0,82...	3.642	3.699	3.762	3.817	3.874	3.929	3.980	4.029	4.079	4.123	4.168	4.211
Longueur du navire..		147m60	149m40	151m20	153m00	154m80	156m60	158m40	160m20	162m00	163m80	165m60	167m40
Correction pour une longueur de 1 mètre..		14,5	14,5	14,5	14,5	14,5	14,5	14,5	14,5	14,5	14,5	14,5	14,5
Correction pour le franc-bord d'été.....		190	190	190	203	203	203	203	216	216	216	216	228

A⁸

CREUX SUR QUILLE AU LIVET DU PONT PRINCIPAL		14m10	14m25	14m40	14m55	14m70	14m85	15m00	»	»	»	»	»
		Millim.	Millim.	Millim.	Millim.	Millim.	Millim.	Millim.	Millim.	Millim.	Millim.	Millim.	Millim.
Coefficient de tonnage.	0,68...	3.943	3.981	4.018	4.063	4.107	4.144	4.181	»	»	»	»	»
	0,70...	3.982	4.019	4.057	4.101	4.144	4.187	4.232	»	»	»	»	»
	0,72...	4.032	4.070	4.107	4.152	4.195	4.233	4.270	»	»	»	»	»
	0,74...	4.083	4.121	4.158	4.202	4.246	4.283	4.321	»	»	»	»	»
	0,76...	4.135	4.172	4.209	4.253	4.297	4.334	4.371	»	»	»	»	»
	0,78...	4.172	4.210	4.247	4.291	4.335	4.372	4.410	»	»	»	»	»
	0,80...	4.211	4.248	4.285	4.329	4.373	4.410	4.448	»	»	»	»	»
	0,82...	4.255	4.299	4.336	4.380	4.424	4.461	4.499	»	»	»	»	»
Longueur du navire..		169m20	171m00	172m80	174m60	176m40	178m20	180m00	»	»	»	»	»
Correction pour une longueur de 1 mètre..		14,5	14,5	14,5	14,5	14,5	14,5	14,5	»	»	»	»	»
Correction pour le franc-bord d'été.....		228	228	228	228	241	241	241	»	»	»	»	»

NAVIRES A VAPEUR (suite)

Table B.

B¹   Franc-bord d'hiver en eau salée des navires à spardeck de plus haute cote.

CREUX SUR QUILLE AU LIVET DU PONT PRINCIPAL		3m87	4m02	4m17	4m32	4m47	4m62	4m77	4m92	5m07	5m22	5m37	5m52
		Millim.	Millim.	Millim.	Millim.	Millim.	Millim.	Millim.	Millim.	Millim.	Millim.	Millim.	Millim.
Coefficient de tonnage.	0,68. . .	1.635	1.660	1.685	1.710	1.735	1.760	1.785	1.810	1.838	1.872	1.900	1.937
	0,70. . .	1.647	1.673	1.697	1.723	1.747	1.772	1.798	1.822	1.850	1.888	1.926	1.963
	0,72. . .	1.660	1.686	1.710	1.735	1.760	1.785	1.810	1.835	1.863	1.900	1.938	1.975
	0,74. . .	1.673	1.698	1.723	1.748	1.773	1.798	1.823	1.848	1.876	1.913	1.951	1.988
	0,76. . .	1.686	1.711	1.736	1.761	1.786	1.810	1.836	1.860	1.889	1.926	1.963	2.001
	0,78. . .	1.698	1.723	1.748	1.773	1.798	1.823	1.849	1.873	1.901	1.939	1.976	2.014
	0,80. . .	1.711	1.736	1.761	1.786	1.811	1.836	1.861	1.886	1.914	1.952	1.989	2.026
	0,82. . .	1.723	1.749	1.774	1.799	1.823	1.848	1.873	1.898	1.926	1.964	2.001	2.039
Longueur du navire . .		72m00	73m80	75m60	77m40	79m20	81m00	82m80	84m60	86m40	88m20	90m00	91m80
Correction pour une longueur de 1 mètre . .		7,5	7,5	7,5	7,5	7,5	7,5	7,5	8,5	8,5	8,5	8,5	8,5
Correction pour le franc-bord d'été.		51	51	51	51	51	63	63	63	63	76	76	76

B²

CREUX SUR QUILLE AU LIVET DU PONT PRINCIPAL		5m67	5m82	5m97	6m12	6m27	6m42	6m57	6m72	6m87	7m02	7m17	7m32
		Millim.	Millim.	Millim.	Millim.	Millim.	Millim.	Millim.	Millim.	Millim.	Millim.	Millim.	Millim.
Coefficient de tonnage.	0,68. . .	1.977	2.026	2.065	2.113	2.152	2.202	2.253	2.314	2.365	2.428	2.491	2.554
	0,70. . .	2.003	2.051	2.091	2.139	2.177	2.228	2.278	2.340	2.391	2.454	2.516	2.579
	0,72. . .	2.015	2.064	2.103	2.151	2.190	2.240	2.291	2.353	2.404	2.466	2.529	2.591
	0,74. . .	2.028	2.077	2.115	2.166	2.216	2.266	2.317	2.378	2.430	2.492	2.554	2.617
	0,76. . .	2.041	2.089	2.128	2.178	2.228	2.278	2.329	2.391	2.442	2.504	2.567	2.630
	0,78. . .	2.054	2.102	2.141	2.191	2.241	2.291	2.342	2.404	2.455	2.517	2.579	2.643
	0,80. . .	2.066	2.114	2 153	2.203	2.253	2.305	2.354	2.416	2.467	2.530	2.592	2.655
	0,82. . .	2.079	2.127	2.166	2.217	2.266	2.316	2.368	2.429	2.480	2.543	2.618	2.681
Longueur du navire . .		93m60	95m40	97m20	99m00	100m80	102m60	104m40	106m20	108m00	109m80	111m60	113m40
Correction pour une longueur de 1 mètre . .		8,5	9,0	9,0	9,0	9,0	9,0	10,0	10,0	10,0	10,0	10,0	11,0
Correction pour le franc-bord d'été.		76	89	89	89	101	101	101	114	114	114	127	127

B³

CREUX SUR QUILLE AU LIVET DU PONT PRINCIPAL		7m47	7m62	7m77	7m92	8m07	8m22	8m37	8m52	8m67	8m82	8m97	9m12
		Millim.	Millim.	Millim.	Millim.	Millim.	Millim.	Millim.	Millim.	Millim.	Millim.	Millim.	Millim.
Coefficient de tonnage.	0,68. . .	2.615	2.678	2.740	2.803	2.877	2.940	3.014	3.090	3.165	3.250	3.327	3.412
	0,70. . .	2.640	2.703	2.765	2.828	2.902	2.966	3.040	3.115	3.190	3.275	3.352	3.438
	0,72. . .	2.654	2.716	2.791	2.853	2.928	2.991	3.065	3.140	3.215	3.300	3.378	3.463
	0,74. . .	2.679	2.741	2.816	2.879	2.954	3.017	3.090	3.165	3.240	3 326	3.403	3.489
	0,76. . .	2.692	2.754	2.829	2.892	2.966	3.041	3.116	3.191	3.266	3.352	3.429	3.515
	0,78. . .	2.719	2.779	2.854	2.917	2.992	3.067	3.141	3.215	3.292	3.378	3.454	3.540
	0,80. . .	2.730	2.792	2.867	2.930	3.004	3.079	3.154	3.229	3.304	3.390	3.477	3.565
	0,82. . .	2.755	2.817	2.893	2.955	3.030	3.105	3.179	3.255	3.330	3.415	3.503	3.591
Longueur du navire . .		115m20	117m00	118m80	120m60	122m40	124m20	126m00	127m80	129m60	131m40	133m20	135m00
Correction pour une longueur de 1 mètre . .		11,0	11,0	11,0	11,0	11,5	11,5	11,5	11,5	12,5	12,5	12,5	12,5
Correction pour le franc-bord d'été.		127	140	140	140	140	152	152	152	152	165	165	165

NAVIRES A VAPEUR *(suite)*

Table C.

C¹   Franc-bord d'hiver en eau salée des navires à awning-deck de plus haute cote.

CREUX SUR QUILLE AU LIVET DU PONT PRINCIPAL	2m40	2m55	2m70	2m85	3m00	3m15	3m30	3m45	3m60	3m75	3m90	4m05
	Millim.	Millim.	Millim.	Millim.	Millim.	Millim.	Millim.	Millim.	Millim.	Millim.	Millim.	Millim
Coefficient de tonnage. — 0,66. . .	25	25	34	38	47	51	59	63	71	83	96	108
0,68. . .	25	25	34	38	47	51	59	63	71	83	96	108
0,70. . .	25	25	34	38	47	51	59	63	71	83	96	108
0,72. . .	38	38	47	51	59	63	71	76	83	96	108	121
0,74. . .	38	38	47	51	59	63	71	76	83	96	108	121
0,76. . .	38	38	47	59	63	72	76	84	96	109	121	134
0,78. . .	38	38	47	59	63	72	76	84	96	109	121	134
0,80. . .	51	51	59	72	76	85	89	97	110	122	134	147
Longueur du navire . .	28m80	30m60	32m40	34m20	36m00	37m80	39m60	41m40	43m20	45m00	46m80	48m60
Correction pour une longueur de 1 mètre . .	3,5	3,5	3,5	3,5	3,5	4,0	4,0	4,0	4,0	4,0	4,0	4,0
Correction pour le franc-bord d'été.	51	51	51	51	51	51	51	51	51	51	51	51

C²

CREUX SUR QUILLE AU LIVET DU PONT PRINCIPAL	4m20	4m35	4m50	4m65	4m80	4m95	5m10	5m25	5m40	5m55	5m70	5m85
	Millim.	Millim.	Millim.	Millim.	Millim.	Millim.	Millim.	Millim.	Millim.	Millim.	Millim.	Millim
Coefficient de tonnage. — 0,66. . .	121	133	146	158	171	184	202	221	239	264	290	319
0,68. . .	121	133	146	158	171	184	202	234	239	264	290	319
0,70. . .	128	146	159	171	184	196	214	234	252	277	302	332
0,72. . .	134	146	159	171	190	209	227	247	265	290	315	344
0,74. . .	140	159	171	184	196	209	227	247	265	290	320	352
0,76. . .	146	159	171	184	203	222	240	260	278	302	327	358
0,78. . .	154	172	184	197	215	234	253	272	290	315	340	370
0,80. . .	160	172	184	197	215	234	253	272	290	315	340	370
Longueur du navire . .	50m40	52m20	54m00	55m80	57m60	59m40	61m20	63m00	64m80	66m60	68m40	70m20
Correction pour une longueur de 1 mètre . .	4,0	4,0	4,0	4,0	4,0	4,0	4,0	4,0	4,0	5,0	5,0	5,0
Correction pour le franc-bord d'été.	51	51	51	51	51	63	63	63	63	76	76	76

C³

CREUX SUR QUILLE AU LIVET DU PONT PRINCIPAL	6m00	6m15	6m30	6m45	6m60	6m75	6m90	7m05	7m20	7m35	7m50	7m65
	Millim.	Millim.	Millim.	Millim.	Millim.	Millim.	Millim.	Millim.	Millim.	Millim.	Millim.	Millim.
Coefficient de tonnage. — 0,66. . .	352	381	415	444	474	493	531	569	606	646	694	734
0,68. . .	352	381	415	444	477	505	544	581	619	659	706	746
0,70. . .	364	394	427	456	490	519	556	594	632	671	719	759
0,72. . .	377	407	440	469	503	531	569	607	644	684	732	772
0,74. . .	377	407	440	469	503	531	569	607	647	697	744	784
0,76. . .	390	419	453	482	516	544	582	619	660	710	757	798
0,78. . .	403	432	466	494	528	557	595	632	673	722	770	810
0,80. . .	408	445	478	507	541	570	607	645	685	736	783	833
Longueur du navire . .	72m00	73m80	75m60	77m40	79m20	81m00	82m80	84m60	86m40	88m20	90m00	91m80
Correction pour une longueur de 1 mètre . .	5,0	5,0	5,0	5,0	5,0	5,0	5,0	5,0	5,0	5,0	6,0	6,0
Correction pour le franc-bord d'été.	76	89	89	89	89	101	˙101	101	114	114	114	127

NAVIRES A VAPEUR (suite)

C⁴   Franc-bord d'hiver en eau salée des navires à awning-deck de plus haute cote.

CREUX SUR QUILLE AU LIVET DU PONT PRINCIPAL	7m80	7m95	8m10	8m25	8m40	8m55	8m70	8m85	9m00	9m15	9m30	9m45
	Millim.	Millim.	Millim.	Millim.	Millim.	Millim.	Millim.	Millim.	Millim.	Millim.	Millim.	Millim.
Coefficient de tonnage. 0,66	781	821	873	934	984	1.034	1.084	1.134	1.184	1.234	1.297	1.360
0,68	794	834	885	946	996	1.046	1.096	1.146	1.197	1.260	1.322	1.385
0,70	807	847	898	959	1.009	1.058	1.110	1.159	1.210	1.272	1.335	1.397
0,72	820	860	911	972	1.022	1.072	1.122	1.172	1.235	1.298	1.360	1.424
0,74	832	872	924	984	1.034	1.084	1.134	1.185	1.248	1.311	1.372	1.435
0,76	847	897	949	1.010	1.060	1.110	1.160	1.211	1.273	1.336	1.398	1.461
0,78	860	910	962	1.022	1.072	1.123	1.172	1.223	1.286	1.349	1.411	1.473
0,80	873	923	974	1.035	1.085	1.135	1.185	1.236	1.299	1.362	1.424	1.487
Longueur du navire	93m60	95m40	97m20	99m00	100m80	102m60	104m40	106m20	108m00	109m80	111m60	113m40
Correction pour une longueur de 1 mètre	6,0	6,0	6,0	6,0	6,0	6,0	6,0	6,0	6,5	6,5	6,5	6,5
Correction pour le franc-bord d'été	127	127	140	140	140	140	152	152	152	152	152	152

C⁵

CREUX SUR QUILLE AU LIVET DU PONT PRINCIPAL	9m60	9m75	9m90	10m05	10m20	10m35	Pour les vapeurs de plus de 10m35 de creux, on obtient le franc-bord en réduisant de la quantité ci-dessous les francs-bords donnés par la table A.
	Millim.	Millim.	Millim.	Millim.	Millim.	Millim.	Millim.
Coefficient de tonnage. 0,66	1.422	1.484	1.547	1.609	1.672	1.723	915
0,68	1.447	1.510	1.572	1.635	1.697	1.748	915
0,70	1.460	1.522	1.585	1.648	1.710	1.760	940
0,72	1.486	1.548	1.610	1.673	1.735	1.786	940
0,74	1.498	1.560	1.622	1.685	1.748	1.799	965
0,76	1.524	1.586	1.648	1.711	1.774	1.824	965
0,78	1.536	1.599	1.661	1.724	1.786	1.836	990
0,80	1.549	1.612	1.674	1.737	1.800	1.861	990
Longueur du navire	115m20	117m00	118m80	120m60	122m40	124m20	»
Correction pour une longueur de 1 mètre	6,5	6,5	6,5	6,5	6,5	6,5	»
Correction pour le franc-bord d'été	165	165	165	165	165	165	»

NAVIRES A VOILES

Table D.

D¹ Franc-bord en eau salée des navires à voiles, en bois, en acier ou composites, de plus haute cote.

COEFFICIENT DE TONNAGE			CREUX SUR QUILLE AU LIVET DU PONT PRINCIPAL											
Bois	Compo-sites	Fer ou acier	1m60	1m75	1m90	2m05	2m20	2m35	2m50	2m65	2m80	2m95	3m10	3m25
			Millim.	Millim.	Millim.	Millim.	Millim.	Millim.	Millim.	Millim.	Millim.	Millim.	Millim.	Millim.
»	»	0,64	203	226	253	278	303	328	353	378	403	428	453	478
»	0,64	0,66	203	226	253	278	303	328	353	378	403	428	453	478
»	0,66	0,68	215	239	266	291	316	341	365	391	415	441	466	491
0,64	0,68	0,70	215	239	266	291	316	341	365	391	415	441	466	495
0,66	0,70	0,72	228	251	278	303	328	353	378	403	428	453	478	507
0,68	0,72	0,74	228	251	278	303	328	353	378	403	428	453	478	507
0,70	0,74	»	241	264	291	316	341	366	391	416	441	466	491	520
0,72	»	»	241	264	291	316	341	366	391	416	441	466	495	532
Longueur du navire .			16m00	17m50	19m00	20m50	22m00	23m50	25m00	26m50	28m00	29m50	31m00	32m50
Correction pour une longueur de 1 mètre			6,5	6,5	6,5	6,5	6,5	6,5	6,5	6,5	7,5	7,5	7,5	7,50

D²

COEFFICIENT DE TONNAGE			CREUX SUR QUILLE AU LIVET DU PONT PRINCIPAL											
Bois	Compo-sites	Fer ou acier	3m40	3m55	3m70	3m85	4m00	4m15	4m30	4m45	4m60	4m75	4m90	5m05
			Millim.	Millim.	Millim.	Millim.	Millim.	Millim.	Millim.	Millim.	Millim.	Millim.	Millim.	Millim.
»	»	0,64	507	544	578	607	644	679	706	744	781	819	856	894
»	0,64	0,66	507	544	582	620	657	691	720	756	794	831	869	906
»	0,66	0,68	520	557	595	632	670	704	732	770	807	844	882	919
0,64	0,68	0,70	532	570	607	645	682	716	745	782	820	857	895	931
0,66	0,70	0,72	545	582	620	657	695	729	757	795	832	870	907	944
0,68	0,72	0,74	545	582	620	657	695	732	770	808	845	882	920	957
0,70	0,74	»	558	595	633	670	708	745	783	820	858	895	933	970
0,72	»	»	570	608	645	683	720	758	796	833	870	908	945	982
Longueur du navire .			34m00	35m50	37m00	38m50	40m00	41m50	43m00	44m50	46m00	47m50	49m00	50m50
Correction pour une longueur de 1 mètre			7,5	8,5	8,5	8,5	8,5	8,5	8,5	9,0	9,0	9,0	9,0	9,0

D³

COEFFICIENT DE TONNAGE			CREUX SUR QUILLE AU LIVET DU PONT PRINCIPAL											
Bois	Compo-sites	Fer ou acier	5m20	5m35	5m50	5m65	5m80	5m95	6m10	6m25	6m40	6m55	6m70	6m85
			Millim.	Millim.	Millim.	Millim.	Millim.	Millim.	Millim.	Millim.	Millim.	Millim.	Millim.	Millim.
»	»	0,64	931	969	1.006	1.044	1.080	1.118	1.156	1.193	1.234	1.269	1.307	1.344
»	0,64	0,66	944	981	1.019	1.056	1.094	1.131	1.169	1.206	1.244	1.294	1.332	1.369
»	0,66	0,68	957	994	1.032	1.069	1.106	1.144	1.181	1.219	1.257	1.306	1.345	1.382
0,64	0,68	0,70	969	1.006	1.044	1.082	1.119	1.156	1.194	1.232	1.270	1.320	1.358	1.394
0,66	0,70	0,72	982	1.020	1.058	1.107	1.144	1.182	1.219	1.257	1.295	1.345	1.383	1.419
0,68	0,72	0,74	995	1.032	1.071	1.120	1.157	1.195	1.232	1.270	1.307	1.358	1.396	1.433
0,70	0,74	»	1.007	1.045	1.083	1.132	1.170	1.207	1.244	1.283	1 332	1.371	1.421	1.458
0,72	»	»	1.020	1.057	1.096	1.145	1.182	1.220	1.257	1.296	1.345	1.395	1.433	1.470
Longueur du navire .			52m00	53m50	55m00	56m50	58m00	59m50	61m00	62m50	64m00	65m50	67m00	68m50
Correction pour une longueur de 1 mètre			9,0	9,0	9,0	9,0	10,0	10,0	10,0	10,0	10,0	10,0	10,0	10,0

NAVIRES A VOILES (suite)

Franc-bord en eau salée des navires à voiles, en bois, en acier ou composites, de plus haute cote.

D⁴

COEFFICIENT DE TONNAGE			CREUX SUR QUILLE AU LIVET DU PONT PRINCIPAL											
Bois	Compo-sites	Fer ou acier	7ᵐ00	7ᵐ15	7ᵐ30	7ᵐ45	7ᵐ60	7ᵐ75	7ᵐ90	8ᵐ05	8ᵐ20	»	»	»
			Millim.	Millim.	Millim.	Millim.	Millim.	Millim.	Millim.	Millim.	Millim.	Millim.	Millim.	Millim.
»	»	0,64	1.381	1.418	1.469	1.507	1.556	1.595	1.633	1.683	1.730	»	»	»
»	0,64	0,66	1.407	1.444	1.483	1.520	1.568	1.608	1.655	1.706	1.755	»	»	»
»	0,66	0,68	1.419	1.457	1.507	1.545	1.594	1.633	1.680	1.731	1.781	»	»	»
0,64	0,68	0,70	1.432	1.469	1.520	1.558	1.607	1.646	1.693	1.744	1.794	»	»	»
0,66	0,70	0,72	1.457	1.494	1.545	1.583	1.632	1.671	1.719	1.770	1.819	»	»	»
0,68	0,72	0,74	1.470	1.508	1.558	1.597	1.645	1.684	1.732	1.782	1.831	»	»	»
0,70	0,74	»	1.495	1.533	1.583	1.622	1.670	1.709	1.747	1.807	1.857	»	»	»
0,72	»	»	1.520	1.558	1.609	1.647	1.694	1.735	1.783	1.832	1.882	»	»	»
Longueur du navire.			70ᵐ00	71ᵐ50	73ᵐ00	74ᵐ50	76ᵐ00	77ᵐ50	79ᵐ00	80ᵐ50	82ᵐ00	»	»	»
Correction pour une longueur de 1 mètre			11,0	11,0	11,0	11,0	11,0	11,0	11,0	11,0	11,5	»	»	»

D⁵

COEFFICIENT DE TONNAGE	CREUX SUR QUILLE AU LIVET DU PONT PRINCIPAL											
Fer ou en acier	8ᵐ35	8ᵐ50	8ᵐ65	8ᵐ80	8ᵐ95	9ᵐ10	9ᵐ25	9ᵐ40	»	»	»	»
	Millim.	Millim.	Millim.	Millim.	Millim.	Millim.	Millim.	Millim.	Millim.	Millim.	Millim.	Millim.
0,64	1.780	1.830	1.870	1.917	1.967	2.018	2.068	2.117	»	»	»	»
0,66	1.805	1.855	1.896	1.943	1.993	2.044	2.093	2.143	»	»	»	»
0,68	1.831	1.871	1.918	1.969	2.018	2.069	2.118	2.168	»	»	»	»
0,70	1.843	1.893	1.944	1.994	2.044	2.094	2.144	2.194	»	»	»	»
0,72	1.869	1.919	1.969	2.006	2.056	2.106	2.156	2.206	»	»	»	»
0,74	1.881	1.931	1.972	2.019	2.069	2.119	2.169	2.219	»	»	»	»
0,76	1.906	1.956	1.998	2.044	2.094	2.145	2.195	2.244	»	»	»	»
Longueur du navire .	83ᵐ50	85ᵐ00	86ᵐ50	88ᵐ00	89ᵐ50	91ᵐ00	92ᵐ50	94ᵐ00	»	»	»	»
Correction pour une longueur de 1 mètre	11,5	11,5	11,5	11,5	11,5	12,5	12,5	12,5	»	»	»	»

Appendice A

Dimensions caractéristiques normales et conditions de construction des superstructures. — Prescriptions relatives à leur mesurage et aux dispositifs de fermeture de leurs ouvertures.

ART. 1ᵉʳ. — Les dispositions des articles 21 à 27 inclus s'appliquent exclusivement aux superstructures solidement établies, s'étendant jusqu'en abord, et pourvues d'un bordé extérieur continuant le bordé de muraille du navire.

Il n'est apporté aucune modification au franc-bord pour des roufles ou autres constructions ne s'étendant pas jusqu'en abord.

(marge: Nature des superstructures entrant dans le calcul du franc-bord.*)*

ART. 2. — La hauteur normale du gaillard est de 1ᵐ83, mesurée de face supérieure des barrots à face supérieure des barrots. Aucune bonification ne doit être apportée au franc-bord lorsque le gaillard ou demi-gaillard a une hauteur inférieure à 1ᵐ20.

(marge: Hauteur normale des gaillards.*)*

ART. 3. — La hauteur normale d'un château est de 1ᵐ83, mesurée de face supérieure des barrots à face supérieure des barrots.

(marge: Hauteur normale des châteaux.*)*

ART. 4. — A. — *Ponts surélevés des vapeurs.* — La hauteur normale des ponts surélevés des vapeurs est donnée dans le tableau suivant :

(marge: Hauteur normale des ponts surélevés.*)*

TABLEAU Nº 1. — **Hauteur des ponts surélevés.**

Longueur du navire.	Hauteur normale du pont surélevé.
15 mètres	0ᵐ70
30 mètres	0,90
75 mètres	1,20
120 mètres	1,80

Pour des longueurs de navires intermédiaires, la hauteur normale du pont surélevé se détermine par interpolation.

B. — *Ponts surélevés des navires à awning-deck partiel et des navires à voiles.* — Dans ces navires, la hauteur normale du pont surélevé est de 1ᵐ20 dans tous les cas.

Si, dans les navires à awning-deck partiel, la hauteur du pont surélevé est moindre que la hauteur normale, il doit être apporté au franc-bord une correction additive suivant les indications du tableau ci-après :

TABLEAU Nº 2ᴬ. — **Correction pour la hauteur du pont surélevé des navires à awning-deck partiel.**

HAUTEUR DU PONT SURÉLEVÉ	CREUX SUR QUILLE AU LIVET DU PONT PRINCIPAL						
	3ᵐ10	3ᵐ75	4ᵐ35	4ᵐ95	5ᵐ55	6ᵐ15	6ᵐ75
	millim.	millim.	millim.	millim.	millim.	millim.	millim.
1,05	»	6,0	12,5	12,5	12,5	19,0	19,0
0,90	12,5	19,0	25,5	25,5	31,5	38,0	44,5
0,75	25,5	31,5	38,0	44,5	51,0	63,5	76,0
0,60	38,0	44,5	57,0	70,0	82,5	95,0	114,0
0,45	51,0	63,5	76,0	95,0	108,0	127,0	153,0

Ce tableau s'applique à des ponts surélevés s'étendant sur 4/10 de la longueur du navire.
Lorsque la longueur est plus petite ou plus grande, il est fait une correction proportionnelle.

ART. 5. — La longueur des superstructures doit être relevée en dedans des perpendiculaires aux extrémités de la flottaison en charge. En d'autres termes, toute portion des superstructures située en dehors de ces perpendiculaires n'entre pas dans l'évaluation de la longueur.

(marge: Limites des superstructures.*)*

ART. 6. — Suivant le système de construction du gaillard, la longueur de cette superstructure se mesure comme l'indiquent les croquis ci-après (*fig.* 1 A) en tenant compte de la restriction posée à l'article 5 ci-dessus :

(marge: Longueur des gaillards.*)*

a. — Gaillard fermé à sa partie arrière :

$$\mathcal{L} = A. \qquad [Fig. 1 \text{ A.}] \ (a)$$

b. — Gaillard fermé à sa partie arrière et prolongé par des constructions latérales jusqu'à l'arrière desquelles s'étend le pont du gaillard :

$$\mathcal{L} = A + B \qquad \text{si } A + B < \frac{L}{8}.$$

$$\mathcal{L} = A + \frac{B}{2} \qquad \text{si } A > \frac{L}{8}.$$

$$\mathcal{L} = \frac{L}{16} + \frac{A+B}{2} \qquad \text{si } A < \frac{L}{8} < A + B.$$

$$[Fig. 1 \text{ A.}] \ b)$$

c. Gaillard fermé à sa partie arrière et prolongé par des constructions latérales entre lesquelles ne s'étend pas le pont des gaillards :

$$\mathcal{L} = A + C \, \frac{B_1 - B_2}{B_1}.$$

[*Fig. 1 A.*] *(d)*

d. Gaillard ouvert à sa partie arrière :

$$\mathcal{L} = A \, ;$$

ou si

$$A > \frac{L}{8}. \quad \mathcal{L} = \frac{L}{16} + \frac{A}{2}.$$

[Fig. *1* A.] *(c)*

Dans ces formules, L est la longueur du navire.

Si la hauteur du gaillard est inférieure à la hauteur normale définie à l'article 2 ci-dessus, la longueur **L** doit être diminuée dans le rapport de ces hauteurs.

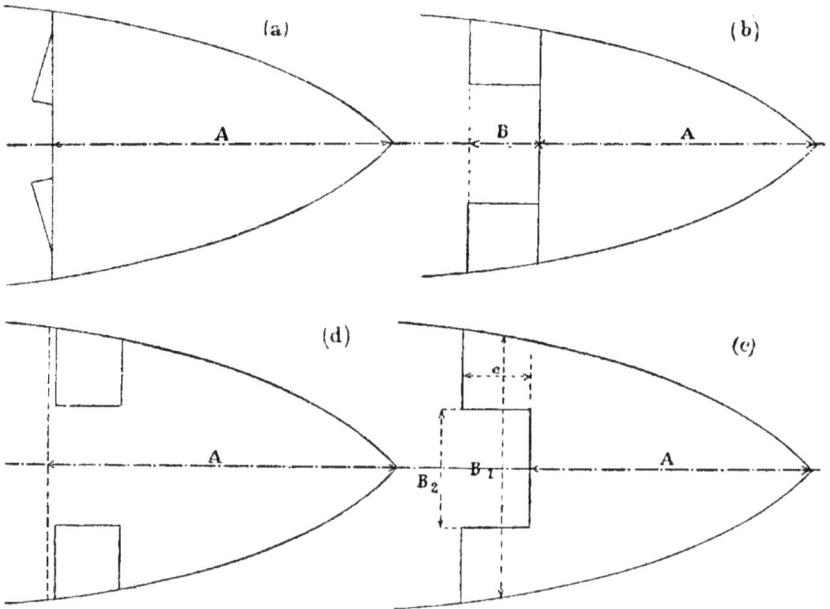

Fig 1 A

Longueur
des châteaux.

ART. **7.** — Lorsque les châteaux sont pourvus à leurs deux extrémités de cloisons solidement établies, leur longueur se mesure de cloison à cloison.

Si les murailles et le pont du château s'étendent à l'avant au delà de la cloison fronteau, on ajoute à la longueur mesurée de cloison à cloison la moitié de la saillie des murailles et du pont.

Si cette disposition existe à l'arrière du château, on ajoute à la longueur les trois quarts de la saillie des murailles et du pont à l'arrière de la cloison.

Lorsque le château est ouvert à ses deux extrémités, c'est-à-dire lorsqu'il n'existe pas de cloisons extrêmes ou que ces cloisons ne sont pas pourvues des dispositifs de fermeture réglementaires, on prend comme longueur, pour l'évaluation des corrections pour les superstructures, la moitié de la longueur totale du château.

La longueur pour l'évaluation des corrections pour les superstructures est supposée égale aux trois quarts de la longueur totale du château lorsque celui-ci est pourvu à l'avant d'une cloison solidement établie et fermée, mais est ouvert à sa partie arrière.

Dans tous les cas, les ouvertures percées au-dessous du pont du château doivent être pourvues de dispositifs de fermetures efficaces.

Les dispositions précédentes s'appliquent aux châteaux recouvrant, dans les navires à vapeur, l'encaissement des machines et chaudières.

Lorsque le château ne recouvre pas cet encaissement, on prend comme longueur, pour l'évaluation des corrections pour les superstructures, la moitié de la longueur déterminée comme il est dit dans chacun des cas envisagés.

Art. **8.** — Lorsque les dunettes sont pourvues à leur extrémité avant d'une cloison fronteau fermée et solidement établie, leur longueur se mesure depuis cette cloison jusqu'à la perpendiculaire arrière. Longueur des dunettes et ponts surélevés.

Lorsque les dunettes sont ouvertes à leur extrémité avant, on prend comme longueur, pour l'évaluation de la correction pour les superstructures, la moitié de la longueur mesurée comme il vient d'être dit.

Il doit exister dans ce cas, dans les murailles de la dunette, des sabords et dalots pour l'évacuation de l'eau.

Lorsque les dunettes se prolongent à l'avant, comme l'indiquent les croquis ci-après (*Fig. 2 A*), la longueur

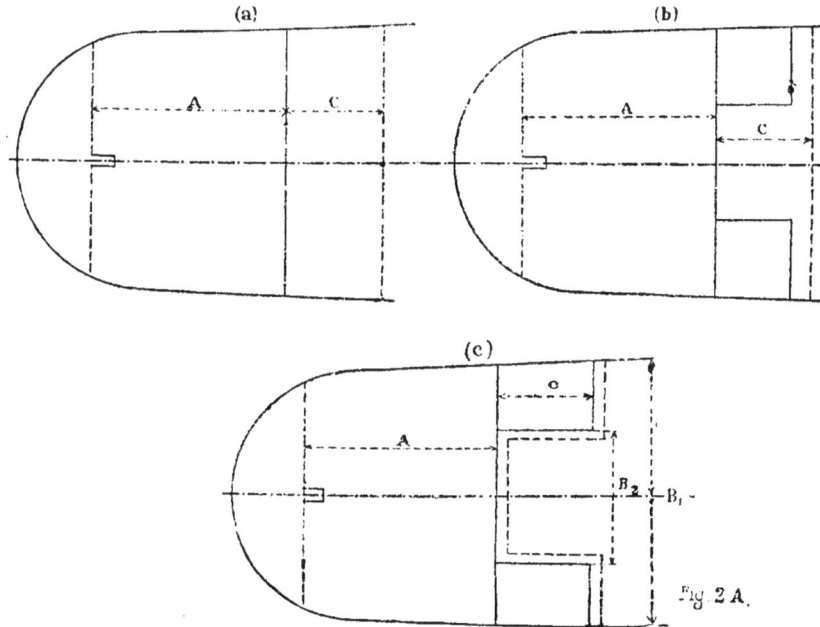

Fig. 2 A.

pour l'évaluation de la correction pour les superstructures est déterminée dans le cas des figures *a* et *b*, par l'expression :

$$L = A + \frac{C}{2}$$

et, dans le cas de la figure *c* :

$$L = A + C.\frac{B_1 - B_2}{B_1}$$

Pour les ponts surélevés ayant une hauteur inférieure à la hauteur normale, la longueur pour l'évaluation de la correction pour les superstructures est réduite dans le rapport de la hauteur réelle à la hauteur normale.

Art. 9. — Les dispositions du présent règlement relatives aux réductions apportées au franc-bord pour les superstructures ne s'appliquent intégralement que si celles-ci sont construites et échantillonnées conformément aux indications du règlement du Bureau Veritas ou d'une façon équivalente.

Dans le cas où cette condition n'est qu'imparfaitement remplie, la correction pour les superstructures doit subir une réduction.

Système de fermeture
des ouvertures
percées dans
les cloisons extrêmes
des
superstructures.

Art. 10. — Pour l'application des articles 6, 7 et 8 ci-dessus, on considère les cloisons extrêmes des superstructures comme fermées lorsque leurs ouvertures, ne dépassant pas 1^m,20 de large, sont pourvues d'un des systèmes de fermeture suivants :

a) Porte à charnière (cette porte doit être en tôle pour la cloison-fronteau du château des navires à well-deck).

b) Panneaux mobiles en tôle, tenus par des boulons et des écrous, les boulons traversant le panneau et la cloison, et distants les uns des autres de 15 centimètres au plus, de façon à former fermeture étanche.

c) Panneaux mobiles en tôle, tenus par des boulons, et écrous, ou par des boulons à croc traversant la cloison, et distants les uns des autres de 30 centimètres au plus.

d) Bordages mobiles coulissant dans un fer en U rivé sur la cloison et s'étendant sur toute la hauteur de l'ouverture.

Les superstructures ne sont pas considérées comme fermées lorsque les ouvertures percées dans les cloisons qui les limitent à l'avant sont pourvues de l'un des dispositifs de fermeture suivants :

e) Panneau mobile en tôle tenu par des cavaliers.

f) Panneau mobile en tôle tenu par des boulons à croc traversant le panneau, mais non la cloison.

g) Panneau mobile en tôle tenu par des boulons distants de plu de 30 centimètres d'axe en axe.

h) Bordages mobiles coulissant dans des fers en U lorsque ceux-ci ne sont pas rivés sur la cloison.

Effet des dispositifs
de
fermeture
dans certains cas.

Art. 11. — Les dispositifs de fermeture décrits à l'article précédent ne servent pas seulement à déterminer si, pour l'application des articles 6, 7 et 8, les cloisons qui en sont munies doivent ou non être considérées comme fermées, mais ils fixent aussi le traitement à faire subir aux superstructures dans les cas suivants :

1° Lorsque les ouvertures dans la cloiseau-fronteau d'une dunette non reliée à un château sont pourvues de l'un des systèmes de fermeture e, f, g, h, on prend seulement les trois quarts de la longueur réelle de cette dunette.

Voir aussi le paragraphe 6° du présent article pour le cas où la machine est placée à l'arrière et où son encaissement est recouvert par la dunette).

Dans les navires à well-deck, les dispositions de l'article 26 ne s'appliquent que dans le cas où les ouvertures sont munies de l'un des dispositifs a ou b.

2° Lorsque ces navires sont pourvus de superstructures auxquelles s'appliquent les dispositions de l'article 26, et lorsque les ouvertures dans la cloison-fronteau du château sont munies de dispositifs de fermeture c ou d, la correction pour les superstructures doit être déterminée d'après les prescriptions de l'article 22.

Toutefois, la correction est déterminée suivant l'article 26 avec les additions prévues par les articles 31 et 32, lorsque, du fait des prescriptions de ces deux articles, ou l'un d'eux seulement, le franc-bord est plus grand que celui qui résulterait de l'application de l'article 22.

Dans le cas des navires à well-deck ayant dans la cloison avant de leurs châteaux des ouvertures munies de l'un des systèmes de fermeture e, f, g, h, la correction pour les superstructures doit être déterminée d'après l'article 22 et non d'après l'article 26 et l'on doit prendre les trois quarts de la longueur du château comme dans le cas prévu au paragraphe suivant.

3° Lorsque les ouvertures dans la cloison-fronteau à l'avant d'un château non relié à une dunette ou à un pont surélevé sont fermées au moyen des dispositifs e, f, g ou h, on ne prend que les trois quarts de la longueur totale de cette superstructure, mais lorsqu'il existe une cloison intermédiaire, on prend la longueur totale de la partie complètement fermée.

4° Lorsqu'il existe des portes dans les cloisons extrêmes d'un château non relié à une dunette ou à un pont surélevé, et que celles-ci sont pourvues de bordages coulissant ou d'autres dispositifs analogues n'obturant pas complètement la porte, mais s'élevant à mi-hauteur au moins du château, la longueur de celui-ci doit être supposée égale aux trois quarts de sa longueur réelle. Ceci s'applique dans le cas où l'encaissement ou les encaissements des machines sont solidement construits et ne sont percés d'aucune porte ou autre ouverture, ainsi que dans le cas où ces encaissements ne sont pas placés sous la superstructure en question, mais sous un roufle complètement fermé.

Lorsque les conditions précédentes ne sont pas remplies, on considère pour le mesurage de la longueur de la superstructure, que celle-ci n'est pas fermée.

Dans les deux cas, comme dans le cas du paragraphe 3° ci-dessus, la tonture est mesurée comme s'il n'y avait pas de château.

5° Ce qui précède ne s'applique pas au cas d'un château fermé à son extrémité avant, non relié à une dunette ou à un pont surélevé, et pour lequel les ouvertures de la cloison arrière sont pourvues de bordages coulissant s'élevant au moins à mi-hauteur de cette superstructure. Dans ce cas, l'on prend la longueur totale du château pour l'évaluation de la correction pour les superstructures.

6° Lorsque la machine est placée à l'arrière, et que son encaissement est recouvert par une dunette, dont la cloison avant comporte des ouvertures semblables à celle que prévoit le paragraphe 4° du présent article, on prend pour évaluation de la correction pour les superstructures, les trois quarts ou la moitié de la longueur réelle de la dunette, suivant la disposition des encaissements des machines et de leurs portes, comme il est dit au paragraphe 4°.

7° Les prescriptions relatives au système de fermeture des cloisons ne s'appliquent pas aux ouvertures pour l'embarquement du charbon ou de la marchandise qui ne sont pas destinées à être ouvertes à la mer.

Ces ouvertures sont considérées comme satisfaisant aux conditions maxima visées ci-dessus, lorsque leur largeur est inférieure à 0^m90 et leur section inférieure à $0^{mq}65$ et lorsqu'elles sont obturées par de solides couvercles en tôle.

8° Lorsque les ouvertures dans la cloison extrême arrière d'un château ou d'un gaillard sont fermées à l'aide de l'un des dispositifs a, b, c, d, e, f, g, h, la cloison en question peut être considérée comme complètement fermée.

9° Lorsque la largeur des ouvertures percées dans les cloisons extrêmes des superstructures excède 0^m75, les portes ou dispositifs de fermeture doivent être spécialement renforcés.

ART. 12. — Les encaissements des machines et chaudières doivent s'élever au-dessus du pont à une hauteur convenable, et leurs ouvertures doivent être munies de dispositifs permettant de les obturer par mauvais temps.

Les panneaux de chargement doivent être entourés d'hiloires solides, et pourvus de panneaux de fermeture robuste supportés par des barrots mobiles et des galiotes établis conformément au règlement du Bureau Veritas.

Lorsque ces conditions ne sont pas remplies, le franc-bord doit subir une majoration qui est déterminée suivant la nature du service auquel est affecté le navire.

Encaissement des machines et chaudières, et panneaux de chargement.

Appendice B

Règles relatives à l'installation de la passerelle au-dessus du coffre des navires à well-deck.

ART. 1er. — La passerelle visée à l'article 32 de règlement de franc-bord doit être solidement construite On n'admet pas les passerelles constituées par des planches réunies par un dispositif de fortune.

La largeur de la passerelle ne doit pas être inférieure à 0^m45 ; ses extrémités sont boulonnées sur des bouts de cornière rivés sur les cloisons extrêmes du gaillard et du château, et elle repose, soit sur les hiloires des panneaux, soit encore sur des supports en fer ou en acier solidement fixés au pont.

La face supérieure de la passerelle ne doit, en aucun point, être à moins de 0^m75 au-dessus de la face supérieure du pont. Sur toute sa longueur doit régner, d'un côté au moins, une main-courante ou filière supportée par des chandeliers en fer ou en acier forgé, convenablement espacés et ayant au minimum 0^m75 de haut.

Lorsque les panneaux ont une hauteur égale ou supérieure à $0^m,75$, la passerelle peut n'être établie qu'en dehors des panneaux, mais la main-courante ou filière disposée comme il vient d'être dit doit se continuer sur les panneaux.

Dans tous les cas, la passerelle doit être placée aussi près que possible de l'axe du navire.

Appendice C

Formes dans lesquelles le certificat de franc-bord est établi et délivré par les registres de classification reconnus par le Ministre de la Marine.

ART. 1er. — Tout calcul de franc-bord se fait à la suite d'une demande officielle de l'armateur, du constructeur, ou du capitaine du navire.

Cette demande se formule sur un imprimé modèle 1 ci-après, qui est transmis à l'administration du registre par l'intermédiaire d'un de ses experts.

Aucune autre demande de certificat de franc-bord ou de renouvellement de ce certificat ne doit avoir été adressée déjà pour le même navire et deux demandes ne peuvent être adressées simultanément à deux registres de classification.

Un nouveau calcul de franc-bord ne peut être effectué que si le certificat primitif a été ou va se trouver officiellement annulé.

Le motif pour lequel le renouvellement d'un certificat est demandé doit être indiqué sur la formule de demande.

Demande de franc-bord.

ART. 2. — Pour les navires cotés à l'un des registres reconnus, l'expert transmet à l'administration dudit registre, en même temps que la demande visée à l'article 1er, un rapport contenant les renseignements suivants :

Longueur, largeur et creux de douane du navire.

Tonnage brut.

Tonnage de douane sous le pont supérieur (sous le pont principal pour les navires à awning-deck).

Les coquerons et AV et AR doivent être compris dans ce tonnage.

Longueur à la flottaison mesurée entre deux perpendiculaires, passant l'une par l'avant de l'étrave, l'autre par l'arrière de l'étambot (étambot AR des navires à hélice centrale).

Largeur hors tôles ou hors bordages.

Rapport joint à la demande de franc-bord des navires cotés

Creux sur quille au livet du pont supérieur (pont principal dans les navires à spardeck et awning-deck).

Tonture du pont supérieur (pont principal des navires à awning-deck).

1° Aux perpendiculaires ;

2° Au 1/8 de la longueur du navire à la flottaison, à partir des perpendiculaires ;

3° Au point le plus bas du pont (en indiquant si ce point est en avant ou en arrière du milieu, et sa distance au milieu) ;

4° A l'avant du château pour les navires à well-deck.

Bouge du pont supérieur (pont principal pour les navires à awning-deck).

Hauteur de l'entrepont supérieur, mesurée de face supérieure des barrots à face supérieure des barrots.

Longueurs du gaillard, du château, de la dunette des ponts surélevés et du pont-abri partiel, mesurées en dedans des perpendiculaires.

La disposition exacte de ces diverses superstructures doit faire l'objet du croquis détaillé et coté sur lequel sont figurés les roufles et les panneaux des machines.

Ce croquis indique également les longueurs des parties des superstructures abritées par le pont et la muraille, lorsque celles-ci se prolongent au delà des cloisons étanches, ainsi que les dimensions des constructions fermées contiguës aux superstructures recouvertes par le même pont et limitées par la muraille du navire.

Hauteur des superstructures mesurée de face supérieure des barrots à face supérieure des barrots.

Dispositions des cloisons-fronteaux des superstructures. — On doit indiquer le système de construction et de renforcement et l'échantillonnage des cloisons-fronteaux des superstructures, ainsi que le dispositif de fermeture des ouvertures percées dans ces cloisons, par référence aux prescriptions de l'Appendice A.

Écoutilles et entourages des machines et chaudières. — Il est fourni des indications détaillées sur l'arrangement et les échantillons des hiloires, barrots mobiles, et galiotes, l'épaisseur des panneaux.

Hublots, portes de chargement, dalots, etc... — Le rapport doit fournir des indications précises (accompagnées d'un croquis) sur l'installation des hublots, portes de chargement, dalots...

Revêtement du pont. — Le rapport doit donner des renseignements sur le revêtement en bois du pont supérieur (pont principal dans les navires à awning-deck), sur son épaisseur et sur son étendue, il est indiqué notamment si ce bordé existe au milieu du navire.

Renseignements spéciaux pour les navires à well-deck. — Pour ces navires, on doit indiquer la longueur du coffre, le nombre et les dimensions des sabords de décharge qui y sont ouverts de chaque bord. On fait connaître, en outre, si l'équipage est logé sous le gaillard et si, dans ce cas, il existe une passerelle reliant le gaillard au château.

Navires à awning-deck partiel. — Le rapport indique la hauteur et la longueur de la demi-dunette, la distance de la coupée au milieu du navire ; il détaille les renforts adoptés à la coupée : décroissement de la gouttière, nombre de tôles diaphragmes, doublage ou augmentation d'épaisseur du barreau et de la muraille de la demi-dunette.

Navires à shelter-deck. — Pour les navires ayant un shelter-deck complet, il est remis un croquis indiquant les dimensions et l'emplacement des panneaux ouverts d'une façon permanente dans le pont supérieur et indiquant également la position des cloisons au-dessous de ce pont. Le rapport doit spécifier si le bordé extérieur et les gouttières sont continus dans les hauts, s'il existe des moyens de condamner les panneaux par mauvais temps, et enfin quelles sont les dimensions et le nombre des dalots ou sabords percés dans la muraille de l'entrepont supérieur

Les dimensions de douane et les tonnages du navire sont relevés sur le certificat de jauge.

Les autres dimensions et les diverses indications énumérées plus haut sont prises et vérifiées sur place par l'expert du registre qui établit le certificat de franc-bord.

Toutefois, lorsque ces dimensions et indications figurent sur les plans soumis lors de la classification du navire, et lorsque l'expert en a constaté l'exactitude, les renseignements et croquis prévus peuvent ne pas être fournis.

Rapport joint à la demande de franc-bord des navires non cotés.

ART. 3. — Les registres de classification reconnus ne délivrent de certificat de franc-bord aux navires non cotés qu'après les avoir examinés entièrement à sec et avoir relevé leurs échantillons.

Ces opérations sont effectuées conformément aux prescriptions règlementaires desdits registres pour la visite et la classification des navires non construits sous surveillance spéciale.

L'expert qui a procédé à la visite joint au rapport visé à l'article précédent un rapport détaillé sur l'échantillonnage et sur les conditions de solidité et d'entretien de la coque.

Établissement et délivrance du certificat de franc-bord.

ART. 4. — Au reçu de la demande et des rapports, un certificat de franc-bord, conforme à l'un des modèles n° 2, 3, 4, 5 ci-après, est établi par le registre de classification et adressé à l'expert du port où le navire doit recevoir les marques de franc-bord.

L'expert procède à l'apposition des marques, en se conformant aux prescriptions données plus haut.

L'opération achevée, l'expert remet aux intéressés le certificat de franc bord, après l'avoir visé et y avoir inscrit la date d'apposition des marques.

Art. 5. — Le certificat de franc-bord des navires cotés dans l'un des registres reconnus reste valable tant que la cote du navire n'est pas modifiée.

Le certificat de franc-bord des navires non cotés est valable pendant une durée déterminée, spécifiée sur le certificat.

Pour les navires en bois, la durée de validité du certificat de franc-bord est celle pendant laquelle se prolongerait sans changement la cote à laquelle correspondent la nature des bois et l'échantillonnage.

Pour les navires à coque métallique la durée de validité du certificat de franc-bord est déterminé suivant l'état d'entretien et l'échantillonnage en évaluant le temps au bout duquel l'usure normale des diverses parties de la coque entraînerait une réduction des échantillons qui motiverait, pour un navire coté, un changement de cote. Dans aucun cas la durée de validité assignée à ces francs-bords n'excédera celle qui sépare deux grandes visites règlementaires.

Lorsqu'une modification est apportée à la disposition du navire ou de ses superstructures, et lorsque, d'après les présentes règles, cette modification a une influence sur le franc-bord, le certificat se trouve annulé et doit être renouvelé.

Durée de validité du certificat de franc-bord.

Appendice D.

Règles relatives à la délivrance aux navires à voiles du certificat facultatif spécial visé à l'article 114 du règlement d'administration publique rendu pour l'application de la Loi du 17 Avril 1907.

Art. 1er. — Les navires à voiles à coque métallique de plus de 2.000 tonneaux de jauge brute, destinés à transporter des cargaisons homogènes pesant plus de 900 kilogrammes au mètre cube, peuvent recevoir, conformément au dispositions du présent appendice, un certificat spécial indiquant les réductions de franc-bord qu'il est licite d'admettre lorsque le navire répond à certaines prescriptions relatives à la construction et à l'aménagement de la coque, et satisfait, pour le voyage considéré, à des conditions définies d'arrimage et de stabilité.

Navires pouvant recevoir le certificat spécial.

Art. 2. — La réduction de franc-bord autorisée lorsque ces conditions sont remplies ne doit, en aucun cas dépasser les trois centièmes du creux sur quille au livet du pont à partir duquel est mesuré le franc-bord.

Elle peut atteindre ce maximum, quelle que soit la nature du chargement (de densité supérieure à 0.9) que l'on considère, à moins que l'une des conditions énumérées au présent appendice ne vienne limiter la réduction à une valeur inférieure audit maximum. La réduction de franc-bord donnée par le coefficient spécial pour un chargement déterminé se mesure à partir de celle des marques apposées sur les flancs du navire, qui est applicable pour la saison et la navigation considérées.

Valeur maximum des réductions de franc-bord données par le certificat spécial.

Art. 3. — Pour recevoir le certificat spécial visé à l'article précédent, les navires à voiles doivent être du type « deux ponts » ou être pourvus d'un faux-pont fixe ou volant très solidement construit et épontillé.

Pour obtenir la réduction maximum prévue à l'article précédent, les navires doivent être pourvus de superstructures répondant aux définitions données dans l'appendice A et dont la longueur totale est au moins égale au quart de la longueur du navire.

L'échantillonnage général de la coque doit présenter un excédent de résistance par rapport à l'échantillonnage requis par les règlements du Bureau Veritas pour un navire normal de mêmes dimensions.

Cet excédent doit être tel qu'un calcul de fatigue longitudinale établi avec le déplacement correspondant au tirant d'eau maximum autorisé par le certificat spécial, donne un résultat ne dépassant en aucun cas celui que l'on obtient en effectuant le même calcul pour le navire normal avec le déplacement correspondant au franc-bord des tables.

Si D est le déplacement du navire correspondant au franc-bord des tables,

D' le déplacement correspondant au tirant d'eau maximum envisagé,

$\dfrac{I}{V}$ et $\dfrac{I'}{V'}$ les moments de résistance du navire normal et du navire considéré,

on doit avoir :

$$\frac{D'}{D} = \frac{VI'}{IV'}$$

Indépendamment des dispositions des articles suivants, les réductions de franc-bord prévues par le certificat spécial sont limitées au point où la condition exprimée par cette formule se trouve atteinte.

Conditions d'aménagement et de construction requises pour l'obtention du certificat spécial.

Art. 4. — Les conditions de stabilité requises pour l'obtention du certificat spécial sont les suivantes :

1° La valeur du $ρ — a$ initial doit varier entre $0^m,80$ et $1^m,20$ sans être jamais inférieure au premier de ces chiffres ni supérieure au second :

2° La valeur du moment de stabilité sous voiles :

$$\frac{P\ (ρ — a)}{sh}$$

ne doit être, en aucun cas, inférieure à 0,055 ;

3° Le moment de stabilité ne doit pas s'annuler pour un angle d'inclinaison inférieur à 90 degrés.

Lorsque, pour l'un des chargements considérés, l'une de ces conditions cesse d'être remplie pour une valeur de la réduction de franc-bord inférieure au maximum prévu à l'article 2, cette réduction n'est pas dépassée pour la nature du chargement considéré.

Conditions de stabilité requises pour l'obtention du certificat spécial

Détermination de
(ρ—a initial)

ART. **5.** — Le (ρ—a) initial du navire en charge peut être déterminé par une expérience de stabilité. Il peut l'être également par le calcul.

La position du centre de gravité du navire lège est obtenue dans ce cas par une expérience de stabilité.

On mesure sur plans, pour chaque armement, le vide approximatif restant dans la cale, et dans l'entrepont, après l'arrimage assurant un (ρ—a) satisfaisant, et l'on note la disposition générale du chargement.

Calcul du moment de
stabilité sous voiles.

ART. **6.** — Le calcul du moment de stabilité sous voiles se fait par les méthodes ordinaires.

Pour le calcul des aires des voiles, et la détermination de leurs centres, on ne tient pas compte des échancrures.

Pour le calcul de la surface totale S et de la hauteur h du centre vélique, on ne considère, pour les trois-mâts et quatre-mâts, que les basses voiles, les huniers, les perroquets, la brigantine et le grand-foc.

Établissement et délivrance du
certificat spécial.

ART. **7.** — L'expérience de stabilité et les calculs stipulés ci-dessus sont effectués par les soins du registre de classification reconnu, au reçu de la demande de certificat spécial (modèle ci-après), signée par l'armateur ou par le constructeur, demande à laquelle doivent être joints les plans et documents suivants

1° Plan des formes au 1/50 ;

2° Plan longitudinal de structure générale ;

3° Coupe au maître ;

4° Plan de voilure ;

5° Coupes transversales dans les cales;

6° Devis des poids, calcul théorique de la position du centre de gravité ;

7° Devis des poids se trouvant à bord lors de l'expérience de stabilité.

Les calculs achevés, le registre de classification établit le certificat spécial conforme au modèle n° 6 ci-après.

MODÈLE Nº 1.

DEMANDE DE CERTIFICAT DE FRANC-BORD

(1) Armateur ou constructeur ou leur représentant.

(2) De commerce ou de plaisance, à voiles ou à vapeur.

(3) Nom du navire.

(4) Désignation du registre de classification reconnu.

(5) D'établissement d'un . . . . . ou renouvellement du . . . . .

(6) Classé au . . . . . Non classé.

(7) Est . . . . n'est pas.

Le soussigné (1) . . . . . . du navire (2) . . . . (3). . . . . jaugeant . . . . tonneaux bruts, et appartenant au port de . . . . adresse à l'administration du (4) . . . . une demande (5). . . . . certificat de franc-bord pour le susdit navire.

Le navire est (6). . . . . .

Il (7) . . . . . . destiné à la navigation de l'Atlantique Nord.

Il (7) . . . . . . destiné à la navigation dans les mers tropicales.

Aucune demande de certificat de franc-bord n'a été adressée précédemment et n'est adressée simultanément à un autre registre que celui ci-dessus désigné.

Fait à . . . . . . le . . . . 19 . .

Signé : . . . . . .

MODÈLE Nº 2.

(1)

REGISTRE DE CLASSIFICATION DE NAVIRES

RECONNU PAR ARRÊTÉ MINISTÉRIEL DU 5 SEPTEMBRE 1908

(1) Désignation du registre.

(2) De commerce ou de plaisance, en bois, fer ou acier.

(3) Nom du navire.

(4) Tôle ou bois.

(5) Pont supérieur ou deuxième pont.

CERTIFICAT DE FRANC-BORD

Délivré au navire à vapeur (2) . . . .

(3)

Appartenant au port de. . . . . . Jaugeant . . . . . tonneaux de jauge brute.

Armateur. . . . . . Classé au (1) . . . . avec la cote. . . . .

Conformément aux dispositions du Règlement d'administration publique du 21 Septembre 1908 et du règlement de franc-bord approuvé par le Décret de même date, les francs-bords suivants ont été assignés par l'administration du (1) . . . . . . au navire ci-dessus désigné :

Franc-bord en eau douce (été) . . . . . millimètres au-dessous de l'arête supérieure de la ligne de pont réglementaire.

Franc-bord d'été dans les mers tropicales . . . . . millimètres au-dessous de l'arête supérieure de la ligne de pont réglementaire.

Franc-bord d'été (centre du disque) . . . . . millimètres au-dessous de l'arête supérieure de la ligne de pont réglementaire.

Franc-bord d'hiver . . . . . millimètres au-dessous de l'arête supérieure de la ligne de pont réglementaire.

Franc-bord d'hiver dans l'Atlantique Nord . . . . . millimètres au-dessous de l'arête supérieure de la ligne de pont réglementaire.

La ligne de pont réglementaire doit être marquée conformément aux dispositions des articles 1 et 2 du règlement de franc-bord au niveau de la face supérieure du bordé en (4). . . . . du pont (5). . . . . .

Le présent franc-bord restera assigné au navire tant qu'il conservera la cote indiquée ci-dessus, à moins qu'il ne soit apporté à la coque ou aux superstructures des modifications ayant une influence sur le franc-bord.

Fait à . . . . le . . . . 19 . .

Signé : . . . . . .

Nota. — Lorsque le navire prend chargement en eau douce, les francs-bords en eau de mer indiqués ci-contre peuvent être réduits de   millimètres.

Lorsque la densité D de l'eau est supérieure à 1, la réduction ci-dessus indiquée doit être multipliée par le rapport :

$$\frac{1.03 - D}{0.03}$$

Lorsque, avant d'atteindre les eaux maritimes, les navires à vapeur doivent naviguer en eau douce pendant un certain temps, ils peuvent embarquer un supplément de cargaison totale égal au poids du combustible qui sera consommé pendant la navigation en eau douce.

Marque de franc-bord d'été. — L'arête supérieure de la ligne passant par le centre du disque et, sur les navires à vapeur, l'arête supérieure de la ligne tracée dans son prolongement indiquent la limite maximum d'immersion qu'il est licite d'atteindre en eau salée lorsque le navire prend chargement dans les ports d'Europe et de la Méditerranée entre le 1er Avril et le 30 Septembre inclusivement ou dans les autres parties du monde pendant la période correspondante.

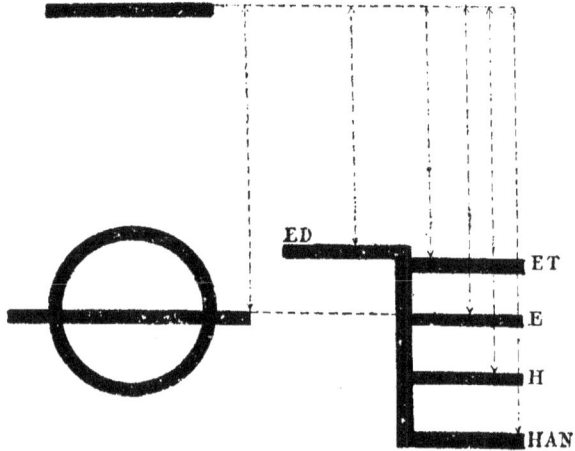

Marque de franc-bord d'hiver. — L'arête supérieure de la ligne marquée H indique la limite maximum d'immersion qu'il est licite d'atteindre en eau salée lorsque le navire prend chargement dans les ports d'Europe et de la Méditerranée entre le 1er Octobre et le 31 Mars inclusivement ou, dans les autres parties du monde pendant la période correspondante.

Marque de franc-bord d'hiver dans l'Atlantique Nord. — L'arête supérieure de la ligne marquée H A N indique la limite maximum d'immersion qu'il est licite d'atteindre en eau salée, pour les voyages effectués du 1er Octobre au 31 Mars entre les ports d'Europe ou de la Méditerranée et les ports de la côte d'Amérique situés au nord du cap Hatteras.

Marque de franc-bord d'été dans les mers tropicales. — L'arête supérieure de la ligne marquée E T indique la limite maximum d'immersion qu'il est licite d'atteindre en eau salée au départ pour les voyages effectués pendant la belle saison dans les mers tropicales et dans l'Océan Indien, entre Suez et les ports de Cochinchine.

Les marques de franc-bord ont été apposées par le soussigné sur les flancs du navire conformément aux indications du présent certificat, à . . . . le. . . . . 19. . .

Signé : . . . .

Modèle N° 3.

(4) Désignation du registre.

(2) De commerce ou de plaisance, en bois, fer ou acier.

(3) Nom du navire.

(4) Tôle ou bois.

(5) Pont supérieur ou deuxième pont.

(1)

REGISTRE DE CLASSIFICATION DE NAVIRES

Reconnu par Arrêté ministériel du 5 Septembre 1908

CERTIFICAT DE FRANC-BORD

Délivré au navire à vapeur (2) . . . . non coté.

(3)

Appartenant au port de . . . . . . jaugeant. . . . . tonneaux de jauge brute.

Armateur . . . .

Conformément aux dispositions du Règlement d'administration publique du 21 Septembre 1908 et du Règlement de franc-bord approuvé par le décret de même date, les francs-bords suivants ont été assignés par l'administration du (1) . . . . au navire ci-dessus désigné.

Franc-bord en eau douce (été) . . . . . millimètres au-dessous de l'arête supérieure de la ligne de pont réglementaire.

Franc-bord d'été dans les mers tropicales . . . . . millimètres au-dessous de l'arête supérieure de la ligne de pont réglementaire.

Franc-bord d'été (centre du disque) . . . . . millimètres au-dessous de l'arête supérieure de la ligne de pont réglementaire.

Franc-bord d'hiver . . . . . millimètres au-dessous de l'arête supérieure de la ligne de pont réglementaire.

Franc-bord d'hiver dans l'Atlantique Nord . . . . . millimètres au-dessous de l'arête supérieure de la ligne de pont réglementaire.

La ligne du pont réglementaire doit être marquée conformément aux dispositions des articles 1 et 2 du Règlement de franc-bord au niveau de la face supérieure du bordé en (4) . . . . . . du pont (5). . . . . .

Le présent franc-bord est assigné au navire pour une durée de . . . . comptée de la date du présent certificat.

Un nouveau certificat devra être demandé à l'expiration de cette période ou lorsqu'il aura été apporté à la coque ou aux superstructures des modifications ayant une influence sur le franc-bord.

Fait à . . . . le . . . . 19. .

Signé : . . . .

17

Nota. — Lorsque le navire prend chargement en eau douce, les francs-bords en eau de mer indiqués ci-contre peuvent être réduites de   millimètres.

Lorsque la densité D de l'eau est supérieure à 1, la réduction ci-dessus indiquée doit être multipliée par le rapport

$$\frac{1.03 - D}{0.03}$$

Lorsque, avant d'atteindre les eaux maritimes, les navires à vapeur doivent naviguer en eau douce pendant un certain temps, ils peuvent embarquer un supplément de cargaison totale égal au poids du combustible qui sera consommé pendant la navigation en eau douce.

Marque de franc-bord d'été. — L'arête supérieure de la ligne passant par le centre du disque et, sur les navires à vapeur, l'arête supérieure de la ligne tracée dans son prolongement indiquent la limite maximum d'immersion qu'il est licite d'atteindre en eau salée lorsque le navire prend chargement dans les ports d'Europe et de la Méditerranée entre le 1er Avril et le 30 Septembre inclusivement ou, dans les autres parties du monde, pendant la période correspondante.

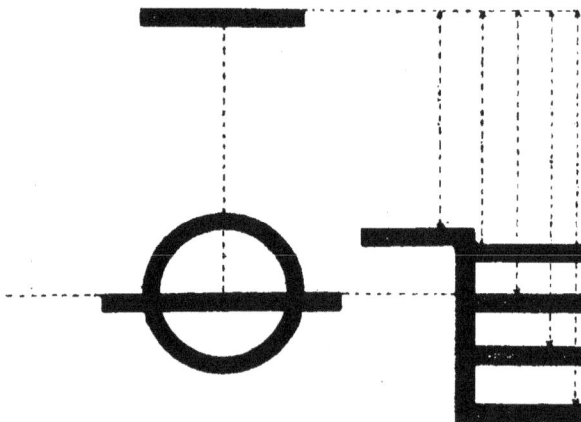

Marque de franc-bord d'hiver. — L'arête supérieure de la ligne marquée H indique la limite maximum d'immersion qu'il est licite d'atteindre en eau salée lorsque le navire prend chargement dans les ports d'Europe et de la Méditerranée entre le 1er Octobre et le 31 Mars inclusivement ou, dans les autres parties du monde, pendant la période correspondante.

Marque de franc-bord d'hiver dans l'Atlantique Nord. — L'arête supérieure de la ligne marquée H A N indique la limite maximum d'immersion qu'il est licite d'atteindre en eau salée, pour les voyages effectués du 1er Octobre au 31 Mars entre les ports d'Europe ou de la Méditerranée et les ports de la côte d'Amérique situés au Nord du cap Hatteras.

Marque de franc-bord d'été dans les mers tropicales. — L'arête supérieure de la ligne marquée E T indique la limite maximum d'immersion qu'il est licite d'atteindre en eau salée au départ pour les voyages effectués pendant la belle saison dans les mers tropicales et dans l'océan Indien, entre Suez et les ports de la Cochinchine.

Les marques de tranc-bord ont été apposées par le soussigné sur les flancs du navire, conformément aux indications du présent certificat, à   le   19

Signé :

Modèle N° 4.

(4) Désignation du registre.

(2) De commerce ou de plaisance, en bois, fer ou acier.

(3) Nom du navire.

(4) Tôle ou bois.

(5) Pont supérieur ou deuxième pont.

(1)
REGISTRE DE CLASSIFICATION DE NAVIRES
Reconnu par l'Arrêté Ministériel du 5 Septembre 1908

CERTIFICAT DE FRANC-BORD
Délivré au navire à voiles (2) . . . . .
(3)

Appartenant au port de . . . . jaugeant. . . . tonneaux de jauge brute.

Armateur. . . . . Classé au (1). . . . avec la cote. . .

Conformément aux dispositions du Règlement d'administration publique du 21 Septembre 1908 et du Règlement de franc-bord approuvé par le décret de même date, les francs-bords suivants ont été assignés par l'administration du (1). . . . . au navire ci-dessus désigné.

Franc-bord en eau douce (été), . . . millimètres au-dessous de l'arête supérieure de la ligne de pont réglementaire.

Franco-bord (centre du disque), . . . millimètres au-dessous de l'arête supérieure de la ligne de pont réglementaire.

Franc-bord d'hiver dans l'Atlantique du Nord, ... millimètres au-dessous de l'arête supérieure de la ligne de pont réglementaire.

La ligne de pont réglementaire doit être marquée conformément aux dispositions des articles 1 et 2 du règlement de franc-bord au niveau de la face supérieure du bordé en (4) . . . . du pont (5). . . . .

Le présent franc-bord restera assigné au navire tant qu'il conservera la cote indiquée ci-dessus, à moins qu'il ne soit apporté à la coque ou aux superstructures des modifications ayant une influence sur le franc-bord.

Fait à. . . . ., le. . . . . 19. . .

Signé : . . . .

Nota. — Lorsque le navire prend chargement en eau douce, les francs-bords en eau de mer indiqués ci-contre peuvent être réduits de . . . millimètres.

Lorsque la densité D de l'eau est supérieure à 1, la réduction ci-dessus indiquée doit être multipliée par le rapport :

$$\frac{1.03 - D}{0.03}.$$

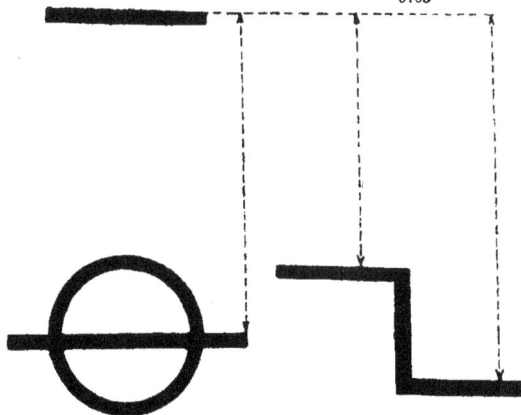

Marque de franc-bord d'été et d'hiver — L'arête supérieure de la ligne passant par le centre du disque, indique le maximum d'immersion qu'il est licite d'atteindre en eau salée.

Marque de franc-bord d'hiver dans l'Atlantique Nord. — L'arête supérieure de la ligne marquée H A N, indique la limite maximum d'immersion qu'il est licite d'atteindre en eau salée, pour les voyages effectués du 1er Octobre au 31 Mars, entre les ports d'Europe ou de Méditerranée et les ports de la côte d'Amérique situés au Nord du cap Hatteras.

Les marques de franc-bord ont été apposées par le soussigné sur les flancs du navire, conformément aux indications du présent certificat, à . . . . , le. . . . . . . 19. . .

Signé . . . .

Modèle N° 5.

(1)

REGISTRE DE CLASSIFICATION DE NAVIRES

Reconnu par l'Arrêté Ministériel du 5 Septembre 1908

(1) Désignation du re-
gistre.

(2) De commerce ou de
plaisance, en bois, fer ou
acier.

(3) Nom du navire.

(4) Tôle ou bois.

(5) Pont supérieur.

CERTIFICAT DE FRANC-BORD

Délivré au navire à voiles (2) . . . . non coté.

(3)

Appartenant au port de . . . . jaugeant. . . . tonneaux de jauge brute.

Armateur. . . . .

Conformément aux dispositions du règlement d'administration publique du 21 Septembre 1908 et du règlement de franc-bord approuvé par le décret de même date, les francs-bords suivants ont été assignés par l'administration du (1). . . . . au navire ci-dessus désigné.

Franc-bord en eau douce, . . . millimètres au-dessous de l'arête supérieure de la ligne de pont régle-mentaire.

Franc-bord (centre du disque) . . . millimètres au-dessous de l'arête supérieure de la ligne de pont régle-mentaire.

Franc-bord d'hiver dans l'Atlantique Nord . . . millimètres au-dessous de l'arête supérieure de la ligne de pont réglementaire.

La ligne de pont réglementaire doit être marquée conformément aux dispositions des articles 1 et 2 du règlement de franc-bord au niveau de la face supérieure du bordé en (4) . . . . du pont (5). . . . .

Le présent franc-bord est assigné au navire pour une durée de . . . . comptée de la date du présent certificat.

Un nouveau certificat devra être demandé à l'expiration de cette période ou lorsqu'il sera apporté à la coque ou aux superstructures des modifications ayant une influence sur le franc-bord.

Fait à. . . . ., le . . . . 19. . .

Signé : . . . .

Nota. — Lorsque le navire prend chargement en eau douce, les francs-bords en eau de mer indiqués ci-contre peuvent être réduits de   millimètres.

Lorsque la densité D de l'eau est supérieure à 1, la réduction ci-dessus indiquée doit être multipliée par le rapport :

$$\frac{1.03 - D}{0.03}$$

Marque de franc-bord d'été et d'hiver. — L'arête supérieure de la ligne passant par le centre du disque indique le maximum d'immersion qu'il est licite d'atteindre en eau salée.

Marque de franc-bord d'hiver dans l'Atlantique Nord. — L'arête supérieure de la ligne marquée H A N, indique la limite supérieure d'immersion qu'il est licite d'atteindre en eau salée, pour les voyages effectués du 1er Octobre au 31 Mars entre les ports d'Europe ou de Méditerranée et les ports de la côte d'Amérique situés au Nord du cap Hatteras.

Les marques de franc-bord ont été apposées par le soussigné sur les flancs du navire, conformément aux indications du présent certificat, à. . . . . le. . . . . , 19. . .

Signé :. . . . .

Modèle N° 6.

(1)
REGISTRE DE CLASSIFICATION DE NAVIRES
Reconnu par Arrêté Ministériel du 5 Septembre 1908.

CERTIFICAT SPÉCIAL DE FRANC-BORD

Délivré au navire de commerce à voiles . . . . . .

Appartenant au port de (2) . . . . . jaugeant . . . . . tonneaux de jauge brute. Armateur . . . .

Classé au (1). . . . . . . avec la cote. . . .

NATURE des chargements considérés.	DENSITÉ	RÉDUCTION du franc-bord en millimètres	POIDS MAXIMUM des marchandises embarquées en tonnes de 1.000 kilogr.	VOLUME correspondant en mètres cubes	VIDE approximatif dans les cales en mètres cubes	VIDE approximatif dans le faux-pont

Remarques

Le présent franc-bord restera assigné au navire tant qu'il conservera la cote indiquée ci-dessus, à moins qu'il ne soit apporté à la coque ou aux superstructures des modifications ayant une influence sur les réductions de franc-bord indiquées dans le tableau.

Fait à . . . . le . . . . 19. .

Signé : . . . .

---

1) Nom du registre. — (2) Nom du navire.

TABLE DES MATIÈRES

contenues dans le Règlement de franc-bord dressé par le Bureau Veritas.

L'Ingénieur en chef
du Bureau Veritas,
Signé : A. BERLHE DE BERLHE.

L'Administrateur - délégué
du Bureau Veritas,
Signé : EDMOND BAL.

18

XI. — DÉCRET DU 18 NOVEMBRE 1908

désignant les ports ou seront constituées les commissions de visite des navires et ceux où il sera établi des services d'inspection de la navigation[1].

Art. 1. — Il est créé dans chacun des ports désignés ci-dessous et dans les conditions prévues à l'article 4 de la Loi du 17 Avril 1907, une commission qui sera chargée de la visite des navires nouvellement construits ou nouvellement acquis à l'étranger.

1° Dunkerque;	5° Cherbourg;	9° Lorient;	13° Bordeaux;
2° Boulogne;	6° Saint-Malo;	10° Saint-Nazaire;	14° Marseille;
3° Le Havre;	7° Saint-Brieuc;	11° Nantes;	15° Nice;
4° Rouen;	8° Brest;	12° La Rochelle-La-Pallice;	16° Alger;

Art. 2. — La zone de compétence de chacune de ces commissions est fixée conformément au tableau ci-après :

COMMISSIONS	QUARTIERS constituant les différentes zones de compétence
Dunkerque	Dunkerque et Gravelines.
Boulogne	Calais, Boulogne et Saint-Valéry-sur-Somme.
Le Havre	Fécamp, Le Havre, Honfleur, Trouville et Caen.
Rouen.	Dieppe et Rouen.
Cherbourg.	Saint-Vaast-la-Hougue et Cherbourg.
Saint-Malo	Granville, Cancale, Saint-Malo et Dinan.
Saint-Brieuc	Saint-Brieuc, Binic, Paimpol et Tréguier.
Brest	Lannion, Morlaix, Le Conquet, Brest, Camaret, Douarnenez, Audierne, Quimper et Concarneau.
Lorient	Lorient, Groix, Auray, Belle-Isle et Vannes.
Saint-Nazaire.	Saint-Nazaire et Le Croisic.
Nantes	Nantes et Noirmoutier.
La Rochelle-La Pallice	Saint-Gilles-sur-Vie, Ile d'Yeu, Les Sables-d'Olonne, la Rochelle-La-Pallice, Rochefort, Ile de Ré, Ile d'Oléron, Marennes et Royan.
Bordeaux	Pauillac, Bordeaux, Arcachon, Libourne et Bayonne.
Marseille	Port-Vendres, Cette, Narbonne, Agde, Martigues, Arles, Marseille, la Ciotat, Toulon, Ajaccio et Bastia.
Nice.	Saint-Tropez, Cannes, Antibes et Nice.
Alger	Alger, Oran, Bône, Philippeville.

Art. 3. — Il est créé, dans chacun des ports désignés ci-dessus et dans les conditions prévues à l'article 6 de la même loi, une commission qui sera chargée des visites périodiques ou extraordinaires des navires en service et des contre-visites prescrites par les articles 5 et 8 de ladite loi.

1° Dunkerque;	8° Saint-Malo;	15° Vannes;	22° Port-Vendres;
2° Boulogne;	9° Saint-Brieuc;	16° Saint-Nazaire;	23° Marseille;
3° Dieppe;	10° Paimpol;	17° Nantes;	24° Nice;
4° Le Havre;	11° Morlaix;	18° La Rochelle-La-Pallice;	25° Ajaccio;
5° Rouen;	12° Brest;	19° Rochefort;	26° Alger;
6° Caen;	13° Quimper;	20° Bordeaux;	27° Oran;
7° Cherbourg;	14° Lorient;	21° Bayonne;	28° Philippeville.

Art. 4. — La zone de compétence de chacune de ces commissions est fixée conformément au tableau ci-après :

COMMISSIONS	QUARTIERS
Dunkerque	Dunkerque et Gravelines.
Boulogne	Calais, Boulogne et Saint-Valéry-sur Somme.
Dieppe	Dieppe (Le Tréport).
Le Havre	Fécamp et Le Havre.
Rouen.	Rouen.
Caen	Honfleur, Trouville et Caen.
Cherbourg.	Saint-Vaast-la-Hougue (Isigny) et Cherbourg.
Saint-Malo	Granville, Cancale, Saint-Malo et Dinan.
Saint-Brieuc.	Saint-Brieuc et Binic.
Paimpol.	Paimpol et Tréguier.
Morlaix	Lannion, Morlaix (Roscoff).
Brest	Brest, Le Conquet et Camaret.
Quimper.	Douarnenez, Audierne, Quimper et Concarneau.
Lorient	Lorient (Port-Louis) et Groix.
Vannes	Vannes, Auray (Etel) et Belle-Isle.
Saint-Nazaire	Saint-Nazaire et Le Croisic.
Nantes.	Nantes et Noirmoutier (Pornic).
La Rochelle-La Pallice	Saint-Gilles-sur-Vie, île d'Yeu, Les Sables d'Olonne, La Rochelle-La Pallice et l'Ile de Ré.
Rochefort	Rochefort, Ile d'Oléron, Marennes et Royan.
Bordeaux	Pauillac, Bordeaux, Arcachon et Libourne.
Bayonne.	Bayonne (Saint-Jean-de-Luz).
Port-Vendres	Port-Vendres, Cette, Narbonne et Agde.
Marseille	Martigues, Arles, Marseille, La Ciotat et Toulon (La Seyne).
Nice.	Saint-Tropez, Cannes, Antibes et Nice.
Ajaccio	Ajaccio et Bastia.
Alger.	Alger.
Oran	Oran.
Philippeville.	Bône et Philippeville.

Art. 5. — Il est établi un service d'inspection de la navigation maritime dans les ports désignés ci-après :

1° Dunkerque ;	10° Cherbourg ;	19° Vannes ;	28° Marseille ;
2° Calais ;	11° Granville ;	20° Saint-Nazaire ;	29° Nice ;
3° Boulogne ;	12° Saint-Malo ;	21° Le Croisic ;	30° Ajaccio ;
4° Dieppe ;	13° Saint-Brieuc ;	22° Nantes ;	31° Alger ;
5° Fécamp ;	14° Paimpol ;	23° La Rochelle, La Pallice	32° Oran ;
6° Le Havre ;	15° Morlaix ;	24° Rochefort ;	33° Philippeville.
7° Rouen ;	16° Brest ;	25° Bordeaux ;	
8° Honfleur ;	17° Quimper ;	26° Bayonne ;	
9° Caen ;	18° Lorient ;	27° Port-Vendres ;	

Art. 6. — Les zones dans lesquelles les inspecteurs de la navigation appartenant à ces différents centres exerceront leur juridiction sont fixées dans les conditions indiquées au tableau ci-après :

PORTS DANS LESQUELS il est établi un service d'inspection de la navigation.	QUARTIERS DANS LESQUELS S'EXERCERA la juridiction des inspecteurs
Dunkerque	Dunkerque et Gravelines.
Calais.	Calais.
Boulogne	Boulogne et Saint-Valéry-sur-Somme.
Dieppe	Dieppe.
Fécamp	Fécamp.

PORTS DANS LESQUELS il est établi un service d'inspection de la navigation.	QUARTIERS DANS LESQUELS S'EXERCERA la juridiction des inspecteurs
Le Havre	Le Havre.
Rouen.	Rouen.
Honfleur.	Honfleur et Trouville.
Caen	Caen.
Cherbourg.	Saint-Vaast-La-Hougue et Cherbourg.
Granville	Granville.
Saint-Malo	Saint-Malo, Cancale et Dinan.
Saint-Brieuc.	Saint-Brieuc et Binic.
Paimpol.	Paimpol et Tréguier.
Morlaix	Lannion et Morlaix.
Brest	Brest, Le Conquet et Camaret.
Quimper	Douarnenez, Audierne, Quimper, Concarneau.
Lorient	Lorient et Groix.
Vannes	Vannes, Auray et Belle-Isle.
Saint-Nazaire	Saint-Nazaire.
Le Croisic	Le Croisic.
Nantes	Nantes et Noirmoutier.
La Rochelle-La Pallice	Saint-Gilles, Ile d'Yeu, Les Sables d'Olonne, La Rochelle et l'Ile de Ré.
Rochefort	Rochefort, Ile d'Oléron, Marennes, Royan.
Bordeaux	Pauillac, Libourne, Bordeaux et Arcachon.
Bayonne.	Bayonne.
Port-Vendres	Port-Vendres, Narbonne, Cette et Agde.
Marseille	Martigues, Arles, Marseille, La Ciotat, La Seyne et Toulon.
Nice.	Saint-Tropez, Antibes, Cannes et Nice.
Ajaccio	Ajaccio et Bastia.
Alger	Alger (Ténès-Cherchell).
Oran	Oran (Arzew-Mostaganem).
Philippeville.	Bône (La Calle) et Philippeville (Bougie).

Art. 7. — Le Ministre de la Marine est chargé de l'exécution du présent décret, qui sera inséré au *Bulletin des Lois* et au *Bulletin Officiel* de la Marine.

Fait à Paris, le 18 Novembre 1908.

A. FALLIÈRES.

Par le Président de la République :

Le Ministre de la Marine,
A. PICARD.

XII. — DÉCRET DU 26 MARS 1909

portant organisation du personnel des inspecteurs de la navigation maritime [1].

CHAPITRE 1er. — RECRUTEMENT — EFFECTIF — CADRE — AVANCEMENT

Attributions.

ART. 1er. — Les inspecteurs de la navigation maritime sont des fonctionnaires civils assermentés. Ils sont chargés, sous l'autorité des administrateurs et des chefs de service de l'inscription maritime, d'assurer l'exécution de la Loi du 17 Avril 1907 et des règlements, décrets, arrêtés et instructions intervenus pour l'application de cette loi.

Recrutement et conditions d'admission.

ART. 2. — Les candidats à l'emploi d'inspecteur de la navigation maritime doivent satisfaire aux conditions ci-après :

1° Être pourvus, soit du brevet de capitaine au long-cours, ordinaire ou supérieur, soit du brevet supérieur de maître au cabotage ;

2° Avoir droit à une pension de la Caisse des Invalides ou réunir le nombre d'années de navigation ou de services nécessaires pour pouvoir acquérir des droits à une pension de cette nature, au titre de l'article 2 (3°) de la Loi du 14 Juillet 1908 ;

3° Être âgé de moins de cinquante-cinq ans ;

4° Justifier de quatre ans de commandement à la mer ;

5° N'avoir pas cessé de naviguer depuis plus de cinq ans.

A partir du grade de lieutenant de vaisseau, les officiers de la Marine militaire en retraite, ayant moins de cinquante-cinq ans d'âge, qui ne seraient pas titulaires du brevet de capitaine au long cours, peuvent, au besoin, être nommés inspecteurs de la navigation, à la condition d'avoir exercé une période réglementaire de commandement à la mer et d'être rayés des contrôles de l'activité depuis moins de cinq ans.

Les candidats doivent en outre être reconnus aptes à l'emploi qu'ils sollicitent, à la suite d'une épreuve dont les conditions seront fixées par un arrêté du Ministre de la Marine, rendu après avis du Ministre du Commerce et de l'Industrie.

Conditions d'indépendance.

ART. 3. — Il est interdit aux inspecteurs de la navigation maritime :

1° De remplir aucune autre fonction, rétribuée ou non, de faire acte de commerce et de recevoir une rémunération quelconque, pour quelque service que ce soit ;

2° De prendre ou de conserver des intérêts, directs ou indirects, dans les entreprises placées sous leur contrôle ;

3° D'adhérer à des syndicats ou associations professionnelles dont feraient partie les catégories de personnes qu'ils sont appelés à contrôler.

Les inspecteurs de la navigation maritime ne peuvent être appelés à servir dans les quartiers où le Département de la Marine jugerait qu'à raison de leurs fonctions antérieures, ils risquent de ne pas exercer leurs attributions nouvelles avec autorité et indépendance.

Tenue.

ART. 4. — La tenue ou les insignes dont les inspecteurs de la navigation maritime devront être revêtus en service seront réglés par un arrêté ministériel.

ART. 5. — Le cadre des inspecteurs de la navigation maritime comprend cinquante fonctionnaires répartis en quatre classes, conformément au tableau ci-après :

Inspecteurs de 1re classe. . . . . 8 | Inspecteurs de 3e classe. 18
Inspecteurs de 2e classe. . . . . 18 | Inspecteurs de 4e classe. 6

Nomination et avancement.

ART. 6. — L'entrée dans le cadre des inspecteurs de la navigation maritime a lieu par la dernière classe.

L'avancement des inspecteurs de la navigation de la 1re classe a lieu exclusivement au choix ; celui de la 4e à la 3e à la 2e classes se fait moitié au choix, moitié à l'ancienneté.

Les notes et propositions pour l'avancement sont établies par l'administrateur du quartier de la résidence des intéressés, revêtues de l'appréciation du chef du service de l'inscription maritime et transmises au Ministre de la Marine par le préfet maritime qui joint son avis.

Un tableau d'avancement est arrêté chaque année par le Ministre, après avis d'une Commission de classement, composée du directeur de la navigation et des pêches maritimes, président ; du sous-directeur de deux

(1) *Journal Officiel* du 28 Mars 1909.

chefs du service de l'Inscription maritime et d'un inspecteur de la navigation de 1ʳᵉ classe, désigné par le Ministre. Aucun inspecteur ne peut recevoir d'avancement au choix s'il n'est porté sur ce tableau.

Les inspecteurs de 2ᵉ et 3ᵉ classes ne peuvent être portés au tableau d'avancement pour la classe supérieure s'ils ne réunissent au moins deux ans de services dans la classe qu'ils occupent.

Les inspecteurs de 4ᵉ classe ne peuvent être portés au tableau d'avancement pour la classe supérieure, s'ils n'ont un an de service dans la classe qu'ils occupent.

CHAPITRE II. — RÉGIME DISCIPLINAIRE.

Subordination. — Organisation du service.

ART. 7. — Les inspecteurs de la navigation maritime relèvent, pour l'ensemble de leurs attributions, de l'autorité des chefs du service de l'Inscription maritime ; ils sont placés, pour les détails de leur service, sous les ordres directs de l'administrateur de l'inscription maritime du quartier de leur résidence. Toutefois, ceux qui étendent leur juridiction à plusieurs quartiers prennent les ordres de l'administrateur de chacun de ces quartiers, pour les opérations qu'ils accomplissent dans le ressort de sa circonscription.

Dans les ports où exercent plusieurs inspecteurs, les conditions dans lesquelles ces fonctionnaires se partagent le service sont réglées par l'administrateur chef du quartier.

Lorsqu'un service d'inspection comprend plusieurs quartiers, son fonctionnement est réglé par le chef du service de l'Inscription maritime.

Les inspecteurs de la navigation maritime résident dans la localité qui leur est assignée par le Ministre de la Marine.

Peines disciplinaires.

ART. 8. — Le régime disciplinaire applicable aux inspecteurs de la navigation maritime comporte les peines suivantes :

1° La réprimande ;

2° Le blâme avec inscription au calepin de notes ;

3° La radiation du tableau d'avancement ;

4° La suspension avec privation de traitement, pendant un temps qui ne pourra excéder trente jours ;

5° La rétrogradation d'une ou plusieurs classes ;

6° La révocation.

A l'exception de la réprimande, qui est infligée par le chef du service de l'Inscription maritime, les différentes peines sont prononcées par le Ministre de la Marine, sur la proposition des chefs du service et après avis du préfet maritime : elles sont portées au calepin du fonctionnaire intéressé.

Conseil de discipline.

ART. 9. — Les peines prévues à l'article précédent, à l'exception des trois premières, sont prononcées après avis d'un conseil de discipline qui est constitué par le ministre de la marine de la manière suivante :

1 chef du service de l'Inscription maritime.

2 administrateurs principaux de l'Inscription maritime.

2 inspecteurs de la navigation maritime d'une classe supérieure à celle de l'intéressé ou plus anciens dans la même classe.

Cette condition n'est pas imposée si l'intéressé est l'un des deux plus anciens inspecteurs de la classe la plus élevée.

Les membres du conseil de discipline sont choisis, de préférence, en dehors de la résidence de l'intéressé.

Lorsque le chef du service de l'inscription maritime estime qu'un inspecteur de la navigation doit être déféré à un conseil de discipline, il fait un rapport au Ministre. Ce rapport est communiqué à l'intéressé, qui peut y joindre, dans un délai de quarante-huit heures, ses explications écrites ; il est ensuite transmis au Ministre qui y joint son avis.

Le Ministre de la Marine constitue, s'il y a lieu, le conseil de discipline et fixe le lieu et la date de sa réunion. Cette décision est communiquée à l'intéressé.

Quarante-huit heures avant la séance du conseil, le dossier complet de l'affaire est tenu sur place à la disposition de l'intéressé ou de son représentant. L'intéressé et son représentant sont admis à présenter des observations devant le conseil de discipline. Le conseil reçoit en outre, ou provoque tous témoignages utiles. Il émet ensuite son avis au scrutin secret.

Licenciement pour incapacité.

ART. 10. — Les inspecteurs de la navigation maritime subissent tous les deux ans une inspection qui a pour objet de constater s'ils ont conservé l'aptitude nécessaire à l'exercice de leurs fonctions.

Cette inspection a lieu dans les conditions fixées par l'arrêté ministériel prévu au dernier paragraphe de l'article 2 du présent décret.

Les propositions de licenciement établies à la suite de cette inspection sont communiquées à l'intéressé qui a un délai de trois jours francs pour produire toutes les observations qu'il jugera utiles ; le dossier est ensuite adressé au chef du service de l'inscription maritime, puis transmis par le préfet maritime au Ministre de la Marine, qui prononce.

CHAPITRE III. — Traitement et allocations diverses.

Traitements.

Art. 11. — Les inspecteurs de la navigation maritime des différentes classes reçoivent les émoluments ci-après :

Inspecteur de 1re classe. . . . . . . Fr. 5.000 »	Inspecteur de 3e classe. . . . . 3.000 »
Inspecteur de 2e classe. . . . . 4.000 »	Inspecteur de 4e classe. . . . . 2.500 »

Frais de déplacement.

Art. 12. — En cas de déplacement pour le service, hors du port de leur résidence, les inspecteurs de la navigation maritime reçoivent des indemnités de route et de séjour calculées d'après les dispositions du décret sur les frais de route et de séjour du personnel de la marine.

Ces indemnités sont égales, pour les inspecteurs des deux premières classes, à celles qui sont allouées aux officiers d'un grade assimilé à capitaine de corvette, pour les inspecteurs des deux dernières classes à celles qui sont allouées aux lieutenants de vaisseau.

Cas de maladie.

Art. 13. — En cas de maladie, les inspecteurs sont admis dans les hôpitaux et traités, dans les conditions d'assimilation indiquées à l'article précédent, d'après les règles fixées par le décret sur la solde des officiers, fonctionnaires et agents divers du Département de la Marine.

Congés et permissions.

Art. 14. — Des permissions et des congés peuvent être accordés aux inspecteurs de la navigation dans les conditions qui régissent le personnel de la marine.

CHAPITRE IV. — Dispositions transitoires.

Capitaines visiteurs.

Art. 15. — Les capitaines visiteurs nommés par application de l'article 6 de la loi du 9-13 août 1791 et en fonctions au jour de la mise en vigueur de la loi du 17 avril 1907, peuvent être nommés inspecteurs de la navigation maritime, bien que ne réunissant pas les conditions de navigation et de commandement stipulées à l'article 2 ci-dessus.

Ils peuvent également être adjoints aux inspecteurs, dans les ports où les besoins du service le comportent. Le traitement qui leur est attribué dans ce cas, est celui d'inspecteur de 3e classe. Les dispositions des articles 3, 4, 7, 8, 9, 10, 13 et 14 ci-dessus leur sont applicables.

Exceptions concernant la première formation du corps.

Art. 16. — Pour la première formation, les conditions fixées par l'article 9 de la loi du 17 avril 1907 sont seules exigées des candidats à l'emploi d'inspecteur de la navigation. Ils ne doivent pas, toutefois, être âgés de plus de soixante-deux ans révolus au 1er janvier 1909 et peuvent être nommés directement aux trois dernières classes suivant leurs services antérieurs, leur âge ou leurs capacités.

La répartition par classes, fixée à l'article 5 du présent décret, est réalisée progressivement, par des avancements donnés dans les conditions de l'article 6, et dans la limite des crédits budgétaires.

Pendant les trois premières années d'application du présent décret, l'inspecteur de la navigation, membre de la commission de classement instituée par l'article 6, paragraphe 4, ci-dessus, sera un inspecteur de 3e classe.

Art. 17. — Le Ministre de la Marine, le Ministre du Commerce et de l'Industrie et le Ministre des Finances sont chargés, chacun en ce qui le concerne, de l'exécution du présent décret, qui sera publié au *Journal Officiel* et inséré au *Bulletin des Lois*.

Fait à Paris, le 26 Mars 1909.

A. FALLIÈRES.

Par le Président de la République :

Le Ministre de la Marine,
   A. PICARD.

Le Ministre du Commerce et de l'Industrie,
Jean CRUPPI.

Le Ministre des Finances,
  J. CAILLAUX.

XIII. — ARRÊTÉS MINISTÉRIELS DU 26 MARS 1909

nommant des inspecteurs de la navigation et leur affectant une résidence[1].

Par arrêtés ministériels, en date du 26 Mars 1909, sont nommés inspecteurs de la Navigation maritime, pour prendre rang du 27 Mars 1909, dans l'ordre suivant, savoir :

Inspecteurs de 2e classe.

MM.
RIHOUET, capitaine de vaisseau.
GARNIER, capitaine de frégate en retraite.

MM.
LOUIS, capitaine au long cours.
MANNONI, capitaine au long cours.
MERLIN, capitaine au long cours.

MM.
BIRABEN, capitaine au long cours.
THÉMÈZE, capitaine au long cours.
LE GUÉVEL, capitaine au long cours.

Inspecteurs de 3e classe.

MM.
MAGD, lieutenant de vaisseau en retraite.
KERVELLA, lieutenant de vaisseau en retraite.
HENRIC, capitaine au long cours.

MM.
PILLIVUYT, capitaine au long cours.
LE ROY (Pierre), capitaine au long cours.
PRUAL, capitaine au long cours.
CASTELLI, capitaine au long cours.

MM.
DOUET, capitaine au long cours.
BAILLEMONT, capitaine au long cours.
GRÉGORY, capitaine au long cours.
CONAN, capitaine au long cours.
RIO, capitaine au long cours.

Inspecteurs de 4e classe.

MM.
BASTIANI, capitaine au long cours.
ABEL, capitaine au long cours.
BERNARDONI, capitaine au long cours.
BREUILLÉ, capitaine au long cours.

MM.
LEMOINE, capitaine au long cours.
PRADES, capitaine au long cours.
BOULOU, capitaine au long cours.
LANUX, capitaine au long cours.

MM.
PILLARD, capitaine au long cours.
DULAC, capitaine au long cours.

Par arrêté ministériel du 26 mars 1909, sont affectés aux résidences indiquées ci-après, les inspecteurs de la Navigation maritime dont les noms suivent ;

Dunkerque. — MM. Magd et Lanux.
Boulogne. — M. Thémèze.
Le Havre. — MM. Mannoni, Conan et Breuillé.
Caen. — M. Baillemont.
Cherbourg. — M. Le Roy (Pierre).
Saint-Brieuc. — M. Douet.
Paimpol. — M. Prual.
Brest. — M. Kervella.
Saint-Nazaire. — M. Rio.
Nantes. — MM. Le Guével et Pillivuyt.

Bordeaux. — MM. Garnier, Louis et Abel.
Bayonne. — M. Biraben.
Marseille. — MM. Merlin, Henric, Castelli, Grégory, Bastiani et Bernardoni.
Nice. — M. Rihouet.
Dieppe. — M. Prades.
Rouen. — M. Lemoine.
Port-Vendres. — M. Boulou.
Rochefort. — M. Pillard.
Saint-Malo. — M. Dulac.

(1) *Journal Officiel* du 28 Mars 1909.

XIV — INSTRUCTION MINISTÉRIELLE DU 17 MAI 1909

pour l'application de la Loi du 17 Avril 1907 sur la sécurité de la navigation maritime et l'organisation du travail à bord des navires de commerce et des règlements d'administration publique des 20 et 21 Septembre 1908 rendus pour son exécution.

SOMMAIRE

Chapitre IV. — Visites de partance et contrôle des Inspecteurs de la navigation maritime.

Chapitre V. — Droits de visite. Pourvois. Devoirs des capitaines.

Chapitre VI. — Dispositions transitoires.

Chapitre VII. — Dispositions applicables aux navires étrangers.

Chapitre VIII. — Réglementation du travail.

Annexe A. — Permis de navigation.

Annexe B. — Permis provisoire de navigation.

INSTRUCTION

Chapitre I. — Dispositions générales.

Les deux règlements d'administration publique prévus par les articles 53 et 54 de la Loi du 17 Avril 1907 concernant la sécurité de la navigation maritime et l'organisation du travail à bord des navires de commerce étant intervenus les 20 et 21 Septembre 1908 et ayant été publiés au *Journal officiel* du 26 du même mois, c'est à la date du 27 Mars 1909, soit six mois écoulés après cette publication, que la nouvelle législation est entrée en vigueur, conformément à la disposition inscrite au paragraphe 2 de l'article 56 de la dite loi.

Objet de la loi et des règlements. — Leur portée réformatrice.

1. Votre attention a déjà été appelée sur l'importance considérable de cet acte législatif, dont les dispositions ont un triple objet :

a. Assurer dans les meilleures conditions la navigabilité des bâtiments de mer ;

b. Faire observer, dans les installations et aménagements de ces bâtiments, les règles de l'hygiène et édicter les mesures de salubrité que réclame l'état sanitaire du bord ;

c. Enfin, organiser le travail des équipages selon les principes généraux de la législation ouvrière contemporaine.

La Loi du 17 Avril 1907, procédant à la fois du régime tutélaire spécial que l'Etat a invariablement assuré aux gens de mer et du principe de protection des travailleurs et salariés de toutes catégories qui se retrouve dans tous les actes législatifs fondamentaux édictés en France depuis vingt-cinq ans, est une loi résolument réformatrice ; il importe que les agents chargés d'assurer son exécution se pénètrent bien de cette idée fondamentale.

Le législateur a voulu assurer aux travailleurs des industries maritimes toute la sécurité compatible avec les risques de la navigation, une existence à bord conforme aux règles d'une bonne hygiène, protectrice de leur santé, enfin des conditions de travail établies avec le souci de respecter les droits individuels de l'homme qui loue ses services, avec la préoccupation de ménager ses ressources d'énergie et de rémunérer équitablement l'effort anormal qu'on doit, dans certains cas, exiger de lui. Il appartient au Département de la Marine, à qui incombe le soin d'appliquer la nouvelle loi ouvrière maritime, de faire produire à cet instrument de protection des marins les résultats qu'a eus en vue le législateur qui en a réglé le fonctionnement et que les marins et armateurs sont en droit d'en attendre.

J'ai confiance que cette tâche, si complexe et si délicate qu'elle soit, sera exactement et complètement remplie, grâce au dévouement éclairé des diverses autorités à qui elle va incomber désormais et, en particulier, à la sollicitude vigilante et dévouée du corps des administrateurs de l'Inscription Maritime, spécialement chargé du service de la police de la navigation.

Principes généraux de la loi en ce qui concerne les garanties de sécurité.

2. Pour accomplir la réforme profonde qui s'imposait en chacune des matières qu'embrasse la Loi du 17 Avril 1907, le législateur a pensé qu'il n'était pas possible de tenter une adaptation aux nécessités nouvelles de la réglementation en vigueur, éparse dans une infinité de textes, très anciens pour la plupart, et de se contenter d'amender et de compléter cette réglementation qui ne répondait plus aux besoins actuels de la navigation. Il a fait table rase de toute la législation antérieure relative aux questions auxquelles touche la Loi du 17 Avril 1907 et a construit, peut-on dire, un monument entièrement neuf.

L'abrogation des actes antérieurs a, par conséquent, d'ores et déjà, cet effet, que les commissions multiples instituées par la Loi des 9-13 Août 1791 pour la visite de la coque, du gréement, du matériel de rechange, des feux et signaux et des approvisionnements ; par le Décret du 1er Février 1893 pour la visite des appareils à vapeur ; par l'arrêté du 2 Mai 1904, pour la surveillance du matériel de sauvetage à bord des navires à passagers ; par le Décret du 11 Septembre 1896 pour la fixation du nombre maximum de passagers ; par l'Ordonnance du 4 Août 1819 pour la visite des coffres à médicaments, n'ont plus d'existence légale depuis le 27 Mars 1909 et doivent, par suite, cesser de fonctionner, ainsi que le porte d'ailleurs expressément l'article 56 (§ 1er) de la loi.

En décidant de concentrer au Ministère de la Marine tout ce qui concerne la sécurité de la navigation maritime, le Parlement a voulu également que le système de l'unité de visite et de l'unité de commission fût substitué au système, précédemment suivi, de la spécialisation des visites.

En vertu des dispositions des articles 1er et 4 de la Loi du 17 Avril 1907, tous les navires de plus de 25 tonneaux devront, avant d'être mis en service, être visités par une Commission de 11 membres, dans laquelle ont été réunies toutes les compétences techniques nécessaires pour apprécier les conditions de construction du navire, de fonctionnement de ses appareils, d'habitabilité de ses locaux, etc. Alors que les garanties données par la précédente législation au point de vue de la visite des navires (au moins en ce qui concerne la visite des coques et du gréement) étaient absolument insuffisantes, puisque les experts, nommés par les tribunaux de commerce des villes maritimes, le plus souvent composés d'armateurs, pouvaient être considérés comme n'ayant pas l'indépendance nécessaire vis-à-vis des chefs des industries qu'ils avaient mission de contrôler, la Loi de 1907 fait concourir le personnel naviguant, à côté d'hommes techniques choisis parmi les plus autorisés, à la visite des bâtiments de mer, et les représentants des marins entreront dans les nouvelles Commissions avec l'autorité de l'investiture ministérielle.

Une fois mis en service, les navires seront soumis à des visites périodiques, les unes en cale sèche, les autres à flot, effectuées par une sorte de délégation de la Commission principale, qui aura à vérifier l'état de la coque, de l'armement et des appareils mécaniques (articles 5 et 6). Il sera procédé, dans les mêmes conditions, à des visites extraordinaires, chaque fois que le navire aura subi des avaries graves ou qu'il aura été apporté de notables changements dans la construction ou les aménagements.

Enfin, les visites de partance seront effectuées par un agent de création nouvelle, l'inspecteur de la navigation maritime, dont l'article 7 a défini les attributions, et qui sera à la fois le représentant permanent des commissions de visite et l'agent de contrôle des approvisionnements, des cartes et instruments nautiques, de l'effectif de l'équipage, et, en général, de tout ce qu'il peut être intéressant de vérifier à bord d'un navire avant qu'il prenne la mer. Il pourra se faire assister, pour certaines vérifications techniques, d'experts qu'il aura réquisitionnés et, si le navire ne lui paraît pas en état, pour une cause quelconque, de prendre la mer sans danger pour l'équipage ou les passagers, il en interdira le départ ou l'ajournera jusqu'à exécution des conditions qu'il aura prescrites en se basant sur les dispositions de la loi et des règlements.

Le personnel des inspecteurs de la navigation maritime, constitué selon les indications de l'article 9 de la loi, par le décret du 26 Mars dernier, est recruté parmi les capitaines au long cours et capitaines au cabotage ayant l'expérience de la navigation et du commandement, ou, à l'occasion, parmi les officiers de marine en retraite. Ces fonctionnaires présenteront ainsi toutes les garanties souhaitables de capacité et d'indépendance. Ils auront à faire face à des obligations multiples et délicates qui exigeront une activité de tous les instants, un esprit de décision, une sage modération unie à une grande fermeté de caractère. Le Département s'inspirera de ces considérations dans le choix des nouveaux inspecteurs ; il appartiendra aux administrateurs, sous l'autorité desquels ces agents seront placés, de les guider dans la mesure où il sera utile, d'exercer sur eux la direction nécessaire pour arriver à en faire un personnel d'élite vraiment digne de la mission qu'il aura à remplir, assurant son service avec tact, réflexion, conscience de ses devoirs et de sa responsabilité.

Innovations de la loi.

a) Prescriptions d'hygiène.

3. La réglementation antérieure n'était pas seulement défectueuse dans son principe ; elle était aussi fort incomplète. C'est ainsi qu'aucune règle précise n'existait en ce qui concerne certains éléments essentiels de la sécurité, tels que l'embarquement d'instruments et de documents nautiques, la limite de chargement. Les prescriptions en matière d'embarquement d'objets d'armement et de rechange étaient différents selon les ports. Le matériel de sauvetage, réglementé pour les navires à passagers, ne l'était pas pour les bâtiments n'ayant à bord que leur équipage, comme si le personnel marin n'avait pas droit, à cet égard, à la même sollicitude que le personnel passager. La nouvelle réglementation a comblé ces lacunes.

Au point de vue de l'hygiène, où il y avait tant à faire, — puisque seule la réglementation spéciale aux transports d'émigrants et les cahiers des charges des services postaux contenaient à cet égard des prescriptions fermes, n'intéressant d'ailleurs que le personnel émigrant ou les passagers d'entrepont, mais non l'équipage, — la nouvelle loi et les règlements rendus pour son exécution prévoient minutieusement toutes les conditions d'habitabilité des locaux de toute nature, toutes les mesures utiles pour leur aménagement et leur entretien.

Le cube d'air minimum des postes d'équipage et autres locaux affectés à l'habitation est strictement déterminé ; leur installation, leurs aménagements sont soumis à des règles détaillées au point de vue de l'aération, de l'éclairage, du chauffage ; des prescriptions sont édictées en ce qui concerne le couchage des hommes, la disposition des cuisines, des lavabos, l'installation des cambuses, des caisses à eau et charniers, des bouteilles et poulaines. Un hôpital avec ses annexes obligatoires, pharmacie, salle de bains, chambre d'isolement, est prévu sur tout navire destiné a effectuer des traversées de plus de 48 heures et devant embarquer plus de 100 personnes.

Des mesures de salubrité, d'entretien et de propreté sont rendues réglementaires, non plus seulement dans un but de préservation des maladies pestilentielles, comme l'avait fait le décret du 4 janvier 1896, qui a eu surtout en vue la préservation du continent bien plus que l'état sanitaire du bord lui-même, mais dans l'intérêt même de l'hygiène sur les navires et de la santé des équipages, avec le souci de lutter efficacement contre toute maladie contagieuse, de combattre surtout la tuberculose, qui « décime nos équipages de commerce » et qui, comme on l'a dit, « y exerce des ravages plus grands que la peste, le choléra et la fièvre jaunes réunis ». (Dr CHANTEMESSE, *Frontières et prophylaxie*).

L'importante question de la nourriture des équipages fait l'objet de dispositions nouvelles : pour rendre désormais impossibles certains abus, la loi pose en principe l'obligation de distribuer aux hommes une ration équivalente à celle prévue pour les marins de la Flotte, équivalence qui n'était de règle jusqu'ici qu'à défaut de toute clause à cet égard dans les conditions d'engagement — et interdit aux armateurs de charger à forfait le capitaine ou un membre quelconque de l'état-major du navire de la nourriture du personnel embarqué.

b) Réglementation du travail et des effectifs.

4. Enfin, la Loi du 17 avril 1907 régit les conditions du travail à bord des navires, tant pour les officiers que pour l'équipage, d'abord en limitant les heures normales de travail quotidien et en imposant sur les navires le repos hebdomadaire, comme il a été fait dans les industries qu s'exercent à terre, — puis en exigeant, sur tout navire effectuant une navigation un peu importante, l'embarquement d'officiers capables de seconder et de suppléer le capitaine, et la présence à bord d'un équipage suffisant pour assurer la répartition du service entre un nombre de bordées déterminé.

Tout en reconnaissant qu'il ne saurait être question de régler le travail, à bord d'un navire livré à tous les hasards et à tous les périls de la mer, dans des conditions telles que chaque homme n'ait à fournir, en toutes circonstances, qu'un nombre déterminé d'heures de service, le législateur a pensé qu'il ne serait pas juste de priver les marins de toutes les garanties que la loi accorde aux ouvriers des autres industries contre le surmenage, d'autant que si un équipage est soumis à des fatigues excessives, c'est le salut du navire et de toutes les existences qui lui sont confiées qui se trouve en péril. Il s'est préoccupé, en conséquence, d'instituer une réglementation tout à la fois assez rigide pour empêcher formellement une trop longue durée de la journée de travail, et assez souple pour assurer, en face de toutes les éventualités si nombreuses de la vie maritime, l'exécution des services nécessaires.

A cet effet, la loi de 1907 a fixé une durée normale de travail quotidien pour les différentes catégories de personnel et elle a imposé, pour toutes les heures supplémentaires (sauf le cas où le salut du navire, des personnes embarquées ou de la cargaison est en jeu), un supplément de rémunération proportionnel. De la sorte, tout surcroît de travail exigé des hommes dans le seul intérêt de l'employeur donne droit à un supplément de salaire.

De même, si l'on a reconnu l'impossibilité d'assigner, a priori, à chaque bâtiment l'équipage exact qui lui convient dans tous les cas, sans tenir compte de son genre de construction et de son outillage, de la nature de son chargement, de la variété des saisons et de la diversité des mers à parcourir, la loi a pu, en s'inspirant non seulement des règles appliquées dans les principales marines étrangères, mais aussi des usages déjà suivis par le plus grand nombre de nos compagnies de navigation et entreprises d'armement, édicter une réglementation générale qui impose indirectement aux navires un effectif déterminé d'officiers et d'hommes d'équipage, en ordonnant, en principe, la répartition du personnel de pont en deux quarts et celle du personnel des machines en trois quarts.

Des dispositions spéciales règlent les travaux de nettoyage, notamment la tenue en état des machines, les conditions dans lesquelles il est procédé à l'enlèvement des escarbilles dans les chaufferies, l'application du principe du repos hebdomadaire, tant à la mer que dans les ports ou sur les rades.

Mais cette réglementation, loin de méconnaître l'autorité du capitaine sur ses hommes, loin d'admettre que cette autorité puisse être discutée par l'équipage, la pose en principe. C'est le capitaine qu'elle charge d'organiser et de répartir le service à bord entre son personnel, le laissant seul juge de l'opportunité de réclamer de ce personnel à tel ou tel moment un effort supplémentaire. « La loi, a écrit le rapporteur de la Commission de la Marine au Sénat, pose nettement le principe qu'aucun officier, qu'aucun homme d'équipage ne peut refuser ses services, quelle que soit la durée des heures de travail qui lui sont commandées; elle n'admet pas que les ordres du capitaine puissent être discutés, en aucun cas. Le capitaine est seul juge des circonstances dans lesquelles il croit devoir faire appel au concours de tout l'équipage, mais il doit en faire mention dans son rapport ainsi que sur le journal de bord. Si ses décisions prêtent à discussion, elles seront discutées plus tard, une fois à terre ». Tel est le principe qui domine toute cette réglementation du travail, soucieuse à la fois de maintenir fermement la discipline à bord et d'éviter les actes d'arbitraire de la part du commandement.

Pour la première fois, notre législation impose l'embarquement d'officiers sur les grands navires, et exige qu'ils soient en nombre suffisant et possèdent les aptitudes nécessaires pour assurer le service de quart dans de bonnes conditions. Il y a là un progrès considérable sur la réglementation antérieure. Si, en effet, l'Ordonnance du 1er Janvier 1786 et les décrets successifs sur le commandement des navires de commerce avaient réglé les conditions requises pour exercer les fonctions de second et de lieutenant sur les navires, aucune disposition n'avait stipulé qu'il dût être embarqué un second, des officiers, sur les bâtiments de mer, de quelque importance qu'ils fussent, comme le Décret du 1er Février 1893 l'avait fait tout au moins pour la conduite des machines d'une certaine puissance.

De plus, les conditions exigées étaient elles-mêmes très insuffisantes. Sur les navires de long-cours seulement, les seconds et officiers devaient être titulaires d'un brevet ou diplôme; dans les autres genres de navigation, les conditions fixées par l'Ordonnance du 1er Janvier 1876 étaient seules imposées, de sorte que, pour être officier sur un paquebot faisant un service de cabotage entre Marseille et l'Algérie, l'Egypte ou l'Asie Mineure, ou sur un navire faisant une campagne de grande pêche à Terre-Neuve, un marin devait simplement justifier de 18 ans d'âge et de 12 mois d'une navigation quelconque.

De telles lacunes ne pouvaient être maintenues dans notre législation maritime. Grâce à la vigilance du plus grand nombre des armateurs, des errements s'étaient établis qui suppléaient, dans une certaine mesure, aux lacunes de la loi. Pourtant, sur certains navires, un surmenage excessif était imposé aux officiers, embarqués en trop petit nombre et chargés, par suite, d'obligations beaucoup trop nombreuses; sur certains autres, l'admission comme officier de quart de matelots ignorants, ne connaissant ni les règles de barre et de route, ni les signaux destinés à prévenir les accidents, constituait un réel danger.

Pour remédier à cette situation, la loi de 1907 a exigé à bord des navires de plus de 200 tonneaux pratiquant le long cours, ou qui, armés au cabotage international ou au grand cabotage national, s'éloignent de plus de 400 milles des côtes de France, soit un second et un lieutenant, soit au moins un second, suivant leur tonnage. Elle a confirmé l'obligation, pour les officiers au long cours, d'être titulaires d'un diplôme et a réservé aux seuls mécaniciens brevetés les fonctions de chef de quart dans la machine. Le règlement du 20 Septembre 1908 a, dans les mêmes conditions, édicté des mesures analogues en ce qui concerne les bâtiments pratiquant certaines pêches. Ce sont là de nouvelles et importantes garanties de sécurité, qui ne peuvent manquer de produire les plus heureux résultats.

Enfin, la loi du 17 Avril 1907 a modifié, dans un sens plus humain, la législation relative aux mousses et aux novices, reculant pour les premiers l'âge de l'inscription et subordonnant leur embarquement à la présentation d'un certificat d'aptitude physique, interdisant, pour les uns et les autres, le service de quart de nuit et le travail dans les soutes et chaufferies.

Tel est, dans ses grandes lignes, cet acte législatif, appelé à occuper une place considérable dans l'ensemble de nos lois maritimes.

Les dispositions de la loi et des deux règlements rendus pour son exécution aux dates des 20 et 21 Septembre 1908 ont été passées en revue d'une manière aussi complète que possible dans la présente instruction. Celles de ces dispositions dont l'application pouvait donner lieu à des hésitations ont été interprétées en s'inspirant des travaux préparatoires de la loi et des délibérations dont les règlements d'administration publique ont été l'objet. Mon intention est d'ailleurs, en cas de difficultés d'interprétation de textes prêtant à discussion d'ordre juridique, d'en soumettre la solution au Conseil d'État, tout spécialement qualifié pour y procéder, à raison de la part qu'il a prise dans l'élaboration des règlements des 20 et 21 Septembre 1908.

Chapitre II. — Visite des navires nouvellement construits en France ou nouvellement acquis à l'étranger par la Commission instituée par l'article 4 de la Loi du 17 Avril 1907.

Organisation des Inspections.

5. Le Décret du 18 Novembre 1908 a arrêté la liste des ports dans lesquels il sera institué :

a. Des commissions de visite, composées dans les conditions stipulées à l'article 4 de la loi, pour la visite, prévue aux articles 1, 2 et 3, des navires neufs ou nouvellement francisés, de plus de 25 tonneaux de jauge brute, au moment de leur mise en service, et des navires étrangers embarquant pour la première fois des passagers dans un port français;

b. Des commissions de visite, composées dans les conditions stipulées aux articles 6 et 8 de la loi, pour les visites périodiques et extraordinaires des navires en service, prévues à l'article 5 et pour les contre-visites instituées par l'article 8;

c. Des services d'inspection de la navigation maritime constitués d'un plus ou moins grand nombre d'inspecteurs, selon l'importance du port, pour assurer l'application des prescriptions de l'article 7.

Ce décret a déterminé, en outre, la zone de compétence de chacune de ces commissions et de chacun de ces services.

Constitution des Commissions de Visite.

6. En exécution de l'article 4 de la loi, l'administrateur de l'Inscription Maritime de chaque quartier — que celui-ci soit ou non le siège d'une Commission de visite — devra dresser, au com-mencement de chaque année, dans les conditions indiquées par les Dépêches des 22 Octobre 1908 et 3 Février 1909, une liste générale des personnes rentrant dans les différentes catégories annexées audit article, et susceptibles de faire partie des commissions de visite instituées par l'article 4, et, par suite, de celles instituées par les articles 6 et 8 comprises dans la même zone, puisque les membres de ces dernières seront pris sur les mêmes listes générales.

Ces listes, pour l'établissement desquelles les administrateurs auront à provoquer les désigna-tions des groupements professionnels régulièrement constitués, d'armateurs, de capitaines au long cours et des différentes catégories du personnel naviguant, conformément à l'article 4, paragraphe 5 de la loi, seront centralisées par les chefs du Service de l'Inscription Maritime et me seront adressées le 10 Janvier de chaque année, au plus tard, sous le timbre : « *Direction de la Navigation et des Pêches Maritimes : Bureau de la Navigation Maritime* ».

Les représentants des armateurs et des assureurs devront être portés sur des listes à part, en vue de leur transmission, par mes soins, à M. le Ministre du Commerce et de l'Industrie, à qui il appartient d'y donner son approbation (art. 4, § 13).

Une fois approuvées, ces listes, établies par ordre alphabétique dans chaque catégorie et com-prenant toutes les personnes appartenant aux divers quartiers situés dans la même zone de compé-tence, seront affichées dans le bureau de l'Administrateur, chef de chacun des quartiers qui sont le siège d'une Commission. C'est d'après ces listes que ledit Administrateur désignera, dans chaque catégorie « par roulement, à moins d'impossibilité, en tenant compte des absences et autres empê-chements, les membres de la Commission qui sera chargée, pendant une période déterminée, de toutes les visites des bâtiments nouvellement construits ou nouvellement acquis à l'étranger » (art. 4, § 14).

La période pendant laquelle chaque série de visiteurs sera maintenue en fonctions sera, en principe, fixée à un mois. Toutefois, les administrateurs qui jugeront préférable d'augmenter ou de réduire cette durée, pourront organiser le roulement dans d'autres conditions, sous réserve d'en rendre compte en faisant connaître les motifs de leur décision.

Il y aura lieu, autant que possible, de régler le tour de rôle de manière que les mêmes membres ne fassent pas partie, durant une même période, de la Commission de l'article 4 et de l'une des commissions de l'article 6 instituées dans le même ressort.

La question s'est posée de savoir si, au nombre des empêchements visés à l'article 4, paragraphe 14 de la loi, qui peuvent rendre éventuellement impossible la désignation de tels ou tels visiteurs ap-pelés par leur tour de roulement à faire partie d'une Commission pendant une période déterminée, il y a lieu d'admettre certaines circonstances, que les hasards du roulement peuvent faire naître et dans lesquelles ces visiteurs, pour des motifs de parenté ou d'intérêt, pourront être considérés comme n'ayant pas toute la liberté d'appréciation indispensable. Tel pourrait être, par exemple, le cas d'un armateur se trouvant chargé de la visite d'un navire lui appartenant ou appartenant à une société concurrente, ou d'un capitaine appelé à visiter le navire d'une compagnie au service de laquelle il aurait navigué. Comme il importe que l'impartialité absolue de toutes les personnes chargées de concourir à l'application de la loi ne puisse être contestée, la désignation automatique par voie de roulement devrait nécessairement, en semblable circonstance, être modifiée.

J'ai décidé, en conséquence, que l'Administrateur de l'Inscription Maritime aura toujours le droit de récuser les membres d'une commission de visite, soit lorsqu'il le jugerait lui-même néces-saire, soit lorsqu'une demande basée sur des motifs reconnus justifiés lui serait présentée en temps utile, c'est-à-dire vingt-quatre heures au moins avant la visite, par le propriétaire du navire ou son représentant. Il en serait de même si une demande de récusation était formulée par les représen-tants de l'équipage d'un navire avant la contre-visite prévue par l'article 8 de la loi.

Les membres récusés seront remplacés par ceux de leurs collègues de la même spécialité venant immédiatement après eux dans l'ordre du roulement.

Règles générales relatives à la visite des navires neufs ou nouvellement francisés.

7. Aux termes de l'article 1ᵉʳ de la loi, « aucun navire français, à voiles, à vapeur ou à propulsion mécanique, de commerce, de pêche ou de plaisance, de plus de 25 tonneaux de jauge brute, ne peut être mis en service sans avoir reçu un permis de navigation ».

Le mot navire doit s'entendre ici de tout bâtiment effectuant une navigation maritime ainsi que de tout engin flottant (drague, porteur, citerne, chaland, etc.), effectuant une navigation professionnelle ou embarquant des hommes pratiquant la navigation à titre professionnel dans les conditions fixées par la Loi du 14 Juillet 1908 et ayant plus de 25 tonneaux de jauge brute.

Le document nouveau appelé « permis de navigation » est délivré par l'administrateur de l'Inscription maritime du port d'armement après que le navire a subi une visite complète.

Cette visite comporte un examen à sec de la carène et différentes constatations ayant pour objet de s'assurer que toutes les parties de la coque sont dans de bonnes conditions de construction, de navigabilité et de fonctionnement et un examen des conditions de construction et de fonctionnement des appareils à vapeur ou autres, des constatations relatives à l'aménagement, l'habitabilité et la salubrité des locaux de toute nature, à l'installation à bord et au bon fonctionnement des appareils et engins de sauvetage, aux objets d'armement et de rechange, aux instruments et documents nautiques, au matériel médical et pharmaceutique, au nombre maximum de passagers que le navire peut transporter et enfin aux marques de franc-bord.

Si le navire a été construit dans un port autre que celui où doit avoir lieu son premier armement, il subit, conformément aux articles 2 et 17 de la loi, dans le port de construction, les visites prescrites par les paragraphes 1º, 4º et 6º de l'article 1ᵉʳ de ladite loi, — c'est-à-dire celles relatives à la coque, aux engins de sauvetage, au matériel médical et aux appareils moteurs, à vapeur ou autres, — en vue de la délivrance d'un permis provisoire de navigation, et, au port d'armement, toutes les autres visites nécessaires pour obtenir le permis définitif.

Si le navire a été construit dans un port étranger, il y subit, dans les conditions prévues par l'article 16 de la loi, les visites et essais réglementaires. Toutefois, il y a lieu de distinguer suivant qu'il se rend directement de ce port dans le port de France où il doit être immatriculé et armé, ou si, en vertu de la tolérance consentie en faveur des navires francisés provisoirement, il fait un voyage avec une autre destination quelconque. Dans le premier cas, il subit seulement à l'étranger, en vue de la délivrance d'un permis provisoire, les visites et essais prescrits par les paragraphes 1º, 4º et 6º de l'article 1ᵉʳ de la loi; dans le second cas, il doit être soumis, par les soins du Consul à toutes les vérifications et épreuves utiles pour obtenir un permis de navigation de caractère définitif. L'essai de pression hydraulique prévu par l'article 52 du règlement du 21 Septembre 1908 peut, toutefois, n'être pas exigé, si le propriétaire du navire produit un certificat émanant d'une autorité reconnue et authentiquée par le Consul constatant que cet essai a été effectué.

S'il s'agit d'un navire qui, sans être neuf, a été nouvellement acquis à l'étranger, la visite a lieu, soit intégralement dans le port étranger où se trouve le navire lors de la conclusion de la vente ou dans le port français où il est conduit pour les formalités de la francisation définitive et de l'immatriculation, soit en deux fois, dans les conditions indiquées aux paragraphes précédents. Elle comporte, en tout cas, la mise à sec du navire et toutes les constatations exigées lors de la visite à sec de quatrième année des navires en service, complétée par une visite des propulseurs et de l'arbre porte-hélice et, s'il y a lieu, par des essais de cloisons, water-ballast, coquerons et cales à eau. La Commission doit procéder, en outre, à la vérification des soupapes de sûreté, au timbrage des chaudières, dans les conditions des articles 53 et 54 du règlement. Elle doit, d'autre part, vérifier si le navire satisfait à toutes les conditions exigées par l'article 1ᵉʳ de la loi pour les navires nouvellement construits en France, en tenant compte, s'il y a lieu, des certificats ou pièces qui lui assureraient avant sa francisation un traitement d'équivalence.

Lorsqu'un navire mis en chantier en France ou dans les colonies françaises n'est pas construit sous le contrôle d'une société de classification reconnue, en vue de recevoir la première cote de cette

Société, il doit être soumis avant son lancement à la visite de la Commission pour les essais d'étanchéité de la coque (cloisons étanches, doubles fonds, cales à eau et coquerons) et pour l'épreuve de pression hydraulique des chaudières prescrites par l'article 52 du Règlement du 21 Septembre 1908.

Avant la mise en chantier ou en cours de construction, les constructeurs de la coque et des différentes parties ou appareils du navire auront toujours la faculté de solliciter les avis de la Commission au sujet d'un plan ou d'une proposition quelconque se rapportant à la construction ou à l'aménagement du navire. La Commission devra, dans ce cas, fournir une réponse dans le délai maximum de dix jours,

Des visites de la Commission pourront être également demandées en cours de construction si les intéressés désirent être fixés sur l'approbation ultérieure de telle ou telle disposition.

Si, dans ces conditions, la Commission émet une approbation sans réserves, les plans, dispositions ou travaux au sujet desquels cette approbation aura été donnée ne devront plus être discutés lors de la visite qui précédera immédiatement la mise en service; leur exécution seule, pourrait, en cas de malfaçon, donner lieu à un refus d'acceptation.

Les modifications décidées en cours de construction devront être notifiées à la Commission par le constructeur, si elles affectent les plans ou travaux qui lui auront été primitivement soumis.

En cas de contestation touchant l'échantillonnage de la coque et des appareils moteurs et évaporatoires, les règlements du Bureau Veritas constitueront pour les commissions de visite une base d'appréciation précise.

Demande de visite avant le lancement.

8. Les demandes au vu desquelles les administrateurs de l'Inscription maritime ou les fonctionnaires coloniaux provoqueront la réunion de la Commission instituée par l'article 4 ou des commissions similaires constituées aux colonies pour qu'il soit procédé aux visites obligatoires ou facultatives avant lancement visées au paragraphe précédent, doivent être adressées par écrit à l'administrateur de l'Inscription maritime du port de construction ou, s'il s'agit d'un port des colonies françaises, à l'autorité coloniale compétente.

Les avis de la Commission sur un plan ou sur une disposition proposés doivent également être demandés par écrit aux mêmes autorités.

Demande de premier permis de navigation.

9. Après le lancement, le propriétaire du navire doit adresser à l'administrateur de l'Inscription maritime du port d'armement ou, s'il s'agit d'un port des colonies françaises, à l'autorité coloniale compétente, une demande écrite de permis de navigation. Cette demande devra parvenir dix jours au moins avant la date projetée pour la mise en service.

Demande d'un permis provisoire de navigation.

10. La même procédure sera employée lorsque, le navire devant se rendre de son lieu de construction à son port de premier armement, le propriétaire demandera seulement la délivrance du permis provisoire de navigation prévu par l'article 17 de la loi. Toutefois, celui-ci devra, d'autre part, adresser dans le même délai, à l'Administrateur du port d'armement une autre demande en vue de la délivrance du permis de navigation définitif.

Le délai sera réduit à cinq jours lorsque la demande de permis provisoire s'appliquera à un navire nouvellement acquis à l'étranger.

Demande de premier permis de navigation des navires nouvellement acquis à l'étranger.

11. Lorsqu'un navire nouvellement construit ou nouvellement acquis à l'étranger devra y prendre armement, sous pavillon français, soit à destination du port français où il devra être immatriculé, soit à destination d'un autre port étranger, une demande devra être adressée, selon les mêmes règles, au Consul général, Consul ou Vice-Consul de France de la juridiction duquel dépend le port étranger où se trouvera le navire, en vue de la délivrance d'un permis provisoire dans le premier cas, d'un permis définitif dans le second.

Indications et pièces à fournir.

12. Toutes les indications énumérées à l'article premier du Règlement du 21 Septembre 1908, doivent être contenues dans les demandes de permis provisoire comme dans les demandes de permis définitif. Les pièces mentionnées à l'article 2 du même Règlement devront également être produites lorsqu'il s'agira d'une demande de permis provisoire, mais elles seront restituées au propriétaire en temps utile pour pouvoir être jointes à la demande de permis définitif.

Conditions générales auxquelles doivent satisfaire les navires.

13. Pour obtenir leur premier permis de navigation à la suite de la visite à laquelle il sera procédé par la Commission instituée par l'article 4 de la loi, les navires devront satisfaire aux conditions générales de construction et d'aménagement prescrites par la loi et par le Règlement du 21 Septembre 1908.

La Commission devra s'assurer que les navires satisfont à ces prescriptions, sous réserve des dispositions particulières prévues par un certain nombre d'articles dudit Règlement. Pour les navires de commerce ou de plaisance et les navires de pêche à voiles de moins de 200 tonneaux, pour les navires de pêche à vapeur ou à propulsion mécanique de moins de 250 tonneaux, pour les yachts de course, quel que soit leur tonnage, et pour les bâtiments destinés à des affectations spéciales, la Commission peut proposer des exceptions aux prescriptions de ce Règlement, sauf toutefois en ce qui concerne les dispositions des chapitres III et VII (appareils à vapeur et tirant d'eau maximum), qui devront être appliquées intégralement (art. 128 du Règlement). Il sera statué sur ces propositions par le Ministre, après avis de la Commission supérieure.

Dispenses dont bénéficient les navires cotés.

14. En exécution de l'article premier (§ 2,1°) de la Loi du 17 Avril 1907 et de l'article 62 du Règlement du 21 Septembre 1908, les navires dont le propriétaire a joint à sa demande de permis de navigation un certificat définitif ou provisoire de première cote délivré par une Société de classification reconnue par le Ministre de la Marine, sont dispensés des vérifications et essais qui portent sur la coque, les machines et chaudières et leurs dépendances (mâture, pompes, appareils auxiliaires, appareils électriques, rechanges), c'est-à-dire sur les points qui font l'objet des visites prévues par les règlements de ces Sociétés.

Ces navires restent astreints à toutes les autres vérifications, notamment à celles intéressant l'aménagement, l'habitabilité et la salubrité des locaux, le matériel de sauvetage, les cartes et instruments nautiques, le matériel médical et pharmaceutique, le nombre maximum de passagers et les marques de franc-bord.

Les navires construits à l'étranger sous le contrôle d'une Société de classification reconnue jouissent des mêmes dispenses que ceux construits en France.

Les Sociétés le *Bureau Veritas* et le *Lloyds' Register of British and Foreign Shipping*, reconnues par arrêté du 5 Septembre 1908, sont les seules qui jouissent actuellement de ce privilège.

Visite avant lancement.

15. Les visites en cours de construction ont pour objet, d'une part, les essais d'étanchéité des doubles fonds, coquerons et cales à eau, ainsi que l'essai des cloisons étanches des navires à coque métallique, et, d'autre part, la première épreuve hydraulique des chaudières.

Les essais d'étanchéité doivent avoir lieu avant que les fonds ne soient cimentés et recouverts de leur peinture définitive.

En dehors de ces opérations obligatoires, la Commission peut effectuer avant le lancement les constatations relatives à la solidité et à l'échantillonnage de la coque, et elle peut également procéder à la visite des prises d'eau et sorties d'arbres ainsi qu'à l'examen extérieur de la carène.

Pour les navires en bois qui doivent être doublés, cet examen a lieu avant la mise en place du doublage.

Le constructeur doit prendre toutes les dispositions utiles pour faciliter les opérations de la Commission, et mettre à sa disposition le personnel et le matériel nécessaires.

Visite à sec après lancement.

16. Lorsqu'il n'a pas été procédé avant le lancement à l'examen extérieur de la carène, des prises d'eau et sorties d'arbres, la Commission effectue cet examen après que le navire a été abattu en carène, mis en bassin sec, sur un slipway ou sur un gril.

Visite à flot dans le port d'armement.

17. Les visites à flot dans le port d'armement ont pour objet les différentes vérifications énumérées ci-après (sauf celles qui ont été faites avant le lancement), ainsi que les essais des chaudière et leur timbrage.

Pour cette visite, le navire est présenté à la Commission à l'état lège — sauf le lest nécessaire à assurer sa stabilité — les cales, coquerons et soutes étant, autant que possible, vides et dégagés. Des dispositions sont prises par le propriétaire du navire pour qu'on puisse accéder facilement à toutes les parties de la coque qui doivent être inspectées. Le personnel et le matériel nécessaires pour effectuer tous les essais et vérifications sont mis par lui à la disposition de la Commission.

Vérifications relatives à la solidité et à l'étanchéité de la coque.

18. La Commission doit s'assurer que la coque est étanche et possède la solidité suffisante pour le service auquel le navire est destiné.

Sur les navires en bois, la Commission examine le calfatage ; sur les navires à coque métallique, elle visite avec soin les coutures longitudinales et les abouts du bordé.

Elle vérifie les prises d'eau et, sur les navires à vapeur et à propulsion mécanique, la sortie de l'arbre et le propulseur.

L'étanchéité des doubles fonds, coquerons et cales à eau est vérifiée en les soumettant à une pression intérieure égale à celle d'une colonne d'eau s'élevant à une hauteur de 2m,40 au-dessus du plafond, à moins que la flottaison en charge ne soit plus élevée, auquel cas la colonne d'eau doit s'élever jusqu'à la hauteur de cette flottaison.

Si des fuites sont constatées, il est procédé, après remise en état, à un nouvel essai. L'obturation des fuites au moyen de ciment, de mastic ou d'enduits n'est pas admise.

La Commission éprouve à la lance sur les deux faces les cloisons étanches, et en particulier la cloison d'abordage.

Dans la visite après lancement, la Commission s'assure de l'étanchéité de la coque dans tous les compartiments. A cet effet, des parties du vaigrage sont enlevées suivant besoin. L'état du cimentage est vérifié, et, si des suintements sont constatés, son enlèvement peut être exigé là où ils se produisent.

Au cours des différentes visites, la Commission examine toutes les parties intérieures de la coque : bordé et vaigrage, bordé des ponts, membrures, varangues, doubles fonds, carlingues, serres et gouttières, barrots, épontilles, etc.

Vérifications relatives au cloisonnement.

19. En ce qui concerne le cloisonnement, la Commission s'assure que tout navire à voiles en fer ou en acier possède à l'avant une cloison d'abordage étanche placée à une distance convenable de l'étrave, dûment échantillonnée et renforcée, et ne comportant aucune porte ou vanne.

S'il s'agit d'un navire à vapeur, il doit être muni de cloisons transversales étanches en tôle, convenablement échantillonnées et renforcées, comprenant : une cloison d'abordage placée à l'avant, à une distance convenable de l'étrave, et ne comportant aucune porte ou vanne; une cloison à l'avant et une cloison à l'arrière du compartiment des machines et chaudières ; pour les navires à hélice, une cloison au presse-étoupe du manchon de l'arbre porte-hélice ; enfin, des cloisons intermédiaires en nombre voulu pour que la longueur d'un compartiment n'excède pas en principe 27^m,50. Toute fois, des dérogations à cette dernière règle peuvent être admises exceptionnellement lorsqu'elles se justifient par la nature des chargements que le navire est destiné à transporter.

S'il existe des ouvertures dans les cloisons étanches autres que la cloison d'abordage, la Commission doit s'assurer qu'elles sont pourvues de systèmes de fermeture étanches, manœuvrables d'un entrepont situé au-dessus de la flottaison en charge.

Sur les navires en bois, il doit exister à l'avant et à l'arrière du compartiment des machines et chaudières, des cloisons en tôle ou en bois.

Dans ce dernier cas, les cloisons doivent être recouvertes de feuilles de tôle.

Lorsque le compartiment des machines n'est pas placé à l'arrière, la prudence impose l'existence sur les navires à coque métallique, d'un tunnel étanche fermé par une porte étanche, s'étendant de la cloison du presse-étoupe à la cloison arrière du compartiment des machines.

Vérifications relatives aux ouvertures dans les ponts et dans la muraille.

20. La Commission visite toutes les ouvertures dans les ponts et dans la muraille, panneaux de chargement, panneaux de soutes, sabords, portes d'embarquement, hublots, claire-voies, et s'assure du bon fonctionnement, et, s'il y a lieu, de l'étanchéité des fermetures.

Elle vérifie si les hiloires des écoutilles des ponts exposés sont solidement construites et renforcées, si elles ont une hauteur suffisante au-dessus du pont, soit au moins 0^m,45 sur les navires à coque métallique, et même 0^m,60 sur les grands navires ; si elles sont munies d'un système de fermeture pouvant être rendu étanche et rapidement mis en place.

Elle s'assure que, sur les navires à passagers, les panneaux percés dans les ponts inférieurs fixes et calfatés sont également disposés de façon à pouvoir être fermés hermétiquement.

Elle procède aux mêmes vérifications en ce qui concerne les panneaux de soute, entourages de claires-voies et descentes.

Elle ne doit pas perdre de vue que, sur les navires à vapeur, les entourages des ouvertures placés au-dessus des compartiments des machines et chaudières doivent être de construction robuste et les claires-voies qui les surmontent disposées de façon à pouvoir être fermées, soit au moyen de prélarts, soit par tout autre procédé, que la hauteur des entourages des panneaux des machines et chaudières au-dessus du pont doit être d'au moins 0^m,75, à moins que ces entourages ne soient établis sur le pont d'une superstructure, enfin que les grillages au-dessus des chaufferies doivent être munis de volets permettant de les obturer par mauvais temps.

Elle veille à ce que les portes d'embarquement, les sabords et autres ouvertures percées dans la muraille soient pourvus d'un système de fermeture étanche et robuste, à ce que tous les hublots percés dans la muraille soient munis de contre-hublots intérieurs, ceux susceptibles d'être avariés par le choc des ancres étant garantis par un fort grillage. Elle veille également à ce que l'encadrement des verres de hublots percés dans le bordé extérieur ne soit, en aucun cas, en fonte de fer. Le fonctionnement et, s'il y a lieu, l'étanchéité des fermetures doivent avoir toute son attention.

Vérifications relatives aux pavois, rambardes et passerelles.

21. La Commission s'assure que les ponts exposés, ainsi que les ponts des dunettes et châteaux sont entourés de rambardes ou de pavois ayant, sur les navires en fer ou en acier, une hauteur d'environ 1 mètre, que les pavois sont percés de sabords et de dalots de dimensions suffisantes pour assurer l'évacuation rapide de l'eau embarquée, que les sabords sont garnis de grillages sur les navires à passagers, lorsque leurs dimensions les rendent dangereux ; que leurs portes de fermeture sont disposées de manière à s'ouvrir en dehors, que, lorsqu'il est fait usage de rambardes sur les navires à passagers, les tringles horizontales ne sont pas distantes les unes des autres de plus de 0 m. 25 c., à moins qu'elles ne soient garnies d'un filet ou d'un grillage solide, enfin que les passerelles fixes et volantes les échelles et descentes ont au moins 0 m. 45 de large et sont munies, d'un côté au moins, d'une main courante.

Examen du gouvernail et de l'appareil à gouverner.

22. Elle examine si la roue du gouvernail est placée de telle sorte que le timonier ait la vue aussi dégagée que possible vers l'avant du navire et des deux bords, si toutes les parties de l'appareil à gouverner, roues, drosses, poulies de retour, secteur et gouvernail proprement dit, sont de construction suffisamment robuste et veille à ce que le safran du gouvernail soit pourvu d'une forte manille ou d'un trou à sa partie arrière au-dessus de la flottaison. Elle exige que, sur les navires à passagers, et dans les parties du navire qui leur sont affectées, les organes en mouvement soient protégés par des encaissements, caillebotis, etc., convenablement disposés.

Elle s'assure que l'assemblage des diverses parties de la drosse se fait au moyen de boulons ayant un diamètre suffisant, et que les drosses ou secteurs sont munis de ressorts.

Visite de la mâture des navires à voiles.

23. La mâture des voiliers doit être l'objet d'un examen sérieux : il convient de vérifier si les mâts et vergues sont robustes et en bon état et si les mâts reposent sur une emplanture solide, si les haubans, galhaubans et étais ont une résistance proportionnée aux dimensions de la mâture, si les manœuvres courantes sont disposées de façon que leur maniement ne soit pas dangereux pour l'équipage, si les enfléchures et marchepieds de vergues sont solidement assujettis et ont une résistance largement suffisante pour supporter le poids des hommes, enfin si des filières, garde-corps, etc., sont placés partout où besoin est pour aider les hommes à se maintenir et pour faciliter leur travail.

Vérifications relatives à la ventilation.

24. Au point de vue de la ventilation, la Commission s'assure que toutes les cales et tous les entreponts, constituant des compartiments séparés, sont munis de deux manches à air au moins placées autant que possible aux deux extrémités du compartiment et destinées l'une à aspirer l'air frais, l'autre à évacuer l'air vicié.

Toutes les fois qu'une portion d'un des compartiments envisagés est disposée de telle sorte que les gaz puissent s'y accumuler, il doit exister en ce point une manche à air ou un appareil d'évacuation (panneau d'aérage, col de cygne, champignon, etc.).

Les mêmes dispositions doivent être prises pour les cambuses et magasins séparés par une cloison non étanche aux gaz des cales et entreponts destinés à recevoir des chargements de charbon ou d'autres marchandises pouvant dégager des gaz dangereux.

La Commission examine l'installation des manches à air, qui doivent comporter une partie fixe et une partie mobile et amovible terminée par un pavillon. Elles doivent se prolonger au-dessous du pont supérieur jusqu'au pont formant plafond du compartiment à ventiler.

La partie fixe doit être solidement assujettie sur le pont supérieur et s'élever au-dessus de celui-ci à une hauteur minimum de 0 m. 60 ; elle doit être munie d'un dispositif permettant de l'obturer par mauvais temps.

La manche à air d'évacuation peut être remplacée soit par un panneau d'aérage, soit par un ou plusieurs cols de cygne, champignons ou autres appareils analogues, solidement fixés sur le pont et ayant une hauteur telle que l'orifice d'évacuation ou le sommet du col de cygne soit à 0 m. 60 au moins au-dessus du pont.

La hauteur de la partie fixe des manches d'aspiration, ou de l'orifice des manches et appareils d'évacuation, peut être réduite jusqu'à 0 m. 30 lorsque la manche se trouve placée sur une superstructure.

La manche d'aspiration peut être remplacée par un appareil refoulant l'air dans le compartiment.

La Commission s'assure que la portion des manches à air des cales traversant des entreponts affectés au logement de l'équipage et des passagers est étanche aux gaz et qu'il n'existe aucune porte ou vanne dans cette portion des manches à air.

La Commission vérifie que les manches à air sont disposées de telle sorte que rien ne s'oppose à la libre arrivée de l'air.

Il y a lieu de noter que la ventilation simultanée des cales et des entreponts peut se faire au moyen d'une même manche à air, le conduit desservant la cale débouchant dans celui desservant l'entrepont, d'un diamètre plus grand, et la ventilation de cet entrepont se faisant par l'espace annulaire compris entre les deux conduits.

Les prescriptions relatives à la ventilation s'appliquent aux soutes à charbon de réserve. Elles ne sont pas exigées pour les soutes principales lorsque les panneaux ou les trous à charbon sont pourvus de grillages destinés à n'être recouverts que par mauvais temps, et lorsqu'aucune raison spéciale telle qu'élévation de température due au voisinage des chaudières ou à la disposition des soutes, ne rend nécessaire une ventilation plus active.

Visite des objets d'inventaire et des rechanges pour la coque.

25. La Commission s'assure que les objets d'inventaire et de rechange, spécifiés dans les tableaux A, B et C de l'art 67 du règlement du 21 Septembre 1908, sont au complet et en bon état de fonctionnement.

Elle examine plus particulièrement les chaines d'ancre et les apparaux de mouillage, appareils à gouverner, drosses, secteurs, etc. Il est fait un essai de fonctionnement du servo-moteur et un essai du guindeau et des appareils de mouillage, sous une charge au moins égale au double du poids d'une des ancres de bossoirs. Le bon fonctionnement des transmetteurs d'ordres et porte-voix est vérifié.

Vérifications relatives aux appareils moteurs, à vapeur ou autres.

26. Les articles 33 à 51 inclus du règlement du 21 Septembre 1908 ont fixé les conditions de construction et d'installation des machines et chaudières à vapeur, déterminé les appareils de sûreté dont elles doivent être munies, réglé la disposition des soutes et des monte-escarbilles. Les articles 52 à 54 inclus ont défini les épreuves que les chaudières et les autres récipients doivent subir avant et après leur mise à bord. Les prescriptions à cet égard sont reproduites, en grande partie, du Décret du 1er Février 1893; elles ont toutefois été amendées en tenant compte des dispositions du Décret du 9 Octobre 1907 sur les appareils à vapeur dans les industries ordinaires à terre.

Épreuve à l'atelier des chaudières et récipients.

27. Pour les chaudières neuves, la première épreuve a lieu avant la mise à bord dans les conditions indiquées à l'article 52 du règlement du 21 Septembre 1908.

En règle générale, pour les chaudières construites en France ou dans les Colonies françaises, l'épreuve doit avoir lieu chez le constructeur, mais la Commission pourra cependant autoriser qu'elle soit faite, dans ce cas comme dans celui d'une chaudière neuve provenant de l'étranger, au lieu même de destination.

L'épreuve au lieu de destination doit, bien entendu, être faite sur la demande et sous la responsabilité des constructeurs ou de leurs représentants et dans des conditions matérielles qui procurent, notamment pour l'examen de l'appareil, les mêmes facilités et les mêmes garanties qu'une épreuve chez le constructeur.

La Commission effectue cette même épreuve, avant mise à bord, sur les chaudières ou récipients usagés qui ont été débarqués pour être réparés.

L'essai à l'atelier du tuyautage de vapeur et des collecteurs d'alimentation peut être fait séparément; mais, dans ce cas, la Commission prendra les mesures nécessaires pour que des pièces non essayées ne soient pas substituées, au montage, aux pièces ayant subi les épreuves.

L'examen de toutes les parties de la chaudière ou du récipient auquel la Commission doit procéder, pendant qu'est maintenue la pression d'essai doit être fait aussi rapidement que possible pour ne pas fatiguer l'appareil; le règlement a décidé (art. 52) que la durée de cet examen ne devait pas dépasser dix minutes. Si, au cours de l'essai, l'on constate une déformation dangereuse ou une fuite, l'essai est interrompu pour être renouvelé après remise en état. Toutefois, lorsque la fuite se réduit à la formation de gouttelettes isolées, pouvant être étanchées par un simple matage, le renouvellement de l'essai n'est pas exigé.

Pour cette épreuve, c'est au constructeur qu'il appartient de mettre à la disposition de la Commission de visite le personnel et le matériel nécessaire.

Vérifications et épreuves après mise à bord.

28. La Commission doit s'assurer que toutes les dispositions ont été prises en vue de la visite et des essais des chaudières et récipients. Elle vérifie que les chaudières (qui doivent être présentées vides) sont munies de tous leurs accessoires et que la plaque d'identité et le 'timbre sont placés en un endroit apparent.

Souvent les appareils soumis à l'épreuve se composent de plusieurs parties faciles à séparer les unes des autres et sur chacune desquelles il est avantageux qu'un timbre distinct soit apposé. La rédaction de l'article 53 prévoit cette solution.

La Commission examine intérieurement et extérieurement la chaudière aussi complètement que possible; elle s'assure que tous les accessoires satisfont en tous points aux prescriptions inscrites au chapitre III du règlement du 21 Septembre 1908 et qu'ils sont en bon état de fonctionnement.

Elle visite plus spécialement, dans tous leurs détails, les soupapes de sûreté, les tuyautages de vapeur et leur robinetterie.

Après cette visite, la chaudière est disposée pour subir à froid l'épreuve réglementaire définie à l'article 53 du règlement du 21 Septembre 1908.

Cette épreuve est exécutée comme il est dit plus haut pour l'épreuve avant mise à bord.

L'épreuve achevée, la Commission procède à l'apposition des poinçons réglementaires sur le timbre de la chaudière ou du récipient.

Épreuve à chaud et réglage des soupapes.

29. La chaudière est alors mise en pression pour la vérification de son fonctionnement général et pour l'épreuve des soupapes de sûreté prévue à l'article 53 du règlement du 21 Septembre 1908.

Pour vérifier la puissance d'évacuation d'une soupape, il convient tout d'abord d'en réduire la charge de manière à abaisser sa pression de levée au-dessous de la pression correspondant au timbre, d'un dixième de cette dernière ou d'un peu davantage. Il va sans dire que la chaudière doit être, à ce moment, à une pression inférieure encore à cette nouvelle pression de levée de la soupape. On laisse l'autre soupape de sûreté réglée normalement comme elle doit l'être. Les choses étant ainsi disposées, on élève la pression dans la chaudière. A l'instant où la soupape en expérience se lève, on note la pression correspondante et, à partir de cet instant, on entretient un feu vif, mais sans recourir à aucun procédé exceptionnel et en conservant le mode de tirage usité en service normal. Pendant ce temps, la chaudière ne fournit pas de vapeur à la machine motrice; on a soin néanmoins de l'alimenter, autant qu'il est utile de le faire, au moyen de l'appareil d'alimentation indépendant de la machine motrice. Dans ces conditions, la soupape en expérience doit suffire à débiter toute la vapeur produite sans que l'augmentation de pression soit de plus d'un dixième de la valeur du timbre.

Si cette condition est remplie, on admettra qu'à partir de la pression du timbre, la même soupape eût suffi à débiter toute la vapeur produite sans qu'il se fît de surpression de plus d'un dixième du timbre.

Dans le cas spécial où il paraîtrait utile à la Commission, par motif de prudence, de ne pas même élever la pression dans la chaudière à la valeur du timbre, la méthode ci-dessus serait modifiée en conséquence, au moyen d'un déchargement approprié de la soupape à expérimenter.

Au cours de l'essai des soupapes, la Commission s'assure que des mesures efficaces ont été prises pour que l'échappement de la vapeur et de l'eau chaude ne puisse occasionner d'accident.

— 165 —

Visite des machines motrices et des soutes.

30. La Commission examine les machines motrices dans leurs détails et s'assure qu'elles sont solidement fixées, que les organes en marche sont pourvus de masques convenables, que les appareils de mise en train et de changement de marche sont d'un fonctionnement sûr, qu'ils peuvent être manœuvrés très rapidement par le personnel de quart dans le compartiment des machines, que les issues sont d'un accès facile, et, en général, que l'on a pris toutes les précautions nécessaires pour assurer la sécurité du personnel.

Elle examine dans tous leurs détails les tuyautages de vapeur et leur robinetterie.

Elle visite également les soutes; s'il s'agit de soutes à combustible liquide, l'étanchéité des parois et leur isolement de toute source de chaleur, l'étanchéité des cunettes, leur épuisement, la disposition du tuyautage et la robinetterie, doivent être examinés particulièrement.

Visite des objets de rechange pour la machine.

31. La Commission veille à ce que les objets de rechange spécifiés au tableau D de l'article 67 du Règlement du 21 Septembre 1908 soient au complet et en bon état de fonctionnement et d'entretien.

Vérifications relatives aux installations pour l'épuisement de la coque et au matériel d'incendie.

32. La Commission s'assure que toutes les prescriptions des articles 71 à 73 du règlement du 21 Septembre 1908 sont remplies; elle visite les pompes d'épuisement à bras et les archipompes.

Les pompes à vapeur et leurs accessoires (tuyautage, boîtes égyptiennes, boîtes de distribution, crépines) font l'objet d'un examen spécial. La Commission s'assure que toutes les vannes et tous les robinets portent des marques très apparentes indiquant s'ils sont ouverts ou fermés, et, généralement, que toutes les précautions sont prises pour prévenir toute introduction accidentelle de l'eau dans les cales du navire.

La Commission veille à ce que le plan détaillé prescrit par l'article 73, § 15, du règlement, soit placé en vue, dans un endroit où les officiers du pont ou de la machine puissent le consulter facilement.

Les pompes à incendie, manches, raccords, sont examinés, de même, s'il y a lieu, que le dispositif visé à l'article 74, § 5 du règlement.

La Commission s'assure que les manches à incendie ont la solidité voulue et qu'elles sont placées aussi près que possible des prises d'eau. Le bon fonctionnement des pompes à incendie et d'épuisement, ainsi que de leurs accessoires, est constaté par un essai. La présence des appareils extincteurs prévus à l'article 75 est contrôlée.

Vérifications relatives aux installations électriques.

33. Lorsque le navire possède des appareils électriques, la Commission doit veiller à ce que l'installation des générateurs d'électricité et la disposition des compartiments ou emplacements qui leur sont affectés soient telles que ces appareils ne constituent en aucun cas un danger d'incendie et que le personnel chargé de leur conduite soit mis à l'abri des accidents.

Pour les installations comportant un voltage de 130 volts au plus, elle pourra se borner à réclamer les conditions de sécurité ci-après énumérées. (Des précautions spéciales devront, par contre, être exigées pour l'installation des générateurs et des canalisations, si le voltage est plus élevé) :

Les tableaux de distribution des dynamos doivent toujours être incombustibles et porter un voltmètre et des ampèremètres à raison d'un par dynamo.

Les canalisations fixes et mobiles doivent être recouvertes d'isolant; lorsque, dans les parties abritées, elles sont placées sous lattes en bois, celles-ci doivent être ignifugées.

Tous les fils, à l'intérieur des soutes à charbon, cales à marchandises, ou dans tout autre lieu où ils sont exposés aux chocs, doivent être armaturés ou placés à l'intérieur d'un tube.

Lorsque les canalisations électriques comportent un fil de retour et que les deux fils sont juxtaposés, le fil positif doit être fixé au-dessus du fil négatif dans les poses horizontales, à gauche du fil négatif dans les poses verticales. Aucun joint de dérivation ne doit être fait dans les cales, soutes, magasins et cambuses, sauf approbation de la Commission. Les joints des deux conducteurs, dans le système à deux fils, ne doivent pas se trouver vis-à-vis l'un de l'autre.

Chaque circuit principal et auxiliaire doit être muni d'un commutateur fixé sur une base incombustible. Des coupe-circuits fusibles sont placés à chaque branchement près des commutateurs de bifurcation, ainsi qu'aux endroits où la section des conducteurs varie; ils doivent fondre sous l'action d'un courant double du courant normal. Ils sont d'ailleurs fixés sur une base incombustible et munis de couvercles incombustibles.

Toutes les lampes à arc doivent être enfermées dans des globes épais entourés d'un treillis métallique. Elles ne sont pas suspendues sur leur fil conducteur : chacune d'elles doit avoir son commutateur spécial et son coupe-circuit spécial. Dans les machines et chaufferies, cales à marchandises, postes et poulaines d'équipage, cuisines et offices, coursives, etc., les lampes à incandescence doivent être protégées par un globe de verre entouré d'un grillage métallique.

Les feux de navigation doivent être parfaitement étanches. Des fanaux de secours doivent permettre de les remplacer immédiatement en cas d'arrêt dans le fonctionnement des appareils électriques, ainsi qu'il est prescrit par l'article 69 du règlement du 21 Septembre 1908. Les tourelles ou supports de feux de navigation doivent être disposés de façon à pouvoir recevoir ces fanaux de secours dans de bonnes conditions de fonctionnement.

Les dynamos doivent être éloignées d'au moins dix mètres des compas et chronomètres toutes les fois que les dimensions du navire le permettent ; cette distance doit être portée à quinze mètres pour les machines à courant alternatif. Tous les fils dans le voisinage des compas et chronomètres doivent être parfaitement isolés des cloisons, et jumelés, à moins d'impossibilité.

Sur les navires pétroliers, notamment, on ne saurait admettre les dynamos à courant alternatif et les installations avec retour par la coque ; les lampes à arc ne doivent pas être employées ; de plus, les lampes à incandescence doivent être protégées par un globe de verre hermétiquement clos et muni d'une garniture métallique.

Vérifications relatives aux locaux d'habitation.

34. Les locaux d'habitation doivent être nettoyés et dégagés de tous objets encombrants autres que les objets mobiliers et ceux faisant partie de l'armement, pour être soumis à l'examen de la Commission. Celle-ci les examine successivement et s'assure que les prescriptions du chapitre II du règlement du 21 Septembre 1908 sont satisfaites, en ce qui concerne leur cube d'air, leur disposition, leur aménagement, le mobilier dont ils sont garnis. Son attention se porte plus spécialement sur les conditions de couchage, sur l'installation des bouteilles et poulaines.

Elle fixe le nombre maximum de personnes à admettre dans chacun des compartiments affectés au logement collectif de l'équipage. Elle visite minutieusement les cambuses et les récipients à eau potable.

Sur les navires destinés à transporter des passagers, la Commission veillera avec soin à l'exécution des prescriptions des articles 23 à 29 inclus du même règlement, particulièrement de celles qui concernent l'installation de l'hôpital et de ses annexes.

Vérifications relatives aux instruments et documents nautiques.

35. La Commission s'assure que le navire sera muni des instruments nautiques énumérés à l'article 67 du règlement, et examine les installations destinées à ces instruments.

En vertu de l'article 66 du règlement, la Commission peut dispenser les navires se livrant à une navigation autre que le long cours, le cabotage international ou le grand cabotage national d'embarquer ceux des instruments et objets qui sont marqués d'un astérisque lorsqu'elle estime que ces dispenses ne peuvent avoir d'inconvénients.

Visite du matériel de sauvetage.

36. En ce qui concerne le matériel de sauvetage, la Commission visite successivement les embarcations, les radeaux et autres appareils et engins de sauvetage ; elle s'assure que ces appareils et leur armement satisfont à toutes les conditions stipulées au chapitre V (Section II) du règlement. Elle décide si les objets qu'on se propose d'utiliser comme flotteurs peuvent être considérés comme répondant à la définition donnée à l'article 91.

La Commission vérifie, d'après les bases indiquées aux articles 85, 89 et 91, le nombre maximum de personnes que peuvent contenir, supporter ou soutenir les embarcations, radeaux et flotteurs ; elle constate que les chiffres ainsi contrôlés ont été marqués sur ces appareils de façon très apparente. Elle s'assure en même temps que toutes les personnes que doit contenir chacune des embarcations peuvent y trouver place sans gêner le libre jeu des avirons.

S'il s'agit d'un navire à passagers rentrant dans la première catégorie définie à l'article 77, elle s'asssure qu'il a à bord le nombre d'embarcations de sauvetage fixé par le tableau annexé à l'article 79 en tenant compte des dispositions de l'article 86 et que ces embarcations ont bien la capacité totale indiquée au même tableau.

Elle examine la disposition à bord des embarcations, radeaux, flotteurs, bouées, plastrons, brassières et gilets de sauvetage. Elle vérifie notamment que les embarcations de sauvetage sont, autant que possible, placées sous porte-manteaux, en tenant compte de la nécessité de les mettre à l'abri des coups de mer, et que toutes dispositions ont été prises pour en assurer la mise à l'eau rapide.

Les mêmes dispositions doivent avoir été prises pour celles des embarcations de sauvetage qui ne sont pas placées directement sur porte-manteaux.

La Commission, s'assure, en outre, que les embarcations sont placées de façon à ne pas gêner la manœuvre, que les flotteurs sont disposés de façon à pouvoir être dégagés aisément en cas de sinistre, que les bouées, plastrons, brassières et gilets sont placés en des endroits facilement accessibles sans l'intervention des hommes du bord.

La Commission visite tous les porte-manteaux et les apparaux divers de mise à l'eau des embarcations et radeaux de sauvetage. Elle procède aux essais prévus à l'article 86 du règlement et s'assure que toutes les prescriptions prescrites par le dernier paragraphe dudit article ont été exactement prises.

Elle vérifie enfin si l'embarcation prévue à l'article 82 est pourvue des dispositifs nécessaires pour transporter et relever la plus grosse des ancres à jet. Toutefois, lorsque le poids de cette ancre excède 500 kilogrammes, elle s'assure seulement qu'il existe à bord deux embarcations pouvant être accouplées pour la manœuvrer.

Vérifications relatives au matériel médical et pharmaceutique.

37. Le matériel médical et pharmaceutique dont un navire doit être pourvu étant variable selon la « durée de la navigation et le chiffre embarqué », ce n'est pas à la Commission de l'article 4 qu'il appartiendra généralement de vérifier si l'approvisionnement, du navire, en médicaments est cronforme aux prescriptions réglementaires, telles qu'elles résultent des tableaux et nomenclatures annexés au Règlement du 21 Septembre 1908 modifié par Décret du 19 Avril 1909. Ce soin incombe plus particulièrement à l'inspecteur de la navigation maritime et au médecin ou autres experts qui l'assistent, lors des visites de partance.

La Commission pourra, du moins, se rendre compte, dans tous les cas, de l'installation de la pharmacie s'il en existe à bord, ou des coffres et caisses destinés à contenir les produits, objets de pansement, appareils, ustensiles et instruments réglementaires, et vérifier l'exécution des prescriptions des articles 105 à 109 inclus et 110, paragraphe 4 du règlement.

Vérification de l'apposition des marques de franc-bord.

38. La Commission s'assure que les marques de franc-bord ont été apposées sur les flancs du navire conformément aux indications figurant sur le certificat de franc-bord produit à l'appui de la demande de permis de navigation, en exécution de l'article 2 (2°) du règlement, et suivant les règles fixées aux articles 112 à 115 du même acte.

Elle peut vérifier si les règles et tables de franc-bord rendues réglementaires par les Décrets des 21 Septembre 1908 et 20 Février 1909, pour servir à la détermination de la ligne de charge, ont été correctement appliquées.

Détermination du nombre maximum de passagers.

39. Enfin, la Commission procède au calcul du nombre maximum de passagers de toutes catégories que le navire peut recevoir, en appliquant les règles fixées par l'article 116 du décret du 21 Septembre 1908, et vérifie si les chiffres obtenus concordent avec ceux proposés par le propriétaire du navire, dans sa demande de permis de navigation.

S'il s'agit d'un navire destiné à transporter des marins-pêcheurs entre la France et Saint-Pierre et Miquelon ou inversement, elle veille à ce qu'il remplisse la condition de tonnage minimum spécifiée à l'article 117 du règlement.

La Commission s'assure que les passagers de pont disposent de la surface prévue à l'article 116 du règlement.

Lorsque le navire n'est pas affecté à des voyages proprement dits, mais à de courtes excursions de quelques heures ou à de simples promenades en mer, elle fixe le nombre maximum de passagers, d'après les conditions de solidité, de franc-bord et de stabilité du navire. Il pourra être fixé pour un même navire plusieurs maxima applicables suivant les circonstances de bonne et de mauvaise saison, les parages plus ou moins dangereux où devront se faire les sorties, le nombre d'embarcations et d'engins de sauvetage dont on disposera à bord.

Navires de pêche.

40. Le règlement du 21 Septembre 1908 prévoit, pour les navires de pêche, un certain nombre de dispositions particulières que la Commission ne doit pas perdre de vue en visitant les navires de cette catégorie.

Les indications de la présente instruction doivent donc être modifiées sur certains points pour s'adapter à ces dispositions particulières. En outre, quelques-unes des vérifications prévues ne peuvent évidemment être faites sur les navires de pêche. C'est ainsi que la Commission n'exigera pas que les cales et entreponts soient ventilés ni que les pavois et rambardes aient une hauteur minimum déterminée.

Enfin la Commission, en visitant les locaux d'habitation, doit appliquer les prescriptions de l'article 20 du règlement du 21 Septembre 1908.

Remorqueurs.

41. Lorsque le navire visité sera destiné à être habituellement affecté à un service de remorquage, la Commission devra exiger qu'il soit muni d'une ceinture de défense et d'un dispositif spécial et très robuste pour la fixation de la remorque; qu'il soit pourvu, à l'arrière, d'un ou plusieurs arceaux de remorque, qui devront être démontables au moins en partie, s'ils peuvent gêner la circulation sur le pont.

Dragues et porteurs de déblais.

42. Sur les dragues, il y a lieu de s'assurer que l'on a pris les précautions utiles pour mettre les personnes à l'abri des accidents auxquels pourrait les exposer l'approche des parties mobiles des appareils de dragage. Les dragues et porteurs de déblais non munis de pavois ou de rambardes fixes doivent être entourés d'une rambarde amovible en tringles, chaînes ou filin métallique, supportée par des montants. Une main courante doit border, d'un côté au moins, la passerelle établie au-dessus des puits à déblais.

Autant que possible, les porteurs et dragues comportant des compartiments latéraux étanches doivent être subdivisés, par des cloisons transversales, en un nombre tel de compartiments que la flottabilité et la stabilité soient assurées si l'un quelconque de ces compartiments est envahi par l'eau. En tout cas, on doit avoir les moyens de remplir rapidement un compartiment du bord opposé à celui qui serait envahi.

Navires à citernes.

43. Pour la visite des navires à citerne destinés au transport en vrac du pétrole, — lesquels doivent toujours être à simple coque, — les vérifications porteront sur les points suivants :

Les dimensions des citernes doivent être telles que la stabilité du navire ne soit pas dangereusement modifiée pendant leur remplissage ou leur épuisement.

Sur toute la longueur des citernes, doit s'étendre une cloison longitudinale, étanche à l'huile, dûment échantillonnée et renforcée.

Chaque cale ou citerne doit-être munie d'une caisse d'expansion étanche, ayant un volume égal aux 6/100 de celui de la citerne correspondante.

Ces caisses doivent être pourvues d'un couvercle en tôle.

Des cofferdams, constitués par deux cloisons transversales juxtaposées, s'élevant jusqu'au sommet des caisses d'expansion, doivent isoler les citernes des locaux affectés à un autre service. Les chaudières principales et auxiliaires et la cuisine doivent être placées le plus loin possible des citernes et soigneusement isolées du chargement liquide.

La Commission s'assure qu'aucune porte ou vanne n'est percée dans les cloisons des cofferdams au-dessous du niveau du pont formant plafond des citernes, — que les portes percées au-dessus de ce pont sont munies d'une fermeture robuste et étanche, — que les citernes, cofferdams, chambres de pompes et autres espaces clos sont munis de manches à air ou de tout autre système de ventilation convenable,—qu'enfin les citernes sont disposées de façon à pouvoir être débarrassées des gaz ou vapeurs inflammables au moyen de jets de vapeur ou d'un autre système de ventilation artificielle.

Elle veille à ce que les navires à citerne soient entièrement éclairés à l'électricité, l'installation comportant un circuit de retour isolé de la coque, et soient pourvus à chaque mât d'un paratonnerre efficace.

Navires à installations frigorifiques.

44. Sur les navires à installations frigorifiques, il convient de veiller à ce que la chambre des machines frigorifiques soit largement aérée et munie d'un système d'épuisement convenable, et soit séparée des cales par des cloisons et des portes étanches.

Navires de plaisance.

45. En visitant les navires de plaisance, la Commission doit tenir compte des prescriptions spéciales prévues par le règlement du 21 Septembre 1908.

En outre, certaines dispositions spéciales aux navires de commerce, telles que la hauteur minimum des hiloires prévue ci-dessus, la fermeture des panneaux des ponts inférieurs, peuvent ne pas être exigées sur les navires de plaisance.

Les dispositions relatives au franc-bord s'appliquent, mais les marques prévues par le règlement de franc-bord peuvent, au lieu d'être peintes, être constituées par des bandes minces en métal encastrées dans la coque.

Procès-verbal de visite. — Acquittement des droits. — Suspension ou remise du permis de navigation.

46. Indépendamment des procès-verbaux établis à la suite de chacune des visites successives et partielles effectuées en cours de construction, l'ensemble des visites auxquelles aura procédé la Commission donne lieu à l'établissement d'un procès-verbal détaillé, au début duquel doivent être reproduits tous les renseignements signalétiques fournis par le propriétaire du navire à l'appui de sa demande de permis de navigation, lesdits renseignements ayant été dûment vérifiés et complétés, s'il y a lieu.

Il sera établi deux expéditions de ce procès-verbal, qui devra être signé par tous ceux, agents administratifs, officiers ou experts, qui auront pris part à la visite : l'une, conformément aux prescriptions de l'article 11 de la loi, me sera transmise sans retard sous le timbre « *Direction de la Navigation et des Pêches maritimes ; — Bureau de la Navigation maritime* » ; la seconde sera conservée au bureau de l'Inscription maritime du quartier siège de la Commission.

Ledit procès-verbal devra, de plus, être transcrit *in extenso* sur le registre institué par le même article 11, et qui doit être tenu à bord de tout navire de plus de 25 tonneaux de jauge brute.

Il ne sera pas établi provisoirement de modèle réglementaire pour ce registre, non plus que pour aucun des nouveaux registres institués par la Loi du 17 Avril 1907 et les règlements des 20 et 21 Septembre 1908. Les chefs du Service de l'Inscription maritime auront à m'adresser, pour le

1er Octobre prochain, au plus tard, des propositions relatives à l'établissement des modèles de chacun de ces documents. Il pourra ainsi être tiré profit, pour l'adoption des formules réglementaires, des observations et constatations auxquelles aura donné lieu une expérience de six mois d'application de la nouvelle législation.

Les navires construits sous le régime de la Loi du 19 Avril 1906 sur la marine marchande et compris dans les catégories visées à l'article 1er de la Loi du 17 Avril 1907 n'étant plus soumis, en vertu de l'article 3 (§ 4) de cette dernière loi, à la visite spéciale instituée par l'article 4 de la loi du 30 Janvier 1893 et destinée à constater que ces navires sont susceptibles de faire un service régulier à la mer par leurs propres moyens, c'est une copie certifiée du procès-verbal de la visite effectuée par la Commission de l'article 4 qui tiendra lieu, pour cette justification, du certificat prévu par l'article 1er du règlement d'administration publique du 31 Août 1906.

Les droits dus par le propriétaire du navire visité et qui sont, pour la visite initiale, proportionnels au tonnage, conformément aux prescriptions de l'article 52, § 1er, de la Loi du 17 Avril 1907, seront liquidés, en France, par l'Administrateur de l'Inscription maritime, président de la Commission, selon des règles qui sont exposées plus loin, et perçus par le Service des douanes. Aux colonies, la liquidation sera effectuée par le fonctionnaire ou officier chargé de la police de la navigation, et, à l'étranger, par le consul. L'Administrateur ou, suivant le cas, l'autorité coloniale ou consulaire, aura à se faire représenter la quittance des droits de visite délivrée par le Service encaisseur, préalablement à la délivrance du permis de navigation.

Mention est faite sur le procès-verbal et sur le registre visé à l'article 11 de la loi, à la suite de la transcription du procès-verbal, du payement des frais auxquels a donné lieu la visite, d'après les dispositions de l'article 52 de la loi.

La délivrance du permis de navigation ou du permis provisoire conformes aux modèles A et B annexés à la présente instruction, — modèles qui portent les numéros 3543 bis et 3543 ter de la nomenclature des imprimés du Département, et dont il a été adressé des exemplaires aux quartiers intéressés, — est faite, au vu des conclusions du procès-verbal prévu par l'article 11 de la loi, par l'Administrateur de l'Inscription maritime ou par l'autorité coloniale ou consulaire compétente, dans le plus bref délai possible et, au plus tard, dans les vingt-quatre heures, conformément aux prescriptions de l'article 12 de la loi.

Toutes les fois qu'au cours des visites et constatations ci-dessus prescrites, la Commission aura relevé des défectuosités, vices de construction ou de fonctionnement qu'elle estime de nature à compromettre la sécurité du navire ou des personnes, ainsi que l'hygiène générale, la remise du permis de navigation sera suspendue jusqu'à ce que le nécessaire ait été fait pour remédier à la défectuosité, au vice de construction, de fonctionnement ou d'aménagement relevé, à moins que, le propriétaire s'étant pourvu devant la Commission supérieure, dans les formes stipulées au chapitre X du règlement du 21 Septembre 1908, contre la décision prise, cette décision n'ait été annulée.

Si le propriétaire n'en a pas appelé à la Commission supérieure, le permis de navigation ne peut être délivré qu'après une nouvelle expertise de la Commission n'entraînant aucune nouvelle perception et qu'il appartient au propriétaire de provoquer par une demande adressée à l'Administrateur de l'Inscription maritime, lorsqu'il a remédié aux défectuosités ou vices de construction, de fonctionnement ou d'aménagement signalés ; pour cette visite, la Commission, conformément à l'article 13, § 2, de la loi, peut déléguer seulement un ou plusieurs de ses membres qui seront naturellement ceux possédant la compétence voulue, eu égard à la modification faite. Un nouveau procès-verbal de visite doit être établi et il doit y être expressément constaté qu'il a été satisfait à toutes les observations ou réserves primitivement formulées. Ce procès-verbal est transcrit, comme le premier, sur le registre institué par l'article 11 de la loi.

Comme il a été dit au paragraphe 7, dernier alinéa, ci-dessus, les règlements du Bureau Veritas servent aux commissions de visite de base d'appréciation, en cas de contestation touchant l'échantillonnage de la coque et des appareils moteurs et évaporatoires.

Chapitre III. — Visites périodiques des navires français en service par la Commission instituée à l'article 6 de la Loi du 17 avril 1907.

Différentes espèces de visites auxquelles sont soumis les navires en service.

47. Tout navire ayant obtenu un permis de navigation dans les conditions indiquées au chapitre II de la présente instruction, au moment de sa mise en service, doit, pour que le droit de naviguer lui soit maintenu, obtenir le renouvellement périodique de ce titre, qui, aux termes des articles 12 et 13 de la loi, « n'est valable que jusqu'à la visite suivante ».

Le renouvellement du permis de navigation a lieu à la suite de visites périodiques qui portent plus spécialement sur la coque, l'armement, les appareils mécaniques, à vapeur ou autres (art, 5, § 4), mais qui comportent également toutes vérifications relatives aux conditions générales de sécurité et de salubrité du navire (art. 14, § 1er).

Dans l'intervalle des visites périodiques, le navire peut être soumis, en outre, à des visites extraordinaires, passées à la suite d'avaries graves ou de notables changements dans la construction ou l'aménagement du navire, des machines ou des chaudières, ou sur la demande de l'armateur, et portant sur les parties de la coque, des machines ou des chaudières intéressées par les susdites avaries et modifications, ou sur les points signalés par l'armateur.

Les visites indiquées aux deux alinéas qui précèdent sont effectuées : en présence du capitaine ou, à son défaut, de celui qui le remplace : en France, par la Commission de visite prévue à l'article 6 de la Loi du 17 Avril 1907 aux colonies, par celle prévue à l'art. 15 (§ 4) ; à l'étranger (où il n'y a lieu de prévoir que des visites extraordinaires), par une commission analogue à celle instituée par l'article 6 (art. 16, § 1er).

a. *Visites périodiques.*

Les obligations relatives aux visites périodiques diffèrent suivant les genres de navigation.

Pour les navires affectés à une navigation de long cours ou de cabotage international, de grandes pêches ou de pêche au large, à vapeur ou à propulsion mécanique, ces visites sont dues aux époques suivantes ;

La visite annuelle de la coque, de l'armement et des appareils moteurs ou auxiliaires à vapeur ou autres à la suite de laquelle le permis de navigation est renouvelé doit être subie par le navire lorsque douze mois se sont écoulés depuis la visite initiale ou depuis la dernière visite annuelle, sauf l'exception prévue à l'article 5 (§ 2) de la loi.

Une visite à sec, portant sur la carène, doit être subie par le navire lorsqu'il s'est écoulé dix-huit mois, si le navire est en fer ou en acier, ou trois ans, s'il est en bois, depuis la dernière visite à sec.

Une visite à sec du propulseur et de l'arbre porte-hélice est exigée lorsque deux ans se sont écoulés depuis la mise en service ou depuis la dernière visite à sec du propulseur et de l'arbre porte-hélice.

Pour les navires se livrant aux autres navigations, notamment au cabotage national ou à la petite pêche, pour lesquelles la loi n'a pas fixé de délai, la Commission doit exiger la visite à sec, tous les quatre ans, si le navire est en fer ou en acier, tous les six ans, si le navire est en bois.

La visite périodique de la coque et de la carène des navires non pourvus d'un certificat de classification en règle à l'un des registres reconnus comporte, tous les quatre ans, s'ils sont en fer ou en acier, tous les six ans, s'ils sont en bois, un programme plus étendu indiqué ci-après pour les coques et visé à l'article 56 du règlement pour les machines et chaudières.

Les visites annuelles,et les visites à sec peuvent être passées simultanément lorsque les délais réglementaires le permettent.

Quel que soit le genre de navigation auquel le navire est affecté, les appareils moteurs et évaporatoires sont toujours soumis aux visites périodiques annuelles en même temps que les coques, alors même que ces appareils auraient été soumis à l'examen de la Commission pour un motif quelconque, depuis la dernière visite annuelle. Mais les visites complètes des machines et chaudières, prévues par l'article 56 du règlement, comportant un programme plus étendu que les visites ordinaires, peuvent ne pas coïncider avec les visites de même nature prévues pour les coques.

Les navires pourvus d'un certificat de première cote en règle dans l'un des registres de classification reconnus sont dispensés des visites à sec, conformément à l'article 5, § 9, de la loi.

Ils sont également dispensés de la partie des visites périodiques qui portent sur les machines et chaudières, ainsi que sur la coque et leurs dépendances (mâture, pompes, appareils auxiliaires, appareils électriques, rechanges), c'est-à-dire sur les points qui font l'objet des visites prévues par les règlements de ces sociétés.

Les visites annuelles et les visites à sec ne peuvent avoir lieu, conformément au principe posé à l'article 5 (§ 1er) de la loi, que dans les ports de France ou dans ceux des colonies désignés par décret. Ces ports ont été désignés, pour la France, par l'article 3 du décret du 18 Novembre 1908 ; ils ont été choisis parmi les principaux centres d'armement ou parmi ceux qui disposent d'un outillage permettant les visites à sec. Un décret ultérieur désignera les ports de nos colonies où ces visites pourront également avoir lieu.

La Commission chargée de ces visites doit être composée, en France, indépendamment de l'administrateur de l'Inscription maritime, président et de l'inspecteur de la navigation, d'au moins deux experts techniques, pris par roulement, à moins d'impossibilités, sur la liste générale des membres agréés par le Ministre, dans les catégories indiquées à l'article 6 de la loi, c'est-à-dire, suivant le cas : officiers de marine, capitaines au long cours, officiers mécaniciens de la marine marchande ou ingénieurs. Aux colonies, elle sera composée de l'officier ou fonctionnaire chargé de la police de la navigation maritime et de deux experts nommés par le gouverneur.

Les navires arrivant dans un port siège d'une Commission de l'espèce après l'expiration des délais réglementaires peuvent néanmoins être dispensés de subir dans ce port les visites prescrites, s'ils n'y laissent qu'une partie de leur chargement et s'ils doivent se rendre dans le délai d'un mois à l'un des autres ports désignés par l'article 3 du Décret du 18 Novembre 1908, où ils doivent les subir.

Le passage à ordres ou en relâche d'un navire dans un port qui n'est pas son port de destination, sans aucune espèce d'opérations commerciales, est considéré comme n'interrompant pas la traversée.

Lorsque le navire se trouve, à l'expiration des délais réglementaires, dans un port qui n'est pas le siège d'une Commission, le propriétaire ou son représentant peut demander que la Commission dans la zone de compétence de laquelle se trouve ledit port, s'y rende, pour y effectuer la visite que le navire doit subir. Il appartient à l'administrateur de l'Inscription maritime, lorsque l'outillage du port permet de procéder à cette visite, de prendre les mesures nécessaires. Les frais de déplacement payés aux membres de la Commission doivent, dans ce cas, être remboursés par le propriétaire du navire.

Tout navire qui doit subir une visite périodique dans un port peut différer l'exécution de tout ou partie du progamme de cette visite, s'il se rend, dans un délai qui doit être, en chaque cas, fixé par la Commission, dans un autre port où il doit les effectuer.

Suivant le cas, l'administrateur de l'Inscription maritime, l'autorité coloniale ou consulaire, proroge la validité du permis de navigation et informe l'autorité compétente du port où se rend le navire des prescriptions auxquelles il n'a pas été donné satisfaction.

Les délais accordés pour la visite annuelle dans les cas de l'espèce, et ceux résultant du fait que le navire se trouve en mer au moment où expire la période de douze mois, comptée depuis la dernière visite, ne modifient pas les prescriptions relatives à la période afférente aux visites à sec, qui demeurent exigibles lorsque les délais réglementaires se sont écoulés depuis la mise en service du navire ou depuis la dernière visite de même nature.

Toutefois la Commission peut, sur demande spéciale du propriétaire ou de son représentant, n'exiger la visite à sec qu'à l'expiration de la période en cours pour la visite annuelle.

b. — *Visites extraordinaires.*

Dans l'intervalle des visites périodiques, des visites extraordinaires ont lieu, dans les cas prévus à l'article 5, § 3 de la loi, par décision de l'administrateur de l'Inscription maritime en France, de l'autorité chargée de la police de la navigation aux colonies, et de l'autorité consulaire à l'étranger.

A la différence des visites périodiques, les visites à la suite d'avaries graves ou de notables réparations doivent, en effet, pouvoir être effectuées à l'étranger, lorsque le port où se trouve le navire à la suite de ces avaries ou réparations est pourvu de l'outillage nécessaire, et c'est dans ce but que l'article 16 de la loi a prévu la constitution, dans les ports étrangers, de commissions semblables, dans les limites du possible, à celle instituée par l'article 6.

Ces commissions auront d'ailleurs également qualité pour procéder aux visites avant chargement que l'armateur ou le capitaine d'un navire armant à l'étranger demanderont à faire subir à ce navire, pour donner aux affréteurs, assureurs, etc., par application de l'article 225 du Code de Commerce, toutes les garanties qu'ils sont en droit d'exiger.

Les navires cotés à l'un des registres de classification reconnus peuvent être dispensés des visites extraordinaires après avaries, ou notables changements dans leur construction ou dans leurs aménagements, s'ils produisent un certificat émanant du registre intéressé et constatant que les travaux ont été exécutés sous le contrôle de cette Société de façon à justifier le maintien de la première cote.

Formes dans lesquelles doivent être présentées les demandes de visites périodiques ou extraordinaires.

48. La demande de visite en vue du renouvellement du permis de navigation doit être adressée par le propriétaire du navire ou son représentant à l'administrateur de l'Inscription maritime ou à l'autorité coloniale du port où doit se passer la visite, aussi longtemps que possible, mais, en tout cas, quatre jours au moins avant la date à laquelle le propriétaire désire que la visite ait lieu.

Elle doit contenir très exactement les renseignements indiqués à l'article 3 du règlement du 21 Septembre 1908.

Lorsqu'il s'agit d'une visite à sec dans l'intervalle de deux visites annuelles, la demande doit être adressée dans le même délai et faire connaître : 1º la date de la délivrance du permis de navigation en cours ; 2º la date de la dernière visite à sec ; 3º les avaries ou modifications intéressant la carène, le propulseur et l'arbre porte-hélice survenues ou apportées depuis cette visite.

Pour les visites extraordinaires, la demande doit indiquer sur quels points elles doivent porter, notamment quelles sont les réparations ou transformations importantes affectant les parties principales de la coque ou des appareils qui ont été exécutées, de manière à permettre à l'autorité maritime coloniale ou consulaire de décider à quelles catégories de techniciens, visées par l'article 6 de la loi, devront appartenir les deux experts à désigner. Lorsqu'il s'agit d'un navire qui a subi des avaries graves, le propriétaire doit d'ailleurs faire connaître, dans sa demande, les circonstances qui ont entouré l'accident ou les avaries, et donner le détail des réparations exécutées.

Chaque fois qu'un administrateur de l'Inscription maritime sera informé qu'il est survenu à bord d'un navire un accident ayant, soit occasionné des blessures ou mort d'hommes, soit compromis l'étanchéité de la coque ou causé des avaries graves aux œuvres mortes, aux ponts ou aux appareils, il devra, quelle que soit la cause de l'accident, s'assurer s'il n'y a pas lieu de soumettre d'office le navire à une visite extraordinaire et prendre, d'urgence, les mesures utiles à cet effet.

En cas d'explosion à bord d'un navire, dans le port, il doit faire constater immédiatement par l'inspecteur de la navigation maritime, assisté de deux experts, l'état du navire et de ses appareils.

Vérifications que doivent comporter les différentes visites périodiques.

49. Avant toute visite périodique, la Commission consulte le registre des procès-verbaux institués par l'article 11 de la loi et prend connaissance des constatations faites lors des visites précédentes.

La visite annuelle à flot des navires comporte un examen général de la coque, à l'extérieur et à l'intérieur, auquel la Commission procède de la manière suivante :

L'examen extérieur, limité aux œuvres mortes, se fait au moyen d'une embarcation ou au moyen d'échafaudages convenablement disposés.

La Commission examine la coque dans toutes ses parties accessibles, et notamment le gouvernail et ses ferrements visibles. Sur les navires à voiles en bois, elle sonde les chevilles de cadènes.

Elle vérifie le bon état des ponts et notamment celui du pont supérieur et, si ce pont est en bois, de son calfatage.

Elle visite les hiloires de panneaux, descentes, claires-voies et s'assure du bon fonctionnement, des dispositifs de fermeture de toutes les ouvertures dans le pont et dans la muraille.

Les pompes et leur tuyautage, les archipompes, l'appareil à gouverner et ses dépendances drosses, barres, secteurs, le guindeau et les appareils de mouillage sont examinés soigneusement.

La mâture, la voilure, le gréement, en particulier les enfléchures et marchepieds, sont visités, ainsi que les objets d'armement et d'inventaire.

A l'intérieur, la Commission examine, dans la mesure du possible, les barrots, courbes et faux-tillac, membrures et varangues, ainsi que les cloisons étanches, en portant plus particulièrement son attention sur l'état de la membrure dans les soutes à charbon et au-dessous des machines et chaudières, et dans toutes les parties où, suivant l'affectation spéciale du navire, des détériorations sont plus susceptibles de se produire.

La Commission examine les embarcations et engins de sauvetage et s'assure de leur bon état de conservation et d'entretien.

Elle porte notamment son attention sur l'étanchéité des embarcations de sauvetage et de leurs caissons ou compartiments à air, ainsi que sur l'état de leurs garnitures insubmersibles.

La Commission s'assure que les embarcations de sauvetage sont, autant que possible, en tenant compte de la nécessité de les mettre à l'abri des coups de mer, placées sous leurs porte-manteaux et que toutes dispositions ont été prises pour en assurer la mise à l'eau rapide.

Les mêmes dispositions doivent avoir été prises pour celles des embarcations de sauvetage qui ne sont pas placées directement sous porte-manteaux.

La Commission s'assure, en outre, que les embarcations sont placées de façon à ne pas gêner la manœuvre.

Elle veille à ce que toutes les embarcations soient pourvues des objets d'armement stipulés aux articles 86 et 90 du règlement à ce que tous les engins de sauvetage portent bien les marques et inscriptions indiquées à l'article 95.

Elle contrôle la présence à bord et le bon état de l'appareil de va-et-vient et de l'engin porte-amarres, ainsi que la présence d'un certain nombre de charges pour les bouées lumineuses.

Visite à sec des navires en bois.

50. Pour les visites à sec des navires en bois, il est procédé dans les conditions ci-après :

Le navire étant mis à sec ou abattu en carène, et la carène nettoyée, la Commission s'assure du bon état du calfatage, en sondant les bordages, les coutures et les râblures.

L'état des clous, des chevilles et gournables, est vérifié par sondage.

Si le navire est doublé, quelques feuilles de doublage sont enlevées pour cette opération.

Le gouvernail, les aiguillots et femelots, la jaumière, sont soigneusement visités, ainsi que les prises d'eau et autres ouvertures percées dans le bordé ; les soupapes des prises d'eau sont démontées si la Commission le juge utile.

Il en est de même, sur les navires à propulsion mécanique, vapeurs ou autres, des soupapes des prises d'eau de la chambre des machines.

Visites à sec de sixième année des navires en bois.

51. Le programme de la visite à sec des navires en bois non pourvus d'un certificat de première cote délivré par l'une des sociétés de classification reconnues est complété, tous les six ans, de la manière suivante :

Une portion suffisante du doublage étant délivrée, des ouvertures sont pratiquées dans le bordé pour permettre à la Commission d'apprécier l'état de la membrure, notamment sous la voûte.

L'emplacement et l'étendue de ces ouvertures sont déterminés par la Commission, qui les fait continuer autant que nécessaire, dans le cas où elle relève des indices de carie sèche ou de pourriture, et qui peut faire dépasser un certain nombre de gournables et de chevilles.

Le gouvernail, les aiguillots et femelots, la jaumière sont visités ; le gouvernail est soulevé si la Commission le juge utile.

Les prises d'eau sont démontées, s'il y a lieu.

A l'intérieur, les cales et entreponts étant dégagés et nettoyés, sauf le lest nécessaire à la stabilité du navire, les barrots et les courbes, le vaigrage, le faux-tillac sont examinés par la Commission qui sonde les extrémités des barrots, ainsi que le chevillage des courbes, et qui fait délivrer dans le vaigrage les listons nécessaires pour l'examen de la membrure.

La Commission visite les cloisons étanches, s'il en existe, et vérifie le bon fonctionnement des portes, vannes et robinets dont elles sont munies.

La Commission examine la mâture, le gréement, les voiles, les enfléchures et marchepieds.

Visite à sec des navires à coque métallique.

52. Pour la visite à sec des navires à coque métallique, il est procédé ainsi qu'il suit : le navire étant mis à sec ou abattu en carène, et la carène nettoyée mais non repeinte, la Commission examine soigneusement le bordé, les œuvres vives, les abouts et coutures longitudinales.

Le gouvernail, les aiguillots et femelots, la jaumière sont soigneusement visités ainsi que les prises d'eau et autres ouvertures percées dans le bordé ; les soupapes de prises d'eau sont démontées si la Commission le juge utile.

Il en est de même, sur les navires à propulsion mécanique, vapeurs ou autres, des prises d'eau de la chambre des machines.

Visite à sec du propulseur et de l'arbre porte-hélice.

53. Pour la visite à sec du propulseur et de l'arbre porte-hélice, le propulseur est démonté et l'arbre porte-hélice rentré.

La Commission les examine en portant plus particulièrement son attention sur l'état de l'arbre aux extrémités des portages ou des chemises, et sur l'emmanchement de l'hélice.

Visite à sec de quatrième année.

54. Le programme de la visite à sec des navires non pourvus d'un certificat de première cote délivré par l'une des sociétés de classification reconnues est complété, tous les quatre ans, de la manière suivante :

A l'extérieur, le navire étant mis à sec ou abattu en carène, et la coque étant entièrement nettoyée, mais non repeinte, la Commission examine soigneusement le bordé, les abouts et les coutures longitudinales au-dessus et au-dessous de la flottaison.

Si la Commission a des doutes sur l'épaisseur du bordé extérieur, du bordé de pont ou autres parties essentielles de la coque, elle peut exiger des forages afin d'assurer que cette épaisseur est suffisante.

Le gouvernail, les aiguillots et femelots, la jaumière sont soigneusement visités, le gouvernail est soulevé, les soupapes des prises d'eau sont démontées si la Commission le juge utile.

A l'intérieur, les cales et entreponts étant, autant que possible, dégagés, et nettoyés, sauf le lest nécessaire à la stabilité du navire, la Commission examine complètement les ponts, barrots, membrures, contre-membrures, etc. Pour la visite des varangues et du plafond des water-ballast, le vaigrage est enlevé partiellement, suivant les indications de la Commission.

Le cimentage est visité et sondé au marteau.

La Commission examine le double fond et les coquerons, avant et arrière, ainsi que le puits aux chaînes.

Elle visite également les cloisons étanches et vérifie le bon fonctionnement des portes, vannes et robinets dont elles sont munies. Les vannes et robinets sont démontés, s'il y a lieu.

Dans les navires pourvus de chambres froides pour le transport de la cargaison, le vaigrage des bouchains doit être enlevé ainsi qu'une partie suffisante du vaigrage des hauts afin de permettre l'examen de la membrure.

Sur les navires à voiles, la Commission examine particulièrement la mâture, le gréement, les voiles, les enfléchures et marchepieds.

L'appareil à gouverner et ses dépendances, drosses, barre, secteur, sont visités, puis essayés, s'il y a lieu.

Il en est de même des pompes et du tuyautage. Les crépines sont démontées pour être nettoyées.

Les chaînes d'ancre sont élongées et visitées ainsi que les ancres et apparaux de mouillage.

Le guindeau est visité et essayé.

Lorsque la visite périodique de quatrième année ne coïncide pas avec une visite à sec, les prescriptions ci-dessus, pour l'exécution desquelles la mise à sec est nécessaire, sont appliquées soit lors de la visite de carène précédente, si celle-ci tombe moins de six mois avant l'expiration de la quatrième année, soit lors de la visite de carène suivante, pourvu que celle-ci ait lieu dans le délai maximum d'un an après l'expiration de la quatrième année.

Visite annuelle des machines et chaudières.

55. La visite annuelle des appareils à vapeur comporte un examen extérieur des machines et chaudières, principales et auxiliaires, ainsi qu'il est prescrit par l'article 55 du règlement.

Dans la visite des machines, la Commission peut exiger des démontages, si elle les juge nécessaires pour la vérification du bon état de fonctionnement.

Les chaudières étant vides, la Commission les examine intérieurement, aussi complètement que possible, en portant particulièrement son attention sur l'état des tirants et entretoises.

Dans les chaudières à tubes d'eau, les collecteurs de vapeur et autres réservoirs de vapeur sont visités à l'intérieur.

La Commission examine les foyers, boîtes à feu et boîtes à fumée, et particulièrement la partie inférieure des tôles de la boîte à feu ; elle porte son attention sur les tôles de foyers à la hauteur des grilles.

Elle examine les soupapes de sûreté, soupapes d'arrêt, régulateurs d'alimentation, indicateurs de niveau et tous appareils accessoires.

Au cours de cette visite, les chaudières restent pourvues de leur autel, de leurs grilles et de tous leurs accessoires, ainsi que de leur revêtement calorifuge.

Visite de quatrième année des machines et chaudières.

56. L'article 56 du règlement prescrit d'autre part, des visites plus complètes pour les machines et chaudières. Ces visites ont lieu tous les quatre ans pour les machines motrices et auxiliaires ; tous les quatre ans également pour les chaudières principales et auxiliaires, jusqu'à leur douzième année, mais tous les deux ans à partir de leur douzième année.

Les articles 57 et 58 ont fixé les conditions dans lesquelles il est procédé à ces visites. Elles comportent, pour les chaudières une épreuve sous pression hydraulique. Pour cette épreuve la chaudière reste pourvue de son autel, de ses grilles et de tous ses accessoires, à moins que la commission n'en décide autrement. Le revêtement calorifuge n'est enlevé que s'il y a présomption de fuite ou de défaut caché, et, si possible, uniquement dans la région présumée de cette fuite ou de ce défaut.

Si, au cours de cet essai, la Commission constate une déformation dangereuse ou des fuites, l'essai est interrompu pour être renouvelé après remise en état.

La Commission exige les réparations, piquage, grattage et nettoyage qui lui paraissent nécessaires; elle peut demander à vérifier, au moyen de forages, l'épaisseur des tôles.

Visite extraordinaire.

57. Les visites extraordinaires pouvant être motivées par des circonstances très diverses et comporter des constatations de nature très différente selon les cas, la Commission décide, dans chaque cas particulier, de quelle façon elle doit y procéder. Elle doit toutefois s'inspirer des règles fixées et des moyens de vérification indiquées par le règlement du 21 Septembre 1908 et par la présente instruction.

Établissement d'un procès-verbal de visite.

58. Toutes les visites effectuées par la Commission de l'article 6 de la loi, en exécution des prescriptions de l'article 5, de même que celles effectuées aux colonies et à l'étranger en exécution des articles 15 et 16, donnent lieu à l'établissement d'un procès-verbal, qui doit être établi suivant les mêmes règles que ceux relatifs aux visites de la Commission de l'article 4 et transcrit, comme ceux-ci, sur le registre institué par l'article 11 (§ 4) de la loi. Lorsqu'une visite extraordinaire a été motivée par un accident ayant occasionné la mort ou des blessures graves, copie de ce procès-verbal est transmise par l'Administrateur de l'Inscription maritime au Procureur de la République.

Mention est faite sur le procès-verbal et sur le registre du payement des frais auxquels donne lieu la visite, frais dont le montant, fixé dans les conditions prévues par l'article 52 de la loi, est uniforme pour les différentes visites périodiques, quel que soit le programme plus ou moins étendu de ces visites, la loi ne faisant aucune distinction entre les visites complètes et les visites partielles, entre les visites ordinaires et les visites à sec.

Les visites à sec qui sont passées dans l'intervalle de deux visites annuelles ne donnent pas lieu à la délivrance d'un nouveau permis de navigation et peuvent être simplement constatées par l'inscription du procès-verbal au registre institué par l'article 11 et par une apostille au permis de navigation en cours. De même, elles ne donnent pas lieu à la perception de nouveaux droits, le navire ayant toujours la faculté de faire coïncider ces visites avec les visites annuelles.

La délivrance du nouveau permis de navigation après la visite annuelle s'effectue sur la présentation du procès-verbal de visite et contre remise du permis périmé. Elle peut être suspendue, comme celle du premier permis, jusqu'à ce que le nécessaire ait été fait pour remédier aux défectuosités, détériorations ou mauvais fonctionnements relevés par la Commission.

En cas de contestations touchant l'échantillonnage des parties usées de la coque ou des appareils à vapeur, des chaînes d'ancre, etc., les règlements du Bureau Veritas serviront utilement, aux Commissions de visite, de base d'appréciation.

Chapitre IV. — Visites de partance et contrôle des Inspecteurs de la navigation maritime.

Dispositions générales relatives aux visites de partance.

59. En exécution de l'article 7 de la Loi du 17 Avril 1907, les inspecteurs de la navigation maritime doivent visiter tout navire français ou étranger, soit en partance d'un port de France, d'Algérie ou des colonies françaises, pour un voyage au long cours, au cabotage national ou international ou pour une campagne aux grandes pêches soit venu dans les eaux territoriales françaises pour y faire des opérations de commerce.

Ils ne sont pas tenus néanmoins, de visiter plus d'une fois par mois les navires effectuant d'un même port des départs plus fréquents, mais ils inspectent, avant chaque départ, tout navire embarquant des émigrants, des pèlerins ou des marins de grandes pêches passagers, ou tout navire dont l'affectation se trouve changée, alors même que la visite antérieure dans ce même port remonterait à moins d'un mois.

La visite de partance est obligatoire lorsqu'un navire effectue son premier départ après sa mise en service.

Le navire passant à ordres ou en relâche dans un port de France ou des colonies françaises qui n'est pas son port de destination et dans lequel il ne fait aucune opération de commerce n'est pas réputé en partance et n'est point, par suite, soumis aux visites de partance.

Le caractère obligatoire de la visite de partance n'entraîne pour le navire que l'obligation de s'y soumettre. Si, par conséquent, après avis régulier du futur départ donné dans les conditions indiquées au paragraphe 61 ci après, il n'a pas, en fait, été procédé à la visite, le navire peut prendre la mer à l'heure dite sans que, de ce chef, une infraction soit commise.

Les visites de partance portent sur les conditions de conservation et de navigabilité de la coque, sur le bon ordre des appareils mécaniques, à vapeur ou autres, sur l'état des instruments nautiques, des fanaux et signaux, sur l'existence à bord des cartes marines et documents nécessaires au voyage projeté, sur l'état des embarcations et engins de sauvetage, sur les précautions prises pour le transport des marchandises dangereuses, sur l'arrimage, sur le franc-bord, sur l'effectif de l'équipage au point de vue de l'application des articles 21 à 30 de la Loi du 17 Avril 1907, sur le nombre maximum de passagers, sur les vivres, les boissons, l'eau potable et tous autres détails intéressant l'hygiène et la sécurité de l'équipage et des passagers.

Il est bien évident que l'inspecteur de la navigation maritime ne pourra, à chaque visite de partance, procéder aux multiples vérifications que comporte ce programme détaillé. Il lui appartiendra d'apprécier sur quels points et dans quelle mesure il peut se borner, au cours de certaines visites, à des constatations sommaires, en ayant d'ailleurs soin de porter plus spécialement son attention, au cours des visites suivantes du même navire, sur les points qui auraient fait précédemment l'objet d'un examen moins approfondi.

Visites consécutives à une plainte de l'équipage.

60. L'inspecteur de la Navigation Maritime visite tout navire ayant donné lieu, de la part de l'équipage, à une plainte, régulièrement présentée, portant sur la navigabilité, l'hygiène ou l'approvisionnement en vivres et boissons.

Pour qu'il y soit obligatoirement donné suite, il faut :

1º Que la plainte soit présentée par écrit, ait un objet précis et soit formellement motivée;

2º Que ce document soit signé, sous leur responsabilité personnelle, par au moins trois hommes de l'équipage;

3º Que le dépôt de la plainte, établie et signée comme il vient d'être dit, soit fait dans un délai tel que le départ du navire ne puisse être retardé par la visite ou l'enquête nécessitée par cette plainte.

Lorsqu'en raison de la très courte durée de l'escale, il sera absolument impossible de procéder à l'enquête nécessaire sans retarder le départ du navire et que, d'ailleurs, la sécurité immédiate du navire et des personnes embarquées ne sera pas en jeu, l'autorité saisie de la plainte pourra la transmettre, pour la suite qu'elle comportera, au fonctionnaire compétent du prochain port où devra relâcher le navire.

Déclaration de partance.

61. Pour les visites de partance, il est ouvert au bureau de l'Inspecteur de la Navigation Maritime ou, aux colonies, de l'officier ou fonctionnaire chargé de la police de la Navigation, un registre sur lequel le propriétaire ou son représentant doit inscrire la date et l'heure projetées pour le départ du navire. Cette inscription doit être faite au moins vingt-quatre heures à l'avance, ou dès l'arrivée du navire, s'il doit rester moins de vingt-quatre heures.

Le propriétaire ou son représentant, peut également adresser à l'administration de l'Inscription Maritime, ou à l'officier ou fonctionnaire chargé de la police de la navigation aux colonies, une déclaration écrite de partance. Cette déclaration (lettre ou télégramme) doit parvenir vingt-quatre heures au moins avant le moment fixé pour le départ du navire, ou à son arrivée, s'il doit rester moins de vingt-quatre heures.

Mention est faite dans la déclaration du propriétaire ou de son représentant de la date de la dernière visite de partance.

L'inscription sur le registre ou l'envoi d'un avis écrit est exigée alors même que la dernière visite de partance, subie par le navire dans le même port, remonterait à moins d'un mois.

Cette inscription est également exigée pour les navires nouvellement construits qui effectuent leur premier départ après avoir subi la visite de la Commission instituée par l'article 4 de ladite loi.

Il est donné acte au propriétaire ou à son représentant de sa déclaration par la remise d'un bulletin mentionnant le jour et l'heure qui ont été indiqués pour le départ.

Pour les navires à service régulier, c'est-à-dire dont les départs ont lieu à jour fixe et suivant un horaire arrêté d'avance, la déclaration de partance n'est pas exigée à chaque départ, lorsque le tableau de ce service aura été régulièrement porté à la connaissance de l'administrateur de l'Inscription Maritime.

Une déclaration de partance ne serait exigible, pour ces navires, que dans le cas où le départ devrait avoir lieu à une date ou à une heure différentes de celles indiquées au tableau.

Vérification que comporte la visite de partance.

62. Les vérifications de l'inspecteur de la Navigation Maritime chargé de procéder aux visites de partance poivent porter, tout d'abord, sur les conditions générales de navigabilité du navire.

Après s'être assuré que le navire possède un permis de navigation non périmé, l'inspecteur lui fait subir un examen d'ensemble, sans exiger, à moins qu'il n'ait une raison sérieuse de soupçonner un vice ou une défectuosité grave, ni déplacement de la cargaison, ni démontage, ni travaux d'aucune sorte de nature à retarder le départ du navire.

Dans cette visite, l'attention de l'inspecteur de la navigation porte particulièrement sur l'appareil à gouverner et ses accessoires, sur les apparaux de mouillage, sur les panneaux et leur fermeture, ainsi que sur la fermeture de toutes les ouvertures dans le bordé, sur l'état de la mâture et du gréement des navires à voiles et, pour les navires à vapeur ou à propulsion mécanique, sur le bon ordre général et la propreté des compartiments des machines et chaudières, sur l'existence et le bon état des enveloppes calorifuges.

Lorsqu'un navire à voiles en partance doit quitter le port en remorque, l'inspecteur doit s'assurer qu'il prend la mer avec ses voiles en vergue.

Les navires porteurs de certificats de classification en règle de l'une des sociétés de classification reconnues par le Ministre de la Marine sont dispensés des constatations qui portent sur la coque, les machines et chaudières et leurs dépendances (mâture, pompes, appareils auxiliaires, rechanges), c'est-à-dire sur les points qui font l'objet des visites prévues par les règlements de ces sociétés.

L'inspecteur de la navigation maritime peut se faire présenter le journal de bord ainsi que le rapport de mer de la dernière traversée, le journal de la machine prévu par l'article 63 du règlement et le registre des réclamations mis à la disposition des passagers en exécution de l'article 28 (journaux et registre dont il sera établi ultérieurement des modèles réglementaires, ainsi qu'il a été indiqué plus haut, § 46). Il s'assure que ces documents sont régulièrement tenus à jour et tient compte dans ses vérifications des faits qui y sont relatés.

Visite des instruments nautiques.

63. — L'inspecteur constate la présence à bord de tous les instruments nautiques spécifiés à l'article 67 du règlement, en tenant compte des dispenses que la Commission de visite a pu accorder à certaines catégories de navires, et vérifie leur bon état de fonctionnement.

Il constate notamment que le navire est muni de tous les fanaux et autres signaux prescrits par le Règlement du 21 Février 1897, ayant pour objet de prévenir les abordages en mer, modifié et complété par le décret du 9 Novembre 1905 et que *tous ces fanaux* et signaux ont la puissance requise et sont en bon état de service.

Il examine l'installation des fanaux en place, s'assure que les porte-fanaux et écrans sont solides et que les fanaux sont abrités, autant que possible, contre la mer.

Il s'assure que les feux de position ne peuvent jamais être masqués, quelle que soit l'allure du navire ou la disposition de sa voilure, qu'ils sont visibles dans l'angle prévu par les règlements et complètement invisibles en dehors de cet angle.

S'il est fait usage de lampes électriques, l'inspecteur veille à ce que des fanaux de secours en bon état de service, utilisant un autre genre d'éclairage et ayant la puissance requise, soient disposés à proximité et prêts à être mis en place en cas de besoin.

Sur les navires effectuant un voyage de long cours, de cabotage international, de grand cabotage national ou de grandes pêches, il s'assure que, pour chaque chronomètre réglementaire, l'état absolu et la marche ont été déterminés.

Il n'est pas possible de fixer aux Inspecteurs de la navigation des règles précises en ce qui concerne la vérification des instruments de navigation ; il est d'autant plus nécessaire de laisser, à cet égard, une large part à leur initiative personnelle qu'ils se trouveront fréquemment en présence d'instruments disparates et de fabrication étrangère. De plus, la vérification d'un compas, par exemple, et sa régulation exigent un temps assez long et des observations qu'il sera impossible de réaliser pratiquement dans une visite.

Chaque centre d'inspection sera muni d'un exemplaire du *Manuel des instruments nautiques* de M. le commandant Guyou ; les inspecteurs y trouveront des indications précises sur les instruments en usage dans la Marine nationale qui pourront leur servir de guide pour leurs vérifications.

Ils devront, dans tous les cas, en ce qui concerne les compas, vérifier le pivot de la rose, s'assurer que le plan horizontal passant par les centres des sphères compensatrices, s'il en existe, contient le plan de la rose, que cette dernière est bien équilibrée et que son moment magnétique a une valeur suffisante, que chaque rose de rechange est accompagnée de sa chape et de son pivot.

Ils examineront particulièrement les compas étalons, dont ils se feront présenter les tables de déviation. Si le navire est pourvu d'une installation électrique, la régulation des compas doit avoir été faite les dynamos étant successivement en marche et au repos.

Enfin, l'inspecteur examine les lochs marins et les lignes de sonde et vérifie le marquage des lignes et l'exactitude des sabliers.

Vérifications relatives aux documents nautiques et cartes marines.

64. — L'inspecteur de la navigation maritime s'assure de la présence à bord de tous les documents nautiques nécessaires à la sécurité de la navigation pour le voyage projeté, savoir :

1° Des exemplaires de la *Connaissance des temps* ou de l'*Extrait de la Connaissance des temps*, des *Tables d'azimuths*, de l'*Annuaire* ou des *Tables des marées*, enfin des ouvrages ou tables destinés au calcul du point ;

2° Des cartes marines, des instructions nautiques, livres de phares et autres ouvrages nautiques dont la liste sera arrêtée en s'inspirant des règles ci-après.

En ce qui concerne les cartes, pour vérifier si le capitaine s'est pourvu de toutes celles répondant aux nécessités du voyage à entreprendre, l'Inspecteur pourra consulter les cartes index et le catalogue des publications du Service hydrographique. Les cartes qu'un navire doit avoir à bord eu égard à la traversée que le navire doit effectuer ou aux parages qu'il est appelé à fréquenter peuvent se grouper dans les quatre catégories ci-après :

1° *Cartes particulières* ou *plans*, donnant à grande échelle les ports de départ, d'arrivée, de relâche ou d'escale probable du bâtiment. Si ces plans sont en cartouche sur d'autres cartes qui se trouvent dans la collection du bâtiment, il n'y a pas lieu de les faire figurer sur la liste établie ;

2° *Cartes routières*, sur lesquelles on trace la route hors de vue de terre ou assez au large pour que la carte à petite échelle puisse suffire ; (dans ce groupe sont comprises, non seulement les cartes des grands bassins maritimes, mais aussi les cartes des golfes et des mers secondaires qui forment une dépendance des premières. Par exemple, pour la navigation dans le bassin oriental de la Méditerranée, les cartes routières seraient, outre la carte d'ensemble du bassin, les deux cartes de l'Archipel, les deux cartes de l'Adriatique, les cartes de la mer de Marmara, de la mer Noire et de la mer d'Azof) ;

3° *Cartes de passage*, représentant les détroits ou passes étroites (Gibraltar, le Kattégat, le Sund, le Pas de Calais, etc.) ;

4° *Cartes côtières*, nécessaires lorsque le navire longe d'assez près une côte pour que la carte routière soit insuffisante ou lorsque, pour l'atterrissage, la carte routière et le plan du port ne donnent pas tous les détails désirables.

En s'inspirant de ces indications, il est facile de déterminer, dans chaque cas particulier, quelles sont les cartes qu'un navire est tenu d'avoir à bord pour le voyage qu'il doit entreprendre.

Voici, à titre d'exemples, la manière dont la liste des cartes doit être établie :

1° Pour un caboteur se rendant directement de Port-Vendres à Nice :

Cartes particulières. — 5131 ou 1218 (Port-Vendres); 1168 ou 5176 (Nice).

Carte routière. — 1303.

Carte côtière. — 2682.

2° Pour un autre caboteur se rendant de Dunkerque à Brest sans escale, en passant par le chenal du Four :

Cartes particulières. — Dunkerque : 3913 ou 3916; Brest : 5071.

Carte routière. — 2162.

Carte de passage. — Le Four : 3473.

3° Pour un long courrier allant de Marseille à Shanghaï par la route ordinaire des vapeurs, avec escales à Aden, Colombo, Singapour et Hong-Kong;

Cartes particulières. — 1183 (Marseille), 4202 (Port-Saïd), 3094 (Suez), 4906 (Aden), 3845 (Colombo), 4841 (Singapour), 4601 (Hong-Kong), 4105 (Schanghaï) ;

Cartes routières. — 3853 A, 3853 B (Méditerranée), 2993 (mer Rouge), 4360, 4513, 5147, 5132 (Océan Indien), 4946 (Mer de Chine).

Cartes de passage. — 3937 (Bonifacio), 2113 (Messine), 4106 (Bab-el-Mandeb), 3973, 4699, 5103, 2406 (Détroits de Malacca et de Singapour) ;

Cartes côtières. — 3940, 4941, 4923, 4971 (Côtes de Chine).

En ce qui concerne les bateaux de pêche, la liste établie d'après les règles précédentes pourra être simplifiée par la suppression, d'abord des cartes particulières des ports de départ lorsque les abords en sont bien connus des capitaines, maîtres ou patrons, puis des cartes côtières, qui ne sont généralement pas utiles pour les navires de faible tonnage.

Ces mêmes remarques peuvent s'appliquer aux petits caboteurs: toutefois, pour ces derniers, on devra tenir compte de ce fait qu'ils sont souvent conduits à longer la côte de très près pour profiter de tous les abris et que, par suite, certaines cartes côtières leur seront parfois indispensables.

En cas d'hésitation sur la détermination des cartes dont le navire doit être muni, l'inspecteur de la Navigation en réfère à l'administrateur de l'Inscription maritime qui provoque, pour l'avenir, une consultation du Service hydrographique.

Les capitaines pourront se servir, soit des cartes du Service hydrographique français, soit, à défaut, de documents publiés par les gouvernements étrangers. Des conditions de vente et de délivrance des cartes et de tous autres documents nautiques du Service hydrographique français sont indiquées sur le bulletin inséré à la dernière page de tous les ouvrages publiés par ce Service.

Pour permettre le contrôle de la mise à jour des cartes et faciliter le travail des corrections, il sera mis à la disposition des capitaines, dans les bureaux des inspecteurs de la navigation, les documents suivants :

1º Le Catalogue des cartes, plans et instructions, etc., qui composent l'hydrographie française ;

2º Les cartes index ;

3º Un état indiquant, à une date déterminée, la dernière édition et la dernière correction secondaire de toutes les cartes de l'hydrographie française ;

4º Les états annuels et mensuels parus à partir de la publication de l'état précédent ;

5º Une collection des bulletins de correction de cartes.

Ces documents sont distincts de ceux qui seront mis à la disposition de l'inspecteur de la navigation pour son usage propre ; ils pourront être consultés ou copiés sur place ; ils ne devront, en aucun cas, quitter le bureau de l'inspecteur de la navigation.

Inspection des instructions nautiques et livres des phares.

65. En ce qui concerne les instructions et autres ouvrages nautiques, les bâtiments armés pour le long cours, le cabotage international, le grand cabotage national et les grandes pêches doivent avoir à bord les instructions et les livres de phares concernant les ports pour lesquels ils sont destinés ou les côtes près desquelles ils sont appelés à naviguer.

Toutefois, afin de limiter au strict nécessaire le nombre des documents embarqués, les instructions et livres des phares qui se rapportent à des terres isolées ou à des pointes avancées en vue desquelles le bâtiment ne fait que passer ne seront pas exigés, la carte suffisant, dans ce cas, aux besoins de la navigation. Ainsi, un bâtiment allant de la Manche aux Antilles et susceptible de passer en vue des Açores sans y relâcher ne sera pas astreint à embarquer les instructions 901, ni les livres des phares série E 2 concernant ces îles.

Pour déterminer la liste des Instructions nécessaires à un bâtiment pour un itinéraire donné, l'inspecteur de la navigation se base sur le catalogue du Service hydrographique. En cas d'hésitation, il en réfère à l'Administration de l'Inscription maritime qui provoque pour l'avenir une consultation de ce service par la voie hiérarchique, comme il a été dit ci-dessus pour les cartes (§ 64).

Prenons quelques exemples :

Un navire allant de Dunkerque en Indo-Chine, avec escales à Colombo, Singapour, Saïgon, Tourane et Haïphong, devra embarquer les Instructions ci-après : Nos 881 (Côte Nord de France) ; 867 (Côtes Nord et Ouest d'Espagne et Portugal) ; 801 (Maroc, Algérie et Tunisie) ; 890 (Bassin oriental de la Méditerranée) ; 762 et annexes (mer Rouge et golfe d'Aden) ; 852 (Côte Ouest de l'Hindoustan) ; 909 (mers de Chine, du détroit de Malacca à Hong-Kong) ; et comme livres de phares, les séries C, C¹, D², L et K.

Un voilier allant de Dunkerque au Chili devra avoir comme Instructions, les Nos 881 (Côte Nord de France); 901 (Côte Ouest d'Afrique); si le navire touche aux îles Açores et Canaries, etc., 911 (Côtes Sud d'Amérique) ; 823 (Chili et Pérou), et, comme livres de phares, les séries C, E² (si le navire touche aux Açores, Canaries, etc.), H² et J.

Pour faire route de Marseille à la côte Ouest d'Afrique, les Instructions à avoir à bord comprendront les nos 803 (Côtes Sud de France), 822 (Espagne Est et Sud), 801 (Maroc, Algérie et Tunisie), 901 (Côte Ouest d'Afrique), et 724 (Côte Ouest d'Afrique), avec, comme livres de phares, les séries D¹ et E².

Pour aller de Nantes à Cardiff, un navire devra être muni des Instructions nos 882 (Côte Ouest de la France), 881 (Côte Nord de France) et 893 (Canal de Bristol) et des séries C et E¹ des livres de phares.

Les livres des phares en service à bord des bâtiments doivent être de la dernière édition parue ou être strictement tenus à jour.

Chaque service d'inspection détiendra un exemplaire de chacun des documents (phares et instructions) employés par les bâtiments armant habituellement dans le port.

Les navires long-courriers devront être munis des *Avis aux navigateurs*, qui, comme l indique le bulletin de renseignements relatifs à la vente et à la délivrance des documents nautiques inséré à la dernière page des ouvrages publiés par le Service hydrographique, sont délivrés gratuitement, ainsi que les tables mensuelles et annuelles, à toute personne qui en fait la demande en justifiant de la qualité de navigateur ou d'armateur, les frais d'affranchissement étant seuls à sa charge. Les avis aux navigateurs destinés aux navires de commerce sont de couleur blanche afin de pouvoir être utilisés, dans les ouvrages, comme fiches de correction.

Les inspecteurs de la navigation recevront ces avis; le service qui leur sera fait pourra comprendre plusieurs collections dans les ports importants.

Les instructions et les livres de phares des bâtiments de commerce sont tenus à jour, soit au moyen des fiches de correction publiées mensuellement par le Service hydrographique, soit au moyen des avis aux navigateurs. Les placards de correction mensuels sont envoyés, en double exemplaire au moins, aux inspecteurs de la navigation. Un des exemplaires est destiné à mettre à jour les documents nautiques de l'inspection; les autres sont mis à la disposition des bâtiments qui auraient à en faire prendre des copies. Les états mensuels de corrections d'ouvrages sont délivrés dans les mêmes conditions et pour les mêmes usages.

Les articles 66 et 67 du règlement du 21 Septembre 1908 imposent le Code international de signaux et une série complète de pavillons aux navires de long-cours, de cabotage international et de grand cabotage national; ils laissent à la Commission de l'article 4 le soin d'apprécier les cas où il y a lieu de l'exiger également à bord des bâtiments pratiquant les autres navigations.

Diverses circulaires, en dernier lieu celle du 4 Avril 1885, avaient jusqu'ici signalé l'intérêt qu'il y aurait à ce que tous les navires de commerce fussent munis d'exemplaires du Code international de signaux et de la série des pavillons. Mais ce n'étaient là que des recommandations, et, si le Décret du 5 Juillet 1900 disposait que le Code international de signaux, tel qu'il a été adopté par les principales nations maritimes, serait seul employé par les bâtiments de commerce français pour toutes les communications à la mer, à l'exclusion de tout autre système, il n'imposait cependant qu'aux bâtiments de la Marine nationale l'obligation d'être munis de ce Code et des pavillons et autres objets nécessaires pour l'échange de communications.

La prescription ferme du Décret du 21 Septembre 1908 à cet égard ne peut avoir que les plus heureux effets au point de vue de la sécurité de la navigation. Le nouveau Code international de signaux, réglementaire depuis 1900, a rendu l'exécution des signaux particulièrement simple et rapide; il se prête principalement à l'émission et à l'échange de tous signaux pouvant faciliter le sauvetage des navires en danger et atténuer, d'une façon générale, les difficultés inhérentes à la navigation.

Ce Code se prête à l'emploi d'un nombre de signaux beaucoup plus important que celui qui était prévu par le code de 1864, grâce à l'addition de six nouveaux pavillons; son vocabulaire s'applique à toute la terminologie maritime et permet de l'utiliser dans un certain nombre d'éventualités de la guerre navale auxquelles peuvent être mêlés les bâtiments de commerce. Les pavillons d'appel du pilote et d'indication de maladies contagieuses ont reçu une simplification rigoureusement internationale, qui n'avait pu être réalisée antérieurement. Aussi presque toutes les puissances maritimes ont-elles donné leur entière adhésion à cette publication, qui a été traduite dans toutes les langues et dont l'emploi exclusif a été prescrit dans toutes les marines de commerce. La présence de ce document à bord des navires faisant une navigation maritime importante peut donc être considérée comme désormais indispensable.

Il convient d'ajouter que le Code de 1900 a été complété par l'introduction de nouveaux systèmes de communications exceptionnelles pour la nuit et les temps de brume, au moyen de signaux empruntés à l'alphabet universel Morse, c'est-à-dire par des combinaisons de longues et de brèves sonores ou lumineuses. Il y a donc intérêt à ce que tout au moins les navires à vapeur affectés au transport des passagers, jaugeant plus de 1.500 tonneaux et ayant une installation électrique, possèdent à bord tout ce qui est nécessaire pour ces signaux de nuit et de brume, fanaux à éclipses pour signaux lumineux, cloches sous-marines, etc.

Vérification du nombre des passagers.

66. — L'inspecteur de la navigation maritime veille à ce que le nombre de passagers des différentes catégories n'excède pas celui qui a été fixé au moment de la remise du premier permis de navigation par la Commission instituée à l'article 4 de la Loi du 17 Avril 1907.

Quand l'armateur désire embarquer des passagers sur un navire qui n'était pas destiné à ce service au moment de la remise du premier permis de navigation, ou si l'aménagement des locaux réservés aux passagers a été modifié, ou encore lorsqu'on se propose d'utiliser pour leur logement des locaux qui étaient primitivement affectés à un autre usage, l'inspecteur de la navigation détermine, conformément aux règles fixées par l'article 116 du règlement, le nombre maximum des passagers qui peuvent être admis à bord. Mention en est faite dans le procès-verbal de visite de partance.

Inspection du matériel de sauvetage.

67. — L'inspecteur s'assure que les engins de sauvetage réunissent toutes les conditions exigées au moment des visites annuelles. Il prend dans les différents cas prévus par l'article 87 du règlement et d'après les règles fixées par cet article, les décisions que comporte la situation, en ce qui concerne les embarcations. Il se conforme très exactement aux prescriptions de l'article 98, relatives aux exercices destinés à la vérification du bon état de fonctionnement des divers appareils et engins.

Il veille à ce que tous les radeaux et embarcations soient pourvus des objets d'armement énumérés aux articles 86 et 90 du règlement, à ce que les prescriptions des articles 99 et 100, relatives à l'approvisionnement des embarcations en vivres et boissons, soient observées, à ce que tous les engins de sauvetage portent bien les marques et inscriptions indiquées à l'article 95. Il vérifie le bon état des objets constituant l'appareil de va-et-vient et de l'engin porte-amarre embarqué en conformité de l'article 97 du règlement. Il contrôle la présence à bord d'un certain nombre de charges pour l'entretien des bouées lumineuses.

Vérifications relatives au chargement.

68. En exécution du 6e paragraphe de l'article 7 de la loi, il s'assure que le lestage du navire. l'arrimage des marchandises placées dans les cales ou sur le pont ont été faits de manière à ne présenter aucun danger et à ne pas gêner, soit les manœuvres, soit les passagers.

Lorsque le navire transporte des marchandises insalubres, dangereuses ou inflammables, il vérifie si toutes les précautions nécessaires ont été prises pour la sécurité du navire et des personnes embarquées.

Il constate que la marque de franc-bord correspondant aux circonstances du voyage que va entreprendre le navire n'est pas immergée, sauf dans les cas particuliers prévus par les certificats de franc-bord. Il peut, s'il le juge utile, se faire présenter le certificat de franc-bord afin de vérifier la position des marques.

Vérifications relatives au personnel embarqué.

69. L'inspecteur de la navigation s'assure que les prescriptions du titre II de la Loi du 17 Avril 1907 et du règlement d'administration publique du 20 Septembre 1908, relatif aux conditions du travail à bord, peuvent être satisfaites avec le personnel embarqué.

Vérifications relatives à l'hygiène et à l'alimentation.

a. Locaux et hygiène.

70. Il contrôle l'exécution des dispositions des articles 18 et 19 du règlement sur la sécurité et l'hygiène, relatifs à l'entretien des locaux d'habitation et aux conditions de couchage des hommes de l'équipage. Les mesures de propreté apportées à l'entretien des bouteilles et poulaines sont l'objet de toute son attention.

S'il s'agit d'un navire transportant des marins de grandes pêches passagers, l'inspecteur de la navigation s'assure, soit qu'il est pourvu, pour leur logement, d'un entrepont fixe ayant au moins, de la face supérieure des barrots du pont formant plancher à la face supérieure des barrots du pont formant plafond, la hauteur de $1^m,83$ exigée par l'article 20 du règlement pour les locaux affectés à l'équipage, soit qu'il a été établi une plate-forme calfatée formant, avec le pont supérieur, un entrepont de la même hauteur.

Ces entreponts doivent être convenablement aérés et éclairés en tout temps. Chaque marin passager doit y disposer, soit d'un hamac, soit d'une couchette.

L'inspecteur de la navigation a le devoir de veiller à ce que les prescriptions hygiéniques relatives aux locaux des passagers d'entrepont et émigrants soient exactement observées.

Il visite les locaux destinés aux passagers de ces catégories, de manière à s'assurer que ces locaux sont dans de bonnes conditions d'aération, d'éclairage, de propreté, que leurs parois, les couchettes et autres objets mobiliers sont régulièrement nettoyés et repeints. Il prend les mesures nécessaires pour que ces passagers n'introduisent pas à bord soit des objets de nature à nuire à l'hygiène et à la santé générale, soit des comestibles susceptibles de se corrompre ou des boissons alcooliques ou spiritueuses, et pour qu'il ne soit embarqué aucun passager d'entrepont ou émigrant dont le mauvais état de santé constituerait un danger pour les autres personnes présentes à bord.

b. Vivres et approvisionnements.

71. Il appartient à l'inspecteur de la navigation maritime de se rendre compte de l'état des vivres embarqués et de leurs conditions d'emballage. Il veille à ce que les farines étuvées, ainsi que le biscuit soient conservés dans des boîtes métalliques fermant hermétiquement ou dans des barils rendus étanches, à ce que le vin soit conservé dans les futailles qui ont servi à son embarquement, celles-ci étant placées dans des soutes bien aérées et d'une température aussi peu élevée que possible.

S'il a des doutes sur la qualité de certaines denrées, viandes, conserves, boissons, il ordonne tout prélèvement ainsi que toute analyse ou autre moyen de vérification qu'il juge utile.

Les animaux sur pied destinés à l'alimentation sont examinés avant l'embarquement et doivent être reconnus remplir toutes les conditions requises pour fournir une viande saine. L'approvisionnement en légumes frais doit être complété et renouvelé, s'il y a lieu, à chaque relâche : l'inspecteur de la navigation devra s'assurer, aussi fréquemment que possible, que cette prescription est observée.

L'inspecteur veille à ce que le tableau d'équivalences fixé par l'arrêté sur les rations et la composition de ces rations soit affiché d'une manière permanente dans les postes du personnel, conformément à l'article 31, § 4, de la loi.

Pour le contrôle de l'approvisionnement en vivres nécessaire à la traversée, l'inspecteur de la navigation doit s'inspirer de cette considération que les circonstances et les aléas de la navigation peuvent toujours prolonger un voyage ou une traversée (le mot traversée s'entendant du parcours d'un port d'escale à un autre port d'escale ou au port de destination), bien au delà de sa durée normale. Il devra donc exiger, indépendamment des quantités nécessaires pour assurer, pendant le temps présumé de la traversée, l'exécution des dispositions de l'article 31 de la loi, l'embarquement d'une réserve de vivres principaux qui, d'une manière générale, pourra être calculée sur les bases suivantes :

S'il s'agit d'un vapeur, l'approvisionnement supplémentaire devra être égal :

Pour les traversées de moins de cinq jours, à l'approvisionnement normal ;

Pour les traversées de cinq à quinze jours, à la moitié de l'approvisionnement normal, avec un minimum de cinq jours ;

Pour les traversées de plus de quinze jours, à la moitié de l'approvisionnement normal, avec un minimum de huit jours.

Si le navire est à voiles, l'approvisionnement supplémentaire devra être égal :

Pour les traversees de moins de dix jours, à l'approvisionnement normal ;

Pour les traversées de dix à trente jours, à la moitié de l'approvisionnement normal, avec un minimum de dix jour ;

Pour les traversées de trente jours et au-dessus, au tiers de l'approvisionnement normal, avec un minimum de quinze jours.

Lorsque le voyage à effectuer doit conduire le navire dans la zone située au Nord du 50e degré de latitude Nord ou au Sud du 50e degré de latitude Sud, l'approvisionnement doit être calculé de telle façon que la ration soit accrue dans les conditions déterminées par l'arrêté sur les rations rendu en exécution de l'article 31 de la loi.

Il y a également lieu de prévoir, dans le calcul de l'approvisionnement, le supplément de nourriture alloué, pour chaque quart devant les feux, aux chauffeurs et soutiers.

Sur les navires à passagers, l'équipage doit être approvisionné en pain dans les mêmes conditions que les passagers.

La ration journalière des marins passagers doit être calculée dans des conditions identiques à celle des hommes d'équipage.

Il appartient à l'inspecteur de vérifier l'état des ustensiles de plat, et de s'assurer que toutes les dispositions sont prises en vue de l'exactitude des distributions journalières qui doivent être faites sous la surveillance d'un officier.

Il veille à ce que les récipients à eau douce potable soient nettoyés à fond tous les trois mois au plus, conformément à l'article 31, § 10, du règlement, à ce qu'aucune défectuosité ou détérioration ne compromette les qualités requises des différents récipients, et à ce que les caisses à eau, charniers, barils, etc., soient en parfait état d'entretien et de propreté.

Il s'assure que, sur tout navire en partance, l'approvisionnement contenu dans les caisses à eau potable est calculé sur la base de cinq litres par personne et par jour, et que cet approvisionnement a une origine présentant toutes garanties.

Il examine périodiquement, après démontage, l'appareil à distiller l'eau de mer, prévu par l'article 32 du règlement sur les long-courriers pourvus d'une chaudière et dont l'effectif dépasse 30 personnes.

S'il en constate le bon fonctionnement, il peut autoriser la réduction de l'approvisionnement d'eau douce, de manière à limiter la quantité embarquée à trois litres et demi par personne et par jour.

Il s'assure enfin que des dispositions sont prises pour qu'il puisse être distribué dix litres d'eau douce, à chaque quart, à chacun des hommes du personnel des machines pour les soins de propreté, et une fois par semaine à chaque homme de l'équipage pour le lavage du linge (conformément à l'article 17, § 5 et 6 du règlement).

Médecins et infirmiers. — Matériel médical et pharmaceutique.

72. L'inspecteur de la navigation maritime s'assure, lorsqu'il y a lieu, que le navire a à bord le personnel de médecins et d'infirmiers prescrit par les articles 118 et 119 du règlement.

C'est également à lui qu'incombe, en principe, le soin de vérifier si le navire est pourvu du matériel médical et pharmaceutique réglementaire. Le cas échéant, il devrait se référer, pour cela, aux trois tableaux A, B et C, annexés au règlement du 21 Septembre 1908, modifié par Décret du 10 Avril 1909, et qui déterminent, « d'après la durée de la navigation et le chiffre du personnel embarqué », conformément aux indications de la loi (art. 53, 6°), le matériel médical et pharmaceutique dont les navires de plus de 25 tonneaux doivent être pourvus, sans qu'il y ait lieu de distinguer entre les différentes espèces de navigation.

Ces tableaux prévoient quatre catégories de coffres à délivrer aux navires, en ce qui concerne l'approvisionnement en médicaments et objets de pansement, le mot coffre s'entendant, d'ailleurs, non du récipient contenant ce matériel, qui peut aussi bien être installé dans un local aménagé en pharmacie, mais de la série d'objets et de produits qui le composent. Les différents coffres ont un numéro distinctif, n° 1, n° 2, n° 3 et n° 4, selon leur importance.

Le coffre n° 1, spécial aux bateaux pratiquant la pêche ou le bornage, qui ont moins de quinze hommes d'équipage, ne contient, comme la boîte de secours instituée pour les plaisanciers ne s'éloignant pas des côtes, qu'un nombre très restreint de médicaments et d'objets de pansement d'un usage courant et en quantités strictement indispensables.

La nomenclature commune aux trois autres espèces de coffres comprend d'abord, avec l'indication de la quantité prescrite comme approvisionnement de chaque produit, la liste des médicaments pour l'usage interne et des médicaments pour l'usage externe rendus réglementaires à bord des navires de commerce, de pêche et de plaisance, faisant de plus longues navigations, puis l'énumération des objets de pansement imposés en tel ou tel nombre.

Les quantités exigées varient selon le numéro du coffre. C'est ainsi que le coffre n° 3 correspond au moins au triple du coffre n° 2 ; le coffre n° 4, qui n'est délivré qu'aux bâtiments possédant un médecin, peut être considéré comme équivalant au moins au triple du coffre n° 3; il comporte, en outre, un certain nombre des produits et objets qui, ne pouvant être utilisés que par un médecin, n'existent pas dans les coffres n° 2 et n° 3.

Il convient toutefois de remarquer que chaque coffre ainsi défini de l'une et de l'autre catégorie ne correspond pas nécessairement à l'approvisionnement complet de tel navire déterminé : dans certains cas, un navire devra embarquer seulement un coffre n° 2, ou un coffre n° 3; mais dans d'autres, son approvisionnement devra comprendre, selon son effectif et la durée du voyage projeté — éléments essentiellement variables — deux coffres n° 2, ou bien un coffre n° 3 et un coffre n° 2, ou encore un coffre n° 3 et deux coffres n° 2, etc. C'est ce que déterminent les tableaux A, B et C annexés au règlement.

Quant aux appareils, ustensiles et instruments divers qu'énumère également la nomenclature, il n'y a pas lieu, au contraire, de les délivrer plusieurs fois à un même navire. Celui par exemple, qui, faisant un voyage de trois mois avec quinze hommes, doit, en vertu du tableau A, avoir un approvisionnement pharmaceutique correspondant à deux coffres n° 2, n'est cependant astreint à posséder qu'une seule série d'appareils, ustensiles, etc., celle correspondant à la première catégorie. De même, le navire ayant quatre-vingt-dix personnes à bord pour un voyage de cinq mois et devant, comme tel, embarquer un matériel de médicaments et d'objets de pansement représentant trois coffres n° 3, n'aura à justifier de la présence à son bord que d'une seule série d'appareils et instruments, celle de la deuxième catégorie.

La liste des appareils constituant la 3ᵉ catégorie et la caisse de chirurgie sont réservés aux navires pourvus d'un médecin, comme le coffre n° 4 (médicaments et pansements); elles n'ont besoin d'être fournies également qu'une fois, même sur les navires qui doivent avoir plusieurs coffres n° 4.

L'inspecteur de la navigation maritime ne possédant pas la compétence technique nécessaire pour apprécier d'une manière certaine la qualité des médicaments contenus dans les coffres et pharmacies des navires, son rôle se bornera, en général, lorsqu'il jugera nécessaire de procéder à cette visite, à vérifier la conformité de l'approvisionnement du navire, en espèces et en quantités, avec les prescriptions des tableaux A, B et C. Il se fera assister, lorsqu'il aura quelque raison de douter de la pureté des produits contenus dans un coffre, d'un médecin pris sur la liste générale instituée par l'article 4 de la loi, ou, le cas échéant, d'un expert, pharmacien ou chimiste, qui examinera en sa présence les divers médicaments et procédera, s'il y a lieu, aux analyses utiles pour déterminer la nature des fraudes ou falsifications pouvant entraîner l'application des sanctions prévues par les Lois des 1ᵉʳ Août 1905 et 25 Juin 1908 sur les fraudes.

Au surplus, l'article 110 du règlement a prévu que les coffres et pharmacies, caisses de chirurgie, etc., devraient, indépendamment des visites de partance ordinaires, être visités, tous les six mois au moins, dans un port de France, sur la réquisition de l'inspecteur de la navigation, par le médecin membre de la Commission de l'article 4. Ledit article a réglé les formes dans lesquelles il est procédé à cette visite et qui sont sensiblement analogues à celles qu'avait instituées l'Ordonnance du 4 Août 1819. Elle doit porter, non seulement sur la qualité des médicaments, objets et instruments entrant dans la composition des coffres ou approvisionnés dans la pharmacie, mais aussi sur l'observation des dispositions des articles 105 et suivants du règlement, relatifs à l'installation des caisses, compartiments, armoires et récipients, aux précautions à prendre en ce qui concerne les médicaments toxiques, etc.

Au cours de cette visite, il appartiendra également au médecin de s'assurer de l'observation des prescriptions relatives à l'étamage des ustensiles en fer ou en cuivre destinés aux usages du bord, — prescriptions rappelées, en dernier lieu, par la circulaire du 16 Juillet 1898.

L'inspecteur de la navigation veille à ce que le navire soit pourvu de l'instruction médicale réglementaire, ainsi que, lorsqu'il y a lieu, d'un exemplaire du Codex français.

Les instructions médicales antérieurement en vigueur ont été fondues en une seule, ainsi que les nomenclatures; cette instruction, préparée par le Conseil supérieur de santé de la Marine, sera publiée incessamment. Il en a été fait un extrait destiné aux petits bâtiments pourvus seulement du coffre n° 1 et aux plaisanciers munis de la simple boîte de secours prévue à leur usage.

Elle abroge et remplace celles annexées aux Circulaires du 3 Juillet 1896, modifiée le 4 mai 1899 (qui était spéciale aux navires de long cours), du 1er Décembre 1893, modifiée le 14 Avril 1897 (concernant les navires faisant la campagne de grande pêche à Terre-Neuve, et étendue à ceux d'Islande par la Circulaire du 30 Avril 1894), enfin du 29 Février 1896 (s'appliquant aux bâtiments qui pratiquent les pêches de la mer du Nord, et étendue à ceux de la mer d'Irlande le 22 Mai suivant.

Il doit, bien entendu, être dressé un procès-verbal de la visite semestrielle des coffres à médicaments, procès-verbal qui est transcrit, selon la règle ordinaire, sur le registre prévu par l'article 11 de la loi. Quant aux constatations auxquelles l'inspecteur de la navigation jugerait devoir faire éventuellement procéder par un expert spécial, au cours de ses visites de partance, il n'y aurait pas lieu d'en faire l'objet d'un rapport spécial; elles seraient enregistrées, avec toutes autres relatives à l'état du navire visité, dans le procès-verbal de visite de partance, établi par l'inspecteur de la navigation, et également signé, dans ce cas, par l'expert qu'il aura requis.

Procès-verbaux des visites de partance.

73. Les procès-verbaux des visites de partance, enregistrant toutes les constatations faites, sont transcrits sur le registre institué par l'article 11 de la loi. Conformément à cet article, ils ne sont transmis au Département que lorsque les constatations auront eu pour effet le refus ou l'ajournement de l'autorisation de départ.

L'article 12, § 2, de la loi dispose que, si la visite de partance n'a donné lieu à aucune observation, l'autorisation de départ résultera simplement du « certificat de visite ». Il convient d'entendre cette expression comme s'appliquant simplement au procès-verbal transcrit sur le registre institué par l'article 11, et non à un document distinct.

Si l'inspecteur de la navigation n'a pu procéder à la visite avant le départ du navire, celui-ci est autorisé à prendre la mer à partir du moment indiqué sur le bulletin remis au propriétaire ou à son représentant pour lui donner acte de la déclaration de partance.

Si l'autorisation de départ a été refusée par l'inspecteur de la navigation, le propriétaire ou le capitaine du navire pourra, conformément à l'article 8 de la loi, faire appel de cette décision auprès de l'administrateur de l'Inscription maritime. Il faut que tous les intéressés se pénètrent bien de cette idée que cette procédure est la seule applicable en l'espèce, et qu'il ne saurait être question d'en appeler, par exemple, de la décision d'un inspecteur à un autre inspecteur du même port plus ancien en fonctions ou plus élevé en classe. L'inspecteur de la navigation est investi d'une sorte de magistrature; il doit exercer en toute indépendance et sous sa seule responsabilité les pouvoirs qui lui sont conférés. Il n'y a donc d'autre recours contre ses décisions que celui qu'a fixé l'article 8 de la loi et ce recours est porté devant l'administrateur de l'Inscription maritime qui procède alors selon les règles déterminées au même article. Les opérations de la Commission chargée de la contre-visite ordonnée dans les cas de l'espèce doivent, comme celles des différentes autres Commissions, faire l'objet d'un procès-verbal qui est transcrit sur le registre réglementaire. La plus grande célérité doit être apportée à ces opérations, ainsi qu'à la remise du permis, si celui-ci a été suspendu ou retiré.

Chapitre V. — Droits de visite. Pourvois. Devoirs des capitaines.

Liquidation et prescription des droits de visite.

74. Pour la liquidation et la perception des droits de visite tels qu'ils sont établis par l'article 52 de la loi, les uns proportionnels au tonnage du navire visité (visites avant mise en service et visites périodiques), les autres de taux fixe (visites de partance et visites exceptionnelles), j'ai, par un règlement en date du 26 Mars dernier, arrêté, de concert avec M. le Ministre des Finances, les dispositions ci-après :

Les droits dus par le propriétaire du navire sont liquidés, dans les ports de France, par l'administrateur de l'Inscription maritime du quartier où a lieu la visite, et sont perçus, comme la plupart des autres droits de navigation, par le Service des douanes ; à défaut de receveur des douanes, le receveur des taxes sanitaires opère pour le compte de ce service.

La liquidation s'inscrit sur des registres à souches (annexes B et C jointes à l'arrêté du 26 Mars et portant les numéros 3555 et 3555¹ de la nomenclature des imprimés du Département) qui doivent être cotés et paraphés par l'administrateur chef du quartier, et qui servent, l'un pour les visites avant mise en service, les visites périodiques et les visites de partance, l'autre pour les visites exceptionnelles. Le talon de ces registres contient toutes les indications propres à faire ressortir si les droits ont été exactement liquidés (nature de la visite, nationalité du navire, genre de navigation auquel il se livre, tonnage brut du navire dont la visite donne lieu à la perception d'un droit proportionnel, etc.) ; il porte en outre des mentions d'ordre permettant de connaître, à tout instant, le nombre et la nature des visites effectuées dans le quartier.

Le volant, ou partie à détacher, porte les mêmes indications et mentionne en toutes lettres la somme à recouvrer. Muni de ce bulletin de liquidation, qui lui est délivré par l'administrateur de l'Inscription maritime, le propriétaire du navire ou son représentant se présente au bureau de la douane du port, où, contre le versement de la somme liquidée, il lui est délivré une quittance également détachée d'un registre à souche, tenu par l'Administration des douanes.

Le bulletin de liquidation du modèle C annexé à l'Arrêté du 26 Mars dernier se rapporte aux visites extraordinaires prévues aux articles 5, paragraphe 3, et 8 de la loi et qui sont à la charge de l'armement, et aux visites exceptionnelles provoquées par les réclamations des équipages. Pour ces dernières, le volant reste attaché à sa souche jusqu'au moment où la réclamation aura été reconnue fondée ou, au contraire, injustifiée. Dans ce dernier cas, et si les plaignants ont été convaincus de mauvaise foi, il appartiendra à l'administrateur de l'Inscription maritime de retenir le montant de la taxe sur les salaires de ceux-ci, et de le verser à la caisse de la Douane.

Les quartiers d'inscription maritime qui sont le siège soit d'une Commission de visite, soit d'un service d'inspection de la navigation, établiront, à la fin de chaque année, un relevé du modèle G annexé à l'arrêté du 26 Mars (numéro 3555² de la nomenclature des imprimés), faisant ressortir, d'une part, le nombre de visites à droit fixe de chaque catégorie effectuées dans l'année écoulée, d'autre part, le tonnage brut total des navires ayant subi les visites avant mise en service et les visites périodiques.

Il est procédé dans les ports coloniaux et dans les consulats comme pour la liquidation et la perception des autres droits de navigation perçus pour le compte du Trésor public.

Il ne doit pas être perdu de vue que, pour un même navire, les visites de partance ne donnent lieu qu'à la perception d'un seul droit de visite par mois, même lorsqu'elles ont été effectuées plus fréquemment et dans des ports différents (art. 52, § 3 de la loi) ; elles sont toujours gratuites pour les navires armés aux grandes pêches, à la petite pêche et au bornage.

L'article 52 de la loi ne distinguant pas, au point de vue du montant des droits, entre les navires qui justifient de la première cote d'un des registres de classification reconnus et les navires non cotés, il conviendra de liquider les droits afférents aux navires cotés dans les mêmes conditions que pour les autres, malgré les dispenses de visite dont ils jouissent en vertu des articles 1 et 5 de la loi.

Est considéré comme navire de long cours ou de cabotage, pour l'application du tarif stipulé à l'article 52 de la loi, le navire qui a été armé au long cours ou au cabotage, suivant le cas, pendant plus de la moitié du temps qui s'est écoulé depuis la dernière visite périodique de même nature que celle qu'il subit.

Pourvois contre les décisions des Commissions de visite. — Commission supérieure.

75. Aux termes de l'article 18 de la loi, les décisions des commissions instituées par les articles 1, 4, 6 et 8 de la loi peuvent faire l'objet de pourvois devant le Ministre de la Marine qui

24

en saisit d'urgence la Commission supérieure instituée par l'article 19. Les articles 122 et suivants du règlement du 21 Septembre 1908 ont réglé les détails de la procédure applicable en l'espèce. J'appelle d'une manière toute spéciale l'attention des autorités qui auront à en assurer l'exécution sur la nécessité de s'y conformer rigoureusement.

La Commission supérieure doit, conformément à l'article 20, paragraphe 2, formuler son avis dans un délai de dix jours au plus, sauf le cas d'enquête ou d'expertises spéciales. Ce délai compte du jour de la première réunion de la Commission. Lorsqu'il y a lieu de recourir à une enquête ou à une expertise, la Commission doit s'attacher, en raison du caractère d'urgence de la décision à intervenir, à formuler son avis dans le plus court délai possible.

Cette même Commission a encore a remplir son rôle d'organe consultatif dans quatre autres ordres de circonstances :

1° Lorsqu'elle est saisie par le Ministre de cas particuliers ou de questions spéciales se rattachant à l'application de la Loi du 17 Avril 1907 (art. 18, § 2);

2° Lorsque la constitution des commissions ou la nomination des experts aux colonies et dans les ports étrangers présente des difficultés (art. 15 et 16).

3° Lorsque le Ministre a à se prononcer sur des propositions ou des demandes tendant à dispenser partiellement certains navires ou certaines catégories de navires de telles ou telles prescriptions du règlement du 21 Septembre 1908 (art. 128 dudit règlement);

4° Lorsque des faits de négligence ou des manquements quelconques commis par des membres des commissions de visite ou des experts ont motivé contre eux une proposition de radiation (art. 44 de la loi et art. 127 du règlement).

Le rôle que cette Commission supérieure est appelée à jouer dans l'application de la Loi du 17 Avril 1907 est, par conséquent considérable. Ses avis fixeront peu à peu la doctrine du Département pour l'interprétation des dispositions multiples contenues dans la loi elle-même et dans les règlements rendus pour son exécution. Aussi toutes celles qui auront une portée générale seront-elles notifiées aux autorités maritimes par la voie du *Bulletin Officiel*.

Devoirs des capitaines.

76. L'exposé qui vient d'être fait des conditions dans lesquelles les commissions de visite et les inspecteurs de la navigation maritime auront à s'assurer de l'observation des prescriptions de la nouvelle réglementation n'a fait ressortir que les constatations auxquelles il sera procédé dans les ports et dans l'intervalle des voyages. Mais il va sans dire que ces vérifications impliquent des obligations pour le capitaine et les officiers du bord au cours des traversées, lorsque le navire est à la mer.

C'est à eux qu'incombe le soin d'assurer en cours de route l'entretien et la conservation, de veiller au bon fonctionnement de tout ce qui constitue un élément de sécurité, outillage du bord, objets d'armements, matériel de sauvetage, instruments nautiques, etc., de prendre toutes les précautions utiles pour éviter les accidents, d'interdire, par exemple, qu'un homme soit employé à un travail quelconque le long du bord, à la mer, sans être muni d'une ceinture de sauvetage ou attaché avec un raban.

Ils n'ont pas moins à se préoccuper de tout ce qui concerne les mesures d'hygiène et l'importante question de la nourriture du personnel embarqué.

Dans cet ordre d'idées, il convient de leur rappeler, le cas échéant, les prescriptions du Décret du 4 Janvier 1896 sur la police sanitaire maritime, relatives à la tenue des locaux d'habitation à bord et à leur désinfection en cas d'apparition d'une maladie suspecte ou contagieuse, ou en cas de décès pendant le voyage. Le capitaine devra d'ailleurs être spécialement secondé, à cet égard, par le médecin du bord, lorsque le navire en comportera. Une visite quotidienne, effectuée, soit par le capitaine lui-même, soit par le médecin ou l'un des autres officiers, de tous les postes, des cambuses, cuisines, poulaines, s'impose pour en vérifier le bon entretien.

Sur les navires ne comportant pas de médecin, c'est au capitaine qu'il appartient de donner les soins aux malades, et de garder les clefs des coffres à médicaments dont il a la responsabilité. Lors qu'il est embarqué un médecin, c'est à lui de veiller au maintien en bon état de conservation et de renouvellement des médicaments, instruments et appareils destinés aux soins des malades, la clef de la pharmacie doit rester entre ses mains. Il veille également à ce que les liquides toxiques ne soient jamais placés dans des ustensiles de cuisine ou de table pour éviter toute confusion. Les médecins embarqués doivent leurs soins à titre gratuit, dans tous les cas, à toute personne présente à bord. Toutes les fois que, pour le service médical du bord, ils ont besoin d'employer momentanément plusieurs hommes de l'équipage, en dehors du ou des infirmiers, pour des travaux de force transport de malades, etc., le capitaine doit les mettre à leur disposition.

Le capitaine ou l'officier délégué à cet effet s'assure chaque jour que toutes les précautions son prises en vue de la bonne conservation des approvisionnements; il fait rejeter de l'alimentation les vivres reconnus avariés, les boîtes de conserves douteuses. Il veille à ce que la nourriture soit variée et tienne compte de la température et des climats.

Il édicte les consignes nécessaires pour que l'accès des buvettes où sont débités des alcools et spiritueux soit interdit d'une manière permanente à tout le personnel du bord dont la présence n'y est pas nécessaire, à raison même du service dont il est chargé.

Le pain doit être, autant que possible, fabriqué à bord, de manière à diminuer la fréquence des distributions de biscuit.

Les animaux sur pied destinés à l'alimentation sont placés sur le pont à l'abri des intempéries et reçoivent, jusqu'à leur abatage, tous les soins nécessaires à leur conservation en bon état.

Après l'abatage, les quartiers sont couverts d'une toile ou de préférence, conservés dans un garde-manger à toile métallique, placé dans un endroit aéré et éloigné des postes de couchage. Ils sont mis en chambre réfrigérante, si le navire en possède.

Les caisses à eau et les charniers sont l'objet d'une surveillance toute spéciale de la part du capitaine et des officiers du bord.

Ce n'est que dans des circonstances très exceptionnelles, et en cours de traversée seulement, qu'il peut être fait usage, pour la consommation, des eaux dites « météoriques » (eau de pluie, de neige, de glace). En l'absence d'un médecin à bord, le capitaine doit s'informer, dans les différentes relâches, de la bonne qualité de l'eau livrée à la consommation et de son innocuité au point de vue des germes pathogènes. Si cette eau lui paraît suspecte, elle doit être stérilisée par l'ébullition.

Après leur vidange, les caisses à eau sont soigneusement nettoyées. A la fin de chaque campagne elles sont nettoyées à fond, puis flambées à l'alcool. Ce dernier moyen de stérilisation devra être employé en cas d'apparition à bord de maladie susceptible de se transmettre par l'eau (fièvre typhoïde principalement).

En un mot, le capitaine doit, dans l'intervalle des visites que son navire est appelé à subir, se constituer lui-même, en quelque sorte, l'inspecteur permanent de ce navire et avoir le souci constant d'assurer au personnel du bord toutes les garanties de sécurité et de bonne hygiène que les prescriptions règlementaires ont cherché à réaliser.

Chapitre VI. — Disposition transitoire.

Dispositions générales.

77. En édictant pour l'avenir les prescriptions qui lui ont paru de nature à assurer dans des conditions meilleures la sécurité de la navigation maritime et l'hygiène à bord des bâtiments de mer le législateur n'a pas entendu exiger des navires actuellement en service qu'ils réalisent en tous points et sans délai ces nouvelles conditions. Il a pensé que des atténuations aux rigueurs de la réglementation s'imposaient à l'égard de ces navires et que, s'il était indispensable d'exiger d'eux d'après les nouveaux procédés de vérification, les plus sérieuses garanties de sécurité et de bonne installation, il n'était pas possible de leur imposer des modes de construction et d'aménagement qu'ils ne peuvent comporter, des transformations longues et onéreuses hors de proportion avec les avantages effectifs qui pourraient en résulter. L'état actuel de notre marine marchande, la crise grave que traverse notre armement, ne pouvaient permettre de leur imposer des charges supplémentaires dont l'absolue nécessité ne serait pas démontrée.

Aussi la Loi du 17 Avril 1907 a-t-elle prévu pour les navires actuellement en service un régime de transitions destiné à sauvegarder les intérêts de notre commerce maritime.

A cet effet, elle a disposé, dans son article 53, que les prescriptions du règlement d'administration publique sur la sécurité et l'hygiène (21 Septembre 1908) « qui entraîneraient des modifications notables d'aménagement, d'installation ou de construction ne seront pas applicables aux navires en service au moment de la mise en vigueur de ladite loi ». Elle a chargé la réglementation à intervenir de déterminer « celles des prescriptions qui ne seront pas applicables ou qui ne seront applicables que sous certaines réserves à ces navires » (art. 54). Enfin, manifestant une troisième fois sa préoccupation de ne pas exiger de l'armement plus qu'il ne peut donner, elle a stipulé, dans son article 56 qui a fixé la date d'application de la nouvelle réglementation que, pour les navires en service, « le Ministre de la Marine pourra accorder des délais en raison de l'état actuel de leurs aménagements et de l'importance de la maison d'armement à laquelle ils appartiennent, de manière à faciliter l'application progressive des dispositions de la loi.

En vertu de ces dispositions, l'article 130 du règlement du 21 Septembre 1908 a énuméré celles des prescriptions dudit règlement auxquelles sont soumis les navires de commerce actuellement en service ; l'article 131, celles applicables aux bâtiments de pêche et de plaisance.

Visite par la Commission de l'article 6.

78. Le premier permis de navigation des navires actuellement en service leur sera délivré, conformément aux prescriptions générales de la loi, par la Commission instituée par l'article 6 à la suite d'une première visite effectuée dans les conditions prévues à l'article 5 et au chapitre III de la présente instruction.

A quelle époque aura lieu cette première visite ? Il n'est évidemment pas possible de la faire subir immédiatement et simultanément à tous les navires présents dans les ports. Au surplus, chacun d'eux est actuellement pourvu de certificats et de permis qui lui ont été délivrés par application de la réglementation antérieure et dont la durée de validité n'est pas expirée. C'est ainsi qu'en vertu de l'article 3 de la déclaration royale du 17 Août 1779 (navires armés au cabotage) et de l'article 9 de la loi du 30 Janvier 1893 (navires armés au long cours), le certificat de visite délivré par la Commission dite d'amirauté est valable pour un an, à moins que le navire n'ait subi des avaries depuis la dernière visite ; le renouvellement de ce certificat n'est d'ailleurs obligatoire qu'en France (Circulaires des 19 Décembre 1862, 23 Mars et 30 Octobre 1863, 26 Février 1866).

Le permis de navigation délivré par le Ministre des Travaux publics, après visites et épreuves des appareils à vapeur, est également valable pour la période d'un an comprise entre deux épreuves.

Il a paru, dans ces conditions, qu'il était à la fois équitable et rationnel de consacrer momentanément la validité des deux titres dont les navires en service sont actuellement pourvus pour attester de leurs bonnes conditions de sécurité (certificat de visite et permis de navigation à vapeur) et d'imposer la première visite pour chacun de ces navires à l'époque à laquelle arrivera à échéance la durée de validité du plus ancien des deux documents susindiqués dont il est porteur. Que le titre périmé le premier soit le certificat de visite ou le permis de navigation à vapeur, la visite devra avoir lieu dans les conditions complètes fixées par la loi pour les visites périodiques, c'est-à-dire qu'elle devra s'étendre, dans tous les cas, à la fois à la coque, à l'armement, aux appareils à vapeur ou appareils moteurs autres que ceux à vapeur, et aux conditions générales de sécurité et de salubrité (§ 47 ci-dessus).

Cependant le navire ne devra être visité à sec que s'il ne l'a pas été depuis trois ans au moins, s'il est en bois, depuis plus de dix-huit mois, s'il est en fer ou en acier. De même, les machines et les chaudières n'auront à subir les visites et épreuves prévues par les articles 57 et 58 du règlement que si elles ne les ont pas subies depuis un temps au moins égal aux délais fixés pour chaque catégorie, par l'article 56.

Ces visites auront lieu dans le premier des ports, siège d'une Commission de l'article 6, énumérés à l'article 3 du Décret du 18 Novembre 1908, où le navire arrivera après l'expiration de la durée de validité du plus ancien des titres attestant son état de sécurité, sauf l'exception prévue au paragraphe 2 de l'article 5 de la loi.

La visite sera ordonnée, par décision de l'administrateur de l'Inscription maritime, sans attendre l'échéance du délai ci-dessus fixé, lorsque le navire aura subi de graves avaries, ou dans les cas où l'armateur lui-même en ferait la demande.

Pour les navires qui ne sont porteurs d'aucun des deux titres visés ci-dessus, un délai de six mois à compter du 27 Mars 1909 sera accordé aux armateurs pour se mettre en règle.

La demande de permis de navigation doit être présentée dans les formes déterminées aux paragraphes 8 à 12 de la présente instruction et appuyée des renseignements énumérés à l'article 3 du règlement, conformément à l'article 130 (1°) de ce même acte.

La Commission s'assure que la coque est étanche, qu'elle a la solidité nécessaire pour le service auquel est affecté le navire et que toutes ses parties sont en bon état d'entretien. (La solidité peut être, s'il y a lieu, appréciée par des forages du bordé extérieur, du bordé de pont et autres parties essentielles de la coque.)

Elle veille à ce que le gouvernail et ses dépendances, appareils à gouverner, drosses, etc., soient solides et en parfait état de fonctionnement, à ce qu'il y ait à l'arrière un dispositif de secours permettant d'actionner le gouvernail en cas de rupture des drosses ou de l'appareil à gouverner principal. Lorsque ce dispositif de secours est constitué par des palans, elle s'assure qu'ils sont fixés sur des boucles ou pitons très solides.

Elle vérifie si les compartiments principaux sont pourvus de moyens d'épuisement convenables; si les aspirations des pompes d'épuisement sont munies de crépines; si chaque compartiment possède un tuyau de sonde, à moins qu'il ne soit d'un accès très facile; s'il y a à bord une pompe pouvant être utilisée pour combattre les incendies, ainsi que les accessoires nécessaires.

La Commission veille à ce que les machines et les chaudières soient solidement construites et assujetties, à ce que toutes les dispositions soient prises pour mettre le personnel de la machine à l'abri des accidents, dans le cas où les installations existantes ne présenteraient pas les garanties suffisantes. Les visites et les épreuves sont effectuées dans les conditions fixées par l'article 130 (3°) pour s'assurer du bon état de fonctionnement des appareils.

Elle procède à l'examen des objets d'armement et de rechange et du matériel de sauvetage en se plaçant au point de vue indiqué par l'article 130 (4° et 5°) et s'assure que les marques de francbord ont été apposées sur le navire.

Lorsque la Commission relève des défectuosités, détériorations ou mauvais fonctionnements, de nature à compromettre la sécurité du navire ou des personnes embarquées, la remise du premier permis de navigation est suspendue jusqu'à ce que le nécessaire ait été fait pour remédier à ces défectuosités, détériorations ou mauvais fonctionnements, sauf le recours prévu à l'article 18 de la loi.

Lorsque la Commission constate que le navire ne satisfait pas, sur certains points, aux prescriptions réglementaires, elle fixe les mesures qu'il y aura lieu de prendre pour se conformer à ces prescriptions, étant entendu que ces mesures ne doivent pas comporter de modifications notables de construction, d'aménagement ou d'installation du navire.

Pour apprécier le caractère notable de ces modifications, la Commission aura égard tant aux dépenses qu'elles nécessitent qu'à la diminution de capacité de transport qu'elles entraînent, et tiendra compte des circonstances de fait, telles que l'âge du navire, son tonnage, les conditions de sa construction, le bon aménagement actuel des locaux d'habitation et l'efficacité reconnue des installations existant à bord.

Toutes les fois que, par application du dernier alinéa de l'article 53 de la loi et des alinéas ci-dessus du présent paragraphe, la Commission aura accepté des dérogations aux dispositions du Règlement du 21 Septembre 1908 touchant la construction, l'aménagement et la disposition des navires, cette acceptation sera définitive et ne pourra être rapportée au cours des visites ultérieures passées, soit par une autre Commission, soit par les inspecteurs de la navigation.

Les dispositions prévues par le règlement et par la présente instruction en faveur des navires

pourvus d'un certificat de première cote délivré par une des sociétés de classification reconnues, sont applicables aux navires visés dans le présent chapitre.

Visites de partance.

79. Au cours des visites de partance que le navire peut avoir a subir avant de recevoir son premier permis de navigation, l'inspecteur de la navigation maritime ne peut, sauf le cas d'insécurité, exiger aucune modification d'installation intéressant la coque, l'armement et les appareils à vapeur ou à autre mode de propulsion mécanique, avant que la Commission ait procédé à la première visite.

Pour les vérifications qui sont de son domaine exclusif, l'inspecteur de la navigation doit prendre également pour base les dispositions des articles 130 et 131 du règlement en ce qui concerne les installations et aménagements.

Il s'assure que les prescriptions des paragraphes 2, 3 et 4 de l'article 7 du règlement relatives à la disposition des locaux de l'équipage, des paragraphes 1 et 2 de l'article 8 concernant l'isolement de ces locaux, les articles 11, 12 et 13 relatifs à leur chauffage, à leur éclairage et à leur aération, sont observées, conformément à l'article 130 (2°); — que les locaux affectés au couchage de l'équipage sont pourvus d'une manche à air d'aspiration convenablement disposée et d'un appareil d'évacuation (claire-voie, manche, col de cygne, champignon, etc.); que les postes ou locaux annexes sont munis de sièges et de tables pour la moitié de l'effectif prévu (au lieu des deux tiers, comme l'exige l'article 10 pour l'avenir).

Les dispositions de l'article 131 ont toute son attention, s'il visite un navire de pêche ou de plaisance.

Il exige la présence à bord de tous les instruments et documents nautiques prévus par l'article 67.

Son contrôle doit encore s'exercer sur l'effectif et la composition de l'équipage (art. 21 à 31 de la loi), sur les vivres et boissons embarqués, sur l'entretien des locaux, l'hygiène générale du bord et les autres points pour lesquels il n'y a pas lieu de distinguer entre les navires en service au moment de la mise en vigueur de la loi et ceux qui y seront mis ultérieurement.

Les prescriptions du paragraphe 62, alinéa 5, de la présente instruction relatives aux navires cotés sont également applicables sans modification aux navires soumis aux dispositions transitoires.

Le règlement du 21 Septembre 1908 a placé aussi sous un régime transitoire les navires qui étaient en construction au moment de sa promulgation; ces navires ne seront complètement assujettis aux prescriptions dudit règlement que s'ils ne sont pas mis en service dans un délai maximum de deux ans à compter de cette promulgation, c'est-à-dire avant la fin de Septembre 1910. La disposition de l'article 132 qui fixe cette règle ne devra pas être perdue de vue.

Chapitre VII. — Dispositions applicables aux navires étrangers.

Distinction à établir entre les navires étrangers.

80. Les navires étrangers sont, au point de vue de l'application de la Loi du 17 Avril 1907, compris dans deux catégories bien distinctes :

a. Si la législation du pays auquel appartient le navire intéressé comporte, relativement à l'hygiène et à la sécurité à bord, des prescriptions reconnues par le Ministre de la Marine aussi efficaces que les prescriptions correspondantes des règlements français, les certificats délivrés par les autorités étrangères constatant que ledit navire a satisfait à sa législation nationale pourront être admis comme équivalents au permis de navigation français dans les conditions prévues aux articles 3 (§ 2) et 5 de la Loi. Le navire ne sera alors astreint, en principe, qu'à justifier aux visites de partance auxquelles il est assujetti par l'article 7 de la loi, qu'il est en règle avec les dispositions de l'accord intervenu entre le Gouvernement français et le Gouvernement du pays dont il porte le pavillon.

b. Si le navire n'est pas placé sous le régime des certificats d'équivalence, il doit, en vertu de l'article 3, § 1er, et de l'article 7 de la loi, satisfaire aux mêmes conditions que les navires français. Les vérifications qui lui sont imposées diffèrent cependant suivant qu'il embarque ou non des passagers dans les ports français : dans le premier cas, il est soumis à toutes les visites (visites avant mise en service, périodiques, après avaries graves ou notables changements et visites de partance) que doivent subir les navires français et doit obtenir la délivrance d'un permis de navigation ; dans le second cas, il n'est soumis qu'aux visites de partance et ne reçoit pas de permis de navigation.

Navires porteurs de certificats d'équivalence.

81. Des pourparlers sont actuellement engagés avec plusieurs puissances maritimes européennes en vue de déterminer dans quelle mesure les certificats délivrés par les gouvernements de ces puissances et le permis de navigation français peuvent être considérés comme équivalents.

Des instructions spéciales seront données ultérieurement en vue de l'exécution des accords qui seront intervenus avec ces différentes puissances.

Demande et délivrance du premier permis de navigation exigé des navires étrangers embarquant des passagers dans un port français. — Visite de la Commission de l'article 4.

82. Lorsqu'un navire étranger auquel ne s'appliquent pas les dispenses prévues aux articles 3 et 5 de la loi embarque, pour la première fois, des passagers dans un port ou dans les eaux territoriales de France ou des colonies françaises, le propriétaire ou son représentant adresse à l'Administrateur de l'Inscription maritime ou à l'autorité coloniale une demande écrite de premier permis de navigation.

Cette demande doit parvenir aux autorités ci-dessus désignées cinq jours au moins avant la date projetée pour le départ du navire.

La demande du premier permis de navigation doit renfermer toutes les indications et tous les renseignements et être accompagnée de toutes les pièces et documents prévus aux articles 1 et 2 du règlement.

En vue de la remise dudit permis, la Commission instituée par l'article 4 de la loi procède aux visites, constatations et essais prescrits pour les navires français, et pour lesquels les navires étrangers, porteurs de certificats de première cote délivrés par l'une des sociétés de classification reconnues par le Ministre de la Marine, bénéficient des mêmes dispenses que les navires français porteurs des mêmes certificats.

A l'issue de la visite, la Commission dresse un procès-verbal enregistrant toutes les constatations qui ont été faites.

Si le navire ne donne lieu à aucune observation ou réserve de la part de la Commission, l'administrateur de l'Inscription maritime ou l'autorité coloniale remet au capitaine, après acquittement des droits prévus à l'article 52 de la loi, une expédition de ce procès-verbal et un permis de navigation.

Ces deux documents devront être présentés à toute réquisition des officiers, fonctionnaires ou agents chargés de la police de la navigation.

Renouvellement du permis de navigation. — Visite de la Commission de l'article 6.

83. Le premier permis de navigation délivré, après visite par la Commission instituée par l'article 4 de la loi, aux navires étrangers non pourvus d'un certificat d'équivalence et embarquan pour la première fois des passagers dans un port ou dans les eaux territoriales de France ou des colonies françaises est renouvelé annuellement après visite par la Commission de l'article 6, dans les mêmes conditions que pour les navires français.

La demande de renouvellement de permis doit être adressée par le propriétaire du navire ou par son représentant à l'administrateur de l'Inscription maritime ou à l'autorité coloniale dans les formes et délais ordinaires, et il est procédé comme pour la délivrance du premier permis.

Lorsque la visite de carène à sec n'est pas faite en même temps qu'une visite annuelle, la Commission dresse, à l'issue de cette visite, un procès-verbal enregistrant toutes les constatations qui ont été faites.

Un résumé succinct de ce procès-verbal est remis au capitaine par l'administrateur de l'Inscription maritime ou par l'autorité coloniale, après acquittement des droits prévus à l'article 52 de la loi.

Ce document, qui constitue le certificat de visite à sec, doit être présenté à toute réquisition des officiers, fonctionnaires ou agents chargés de la police de la navigation.

C'est la Commission de l'article 6 qui procède aux visites après avaries graves ou notables changements comme aux visites périodiques (visites annuelles et visites à sec) des navires étrangers prenant des passagers dans les ports français ou aux colonies, dans les mêmes conditions que lorsqu'il s'agit de navires français.

Déclaration de partance des navires étrangers à passagers ou à marchandises.

84. Le capitaine de tout navire étranger, qu'il soit affecté au transport des passagers ou seulement des marchandises, doit lorsqu'il est en partance dans un port français pour un voyage au long cours ou au cabotage, déclarer la date et l'heure de son départ à l'inspecteur de la navigation, lequel a qualité en vertu de l'article 7 de la loi, pour visiter tout bâtiment étranger en partance. Cette déclaration doit être faite au moins vingt-quatre heures à l'avance ou à l'arrivée du navire, s'il doit rester moins de vingt-quatre heures.

Vérifications que comportent les visites de partance des navires étrangers.

85. L'inspecteur de la navigation s'assure tout d'abord que le navire, s'il est soumis par la loi à l'obligation de posséder un permis de navigation ou de certificats reconnus équivalents, est effectivement muni de ces pièces

Pour les navires appartenant à des nations avec lesquelles n'aura pas été conclu d'accord reconnaissant l'équivalence, il devra s'assurer :

1º Que la coque du navire est étanche et présente toute la solidité nécessaire pour la navigation entreprise ;

2º Que l'appareil à gouverner et ses accessoires, les apparaux de mouillage, la fermeture des panneaux et de toutes ouvertures dans le bordé sont en bon état.

3º Qu'il en est de même pour les navires à voiles, de la mâture et du gréement, et, pour les navires à vapeur ou à propulsion mécanique, des générateurs de vapeur, de l'appareil moteur et de tous les appareils à vapeur ou autres appareils mécaniques accessoires ;

4º Que le navire est muni des fanaux et feux de position prescrits par les règlements internationaux, des objets d'armement et de rechange, ainsi que des instruments nautiques nécessaires, et que ce matériel est en bon état de fonctionnement ;

5º Qu'il est pourvu des cartes et documents nautiques utiles pour le voyage projeté ;

6º Que le nombre des passagers n'est pas supérieur à celui qui résulterait de l'application de l'article 116 du règlement ;

7º Que le nombre des embarcations et des divers appareils ou engins de sauvetage, leur installation à bord et leur fonctionnement, sont conformes aux dispositions du chapitre V (section II) du règlement (il peut imposer les exercices prévus par l'article 98) ;

8º Que le chargement n'excède pas les limites fixées par un certificat de franc-bord établi par une des sociétés de classification reconnues, dans les conditions prévues au chapitre VII du règlement (l'inspecteur de la navigation peut se faire présenter ce certificat pour vérifier la position des marques réglementaires apposées sur les flancs du navire) ;

9º Que le lestage du navire, l'arrimage des marchandises placées dans les cales ou sur le pont ont été faits de manière à éviter tout accident et à ne pas gêner la manœuvre ; que toutes les précautions nécessaires ont été prises si le navire transporte des marchandises insalubres, dangereuses ou inflammables ;

10º Que le personnel est suffisant pour assurer la manœuvre sans danger pour la sécurité de la navigation et des personnes embarquées et qu'il comprend un ou plusieurs médecins dans les cas où il en serait exigé sur les navires français ;

11° Que l'approvisionnement en vivres, boissons et eau potable, ainsi que le matériel médical et pharmaceutique, sont de bonne qualité et correspondent, en quantité, à la navigation projetée ;

12° Que l'aménagement, l'habitabilité et la salubrité des locaux satisfont aux prescriptions du chapitre II du règlement et notamment que les mesures de désinfection prévues par les articles 18 et 19 ont été prises ;

Enfin que, d'une manière générale, le navire peut prendre la mer sans péril pour l'équipage et les passagers.

A moins de nécessité absolue, l'inspecteur de la navigation n'exige, pour les vérifications auxquelles il doit procéder, ni déplacement de la cargaison, ni démontage, ni travaux d'aucune sorte de nature à retarder le départ.

D'après les constatations faites, il décide si le départ est autorisé, suspendu ou interdit dans les mêmes conditions que pour les navires français.

Dispositions transitoires applicables aux navires étrangers.

86. L'article 133 du règlement dispose que la justification d'un permis de navigation ou d'un certificat reconnu équivalent audit permis ne sera exigée des navires étrangers que six mois après la mise en vigueur de la loi, soit le 27 Septembre 1909.

En ce qui concerne les visites de partance, le règlement n'ayant pas prévu de délai, les navires étrangers s'y trouvent soumis depuis la mise en vigueur de la loi. Mais le programme de ces visites ne peut évidemment être actuellement celui qui est indiqué au paragraphe 85 ci-dessus.

Les navires étrangers embarquant des passagers dans un port français ne sauraient, en effet, être dès maintenant astreints à l'observation de celles des conditions énumérées à l'article premier de la loi qui sont requises pour l'obtention du permis de navigation, puisque l'article 133 les dispense précisément pendant un délai de six mois de la justification de ce permis.

En conséquence et jusqu'à l'expiration de ce délai, la visite de partance devra avoir seulement pour objet de s'assurer que le navire est resté en bon état de conservation et de navigabilité, et se trouve, d'une manière générale, dans des conditions lui permettant de reprendre la mer sans péril pour l'équipage ou les passagers.

Il en sera de même de la visite de partance des navires étrangers autres que ceux embarquant des passagers, l'esprit de la loi et du règlement n'ayant pu être d'assujettir les navires de charge à des mesures plus rigoureuses que celles imposées aux navires à passagers.

Chapitre VIII. — Réglementation du travail.

Dispositions générales.

87. Le titre II de la Loi du 17 Avril 1907 (articles 21 et suivants) a fixé d'une manière très détaillée les règles relatives à l'organisation du travail à bord des navires : ses dispositions constituent, dans notre réglementation maritime, une innovation ; mais elles ne sont qu'une application aux industries de la mer, avec les atténuations rendues nécessaires par les conditions particulières du travail maritime, de principes complètement admis aujourd'hui dans notre droit public et dont s'est inspirée toute la législation qui régit les industries s'exerçant à terre.

Officiers.

a. Répartition des quarts.

88. L'article 22 a posé ce principe, en ce qui concerne les officiers, qu'à la mer et dans les rades foraines, le service est organisé à deux quarts sur le pont, à trois quarts dans les machines, de manière que chaque officier de pont n'ait pas normalement à faire plus de douze heures de service par jour, chaque officier de la machine plus de huit heures, — sauf les cas spéciaux où le personnel de la machine ne comprendrait lui-même que deux quarts.

Pour certaines navigations particulièrement pénibles, l'article 1er du règlement du 20 Septembre 1908 a même prévu que le service des officiers de pont devra être organisé à trois quarts.

25

Dans le port ou sur une rade abritée, la durée du service journalier est fixée par l'article 23 à dix heures, pour les officiers de la machine comme pour les officiers de pont.

Le refus de service n'est admis en aucun cas, quelle que soit la durée des heures commandées ; mais, hors les circonstances de force majeure et celles où le salut du navire, des personnes embarquées ou de la cargaison est en jeu, chacune des heures exigées au delà des limites fixées par la loi donne droit à une allocation supplémentaire proportionnelle, qui ne peut être moindre de 1 franc.

Ces allocations supplémentaires font d'ailleurs partie des salaires, dans la liquidation desquels leur montant doit être compris. Leur taux doit être porté au rôle d'équipage ; leur payement est garanti par les mêmes privilèges, et elles sont sujettes à toutes les retenues et taxes prévues par les Lois des 29 Décembre 1905 et 14 Juillet 1908.

b. *Effectifs et garanties de capacité.*

89. Pour assurer ce roulement, l'article 21 impose l'embarquement d'officiers de pont sur les navires d'un tonnage important qui pratiquent soit la navigation au long cours, soit une navigation de cabotage les éloignant de plus de 400 milles de tout port français de la métropole. Cette mesure marque un sensible progrès sur la réglementation antérieure, qui n'obligeait en aucun cas l'armement, quels que fussent le tonnage et le genre de navigation d'un navire, à partager la lourde charge du commandement entre le capitaine, à qui incombe la direction générale de l'expédition, la conduite du navire et la responsabilité tant des personnes que des choses présentes à bord, et un certain nombre d'officiers ayant chacun un rôle déterminé pour l'accomplissement et la surveillance des nombreux détails, soit nautiques, soit commerciaux, soit d'ordre intérieur, que comporte le service, dans le port comme à la mer.

Et comme il importe que ces officiers concourent au commandement dans des conditions présentant toute sécurité, et puissent, le cas échéant, remplacer le capitaine, la loi exige d'eux des garanties formelles de capacité : elle impose la justification d'un brevet ou diplôme aux officiers des navires de long cours, donnant ainsi la force législative à une disposition résultant précédemment de décrets ; elle prescrit, d'autre part, que tout mécanicien qui sera chargé des fonctions de chef de quart devra être breveté, alors que le Décret du 1er Février 1893 limitait cette exigence à la seule navigation long-courrière.

Si les officiers prévus pour les navires armés au cabotage restent simplement assujettis aux anciennes conditions d'âge et de navigation fixées par les articles 43 et 44 du règlement du 1er Janvier 1786, il n'en résulte pas que l'autorité maritime, responsable de la sécurité de la navigation, ne soit pas en droit d'exiger d'eux d'autres conditions, au point de vue, notamment, des connaissances et de l'aptitude à leur fonction.

En stipulant que les grands navires caboteurs « devront avoir à bord, avec le capitaine, au moins un officier en second et un lieutenant », lorsqu'ils ont une jauge supérieure à 1.000 tonneaux ; « au moins un officier en second », lorsque cette jauge est inférieure à 1.000 tonneaux, mais supérieure à 200 tonneaux, la loi a évidemment entendu que ces officiers doivent être capables de seconder, et, le cas échéant, de suppléer le capitaine. La justification de conditions d'âge et de navigation effectuée à un titre quelconque ne saurait suffire à prouver cette aptitude.

Les autorités chargées de l'application de la loi devront donc s'assurer, avant d'autoriser l'inscription au rôle d'un marin en qualité de second ou d'officier sur le rôle d'équipage d'un navire rentrant dans les catégories visées aux paragraphes 2 et 4 de l'article 21, qu'il possède l'instruction théorique et pratique nécessaire pour la fonction qu'il doit remplir (lecture des cartes, usage des instruments nautiques, connaissance des règles de feux, de signaux, de barre et de route, notions générales sur les diverses obligations d'un officier, notamment sur le régime disciplinaire des équipages, etc.) et qu'il a également l'aptitude physique indispensable (acuité visuelle, absence de daltonisme et de diplopie). Il ne faut pas perdre de vue que le commandement d'un navire est un des principaux éléments de sa sécurité, et il est indispensable, par conséquent, de tenir la main à ce que tous ceux qui sont appelés à l'exercer, même partiellement et en sous-ordre, présentent toutes les garanties nécessaires pour s'en acquitter comme il convient.

Équipage.

a) Travail dans la machine.

90. Les règles de répartition des quarts établies pour le personnel officier sont également applicables, d'une manière générale, à l'équipage; le principe « qu'aucun homme ne peut refuser ses services, quelle que soit la durée des heures de travail qui lui sont commandées » domine, là encore, la réglementation du travail du personnel de toutes catégories, les heures supplémentaires exigée, donnant droit à une allocation supplémentaire, dont le montant est réglé par les contrats et usages.

Le service à trois quarts dans la machine est la règle applicable à toutes les grandes navigations. Tous les bâtiments long-courriers y sont assujettis ainsi que ceux de plus de 1.000 tonneaux pratiquant le cabotage international ou le grand cabotage national et s'éloignant de 400 milles de tout port français de la métropole. L'article 2 du Règlement du 20 Septembre 1908 a encore étendu cette règle à tous bâtiments de 200 tonneaux et au-dessus à bord desquels l'organisation à deux quarts aurait pour effet d'imposer au personnel de la machine plus de dix heures de travail par jour pendant plus de deux jours consécutifs. Du reste, dans la pensée des auteurs de la loi, le règlement par deux quarts dans la machine « doit se limiter, sauf des cas très spéciaux, à la navigation au bornage et au petit cabotage ». (Rapport de M. le sénateur CHAUTEMPS, p. 72.)

Les paragraphes 2 et suivants de l'article 25 de la loi, complétés par l'article 18 du Règlement du 20 Septembre 1908, contiennent, en outre, des prescriptions très précises relatives à l'effectif du personnel de la machine d'après le nombre de fourneaux existant dans la chaufferie et, s'il y a lieu, d'après la surface totale de grille, aux travaux de nettoyage et de tenue en état des machines, à l'enlèvement des escarbilles.

La question s'est posée de savoir quelle était l'interprétation exacte qu'il convenait de donner au deuxième paragraphe de l'article 25, aux termes duquel « chaque quart du personnel des machines doit comprendre au moins un homme par trois fourneaux ».

Au cours des travaux préparatoires des règlements d'administration publique prévus par la Loi du 17 Avril 1907, il a toujours paru évident que cette disposition ne pouvait concerner que le personnel employé à la chauffe et qu'elle devait être comprise comme prescrivant l'embarquement d'un chauffeur par trois fourneaux. Le Conseil supérieur de la navigation maritime a constamment exprimé une opinion identique, notamment lors de la discussion des dispositions portant dérogations à l'article 25 de la loi et devenues l'article 18 du Règlement du 20 Septembre 1908. Au cours de cette discussion, les représentants de l'armement comme du personnel navigant ont toujours expressément envisagé les « chauffeurs », à l'exclusion de toutes autres catégories du personnel des machines, dans les observations qu'ils ont présentées à propos de la disposition qui fait l'objet dudit paragraphe 2.

Il doit donc être bien entendu qu'en principe, le personnel des machines d'un navire doit comprendre un chauffeur par trois fourneaux, c'est-à-dire un homme spécialement affecté à enfourner le charbon dans les trois portes de foyer dont il est chargé.

Toutefois, l'article 18 du Règlement du 20 Septembre 1908 dispose que cette règle n'est pas applicable lorsqu'un corps ou groupe de chaudières comporte dans une même chaufferie quatre fourneaux ou quatre portes, et que la surface totale de grille n'excède pas une dimension qui varie suivant la nature et le mode de fonctionnement des chaudières. On a reconnu en effet qu'il serait excessif d'exiger deux chauffeurs sur un navire dont l'unique chaufferie n'aurait que quatre fourneaux pour une petite surface de grille, et, comme, d'autre part, l'article 18 ne limite pas l'exception à ce seul cas, mais vise expressément tout corps ou groupe de chaudières comportant quatre fourneaux dans une même chaufferie avec une surface de grille de petites dimensions, sans distinguer entre les navires possédant un seul corps ou groupe de chaudières répondant à ces conditions et ceux qui en possèdent plusieurs, il y a lieu de considérer cette disposition comme applicable à chacun des corps ou groupes de chaudières, les termes dans lesquels elle est conçue ne permettant pas de restreindre son application.

En ce qui concerne la question de l'embarquement des soutiers, elle ne saurait comporter une solution générale, applicable dans tous les cas. Tout dépend de la disposition des soutes, de la distance qui les sépare des machines, du matériel dont dispose le bord pour amener le charbon aux chaufferies, et, éventuellement de la durée de la traversée. Il y a là une question d'appréciation dont la solution appartient, d'après les circonstances de fait, à l'inspecteur de la navigation, lequel doit exiger que le service soit organisé dans les machines de telle façon que les chauffeurs embarqués dans la proportion de un par trois fourneaux pour chaque bordée de quart (sauf l'exception prévue à l'article 18 du règlement) ne soient, en aucun cas, distraits, pendant leur quart, du service de la chauffe, si ce n'est pour les besoins urgents de la machine (art. 25, § 3, de la loi), et que les soutiers, s'il y a lieu d'en embarquer, soient en nombre suffisant pour assurer le service normal en n'imposant à chaque homme que le nombre réglementaire d'heures de travail.

De même que pour les officiers, les heures de travail journalier des hommes du pont et de la machine sont réglées par des dispositions spéciales lorsque le navire est dans un port ou sur une rade abritée (art. 27 de la loi).

Des exceptions aux règles générales sont prévues pour les bâtiments faisant de très courtes traversées, ou employés à des opérations de pilotage, de renflouage, d'assistance, de sauvetage ou de remorquage (art. 16 et 17 du règlement).

b) Repos hebdomadaire.

L'article 28 de la loi définit les conditions dans lesquelles le principe du repos hebdomadaire est appliqué soit à la mer, soit dans les ports et rades.

Il importe de ne pas perdre de vue que le législateur a fait une distinction, en ce qui concerne le travail accompli le jour du repos hebdomadaire, suivant que le navire est en mer, ou qu'il se trouve dans un port ou sur une rade.

Dans le port ou sur rade, toute heure de travail commandée en dehors des cas de force majeure et des nécessités absolues du service, donne lieu à une allocation supplémentaire (art. 28, § 4). Au contraire, les heures de travail accomplies en mer, même en dehors des travaux indispensables visés au paragraphe 3 du même article, ne donnent pas droit à une rémunération spéciale, sauf, bien entendu, le cas où, la durée de ce travail supplémentaire ayant dépassé les limites fixées par les articles 24 et 25 pour les jours de travail ordinaires, il y aurait lieu de faire application de la règle générale inscrite à l'article 26.

Bâtiments de pêche.

91. La loi ayant excepté du régime général d'organisation du travail les bâtiments de pêche et les navires du commerce de moins de 200 tx, pratiquant des navigations autres que le long-cours et le cabotage international (art. 32), et ayant délégué au règlement d'administration publique le soin de fixer les règles particulières d'organisation du travail applicables à ces bâtiments, le chapitre II du Règlement du 20 Septembre 1908 contient les dispositions spéciales à ces deux catégories de navires.

On y retrouve les principes fondamentaux de la réglementation générale, notamment l'obligation pour les hommes de ne jamais se refuser à exécuter un travail qui leur est commandé, les heures exigées en sus de la durée de travail réglementaire donnant d'ailleurs droit à une allocation supplémentaire (art. 7 et 14).

a. — Officiers.

92. L'insuffisance d'instruction première et de connaissances nautiques, soit théoriques, soit même pratiques, des hommes à qui l'on confiait jusqu'à ce jour les fonctions d'officier sur les bâtiments de Terre-Neuve et d'Islande, a été maintes fois signalée. Une réforme profonde était nécessaire à cet égard dans l'intérêt même de l'industrie des grandes pêches.

L'article 3 impose, à bord de tout navire de grandes pêches, un second breveté ou diplômé et un autre officier. Le second doit, au terme dudit article, posséder soit le brevet de capitaine au long cours, de lieutenant au long cours ou de capitaine au cabotage, soit le diplôme d'élève ou d'officier de la marine marchande. Il convient d'admettre également à exercer ces fonctions, sur les bâtiments faisant la campagne d'Islande, les marins titulaires du brevet de patron pêcheur d'Islande, puisque ce brevet leur donne droit d'exercer le commandement du navire.

Le paragraphe 2 du même article contient une disposition transitoire qui atténue, dans la mesure où il était nécessaire de le faire, ce que l'application immédiate de ces nouvelles prescriptions aurait pu avoir de trop rigoureux.

Au point de vue des garanties exigées des officiers dans la machine, les conditions imposées sont moins rigoureuses que celles fixées par la loi : la justification d'un brevet n'est exigée par les articles 4 et 13 que du mécanicien chargé de la conduite de la machine et non de tout mécanicien chef de quart, sauf le cas où la machine aurait une puissance de 500 chevaux et au-dessus.

b. — Équipages.

93. Au point de vue de la durée du travail journalier, il y a lieu de remarquer tout d'abord que les bateaux ne s'éloignant habituellement du port que pour faire des sorties de moins de soixante-douze heures, — lesquels s'éloignent par conséquent peu des côtes et rentrent fréquemment au port, — ne sont soumis à aucune réglementation. Pour ceux dont les sorties ont une durée plus longue, l'article 5 a fixé des règles distinctes à appliquer selon qu'ils sont en route, sur les lieux de pêche, ou enfin, dans le port ou sur une rade abritée. Celles relatives aux bâtiments en route ou dans le port ne se différencient pas sensiblement, — et cela n'a rien que de très naturel, — des règles applicables aux navires pratiquant les autres navigations. Au contraire en ce qui concerne le bateau se trouvant sur les lieux de pêche, la réglementation n'a pu que fixer un minimum de repos, en raison des conditions particulières dans lesquelles s'exerce la pêche.

Il s'agit là, en effet, d'un travail essentiellement incertain et irrégulier, impraticable quand le mauvais temps sévit, ou bien suspendu volontairement si le poisson «ne donne pas», mais n'admettant, par contre, ni trêve ni relâche de jour ou de nuit quand le beau temps revient et que le poisson fait son apparition. Il n'était donc pas possible d'enserrer le travail des pêcheurs dans des limites qui n'eussent correspondu à rien de réel.

Afin d'éviter toutefois les abus et un surmenage prolongé des équipages le règlement a imposé, sur les lieux de pêche, un repos minimum de huit heures, qui ne peut être réduit à six heures pendant plus de 5 jours consécutifs. Les hommes étant généralement engagés à la part sur les navires de pêche, il convenait de tenir compte de ce que le surcroît de travail que peut, à un moment donné, entraîner le rendement de la pêche, se trouve tout naturellement rémunéré par un accroissement du gain de chacun. Les périodes de surmenage se trouvent, au surplus, trop souvent balancées par des périodes de chômage dues aux intempéries. Ces diverses considérations ont conduit à n'appliquer aux navires en pêche qu'un minimum de réglementation du travail.

Contrôle des prescriptions en matière de travail.

94. C'est à l'inspecteur de la navigation qu'il appartiendra de vérifier l'observation des règles relatives à l'organisation du travail, inscrites aux articles 21 à 31 de la loi.

Pour assurer l'exécution des prescriptions réglementaires à cet égard, les articles 6, 8, 9, et 10 du règlement du 20 Septembre 1908 ont édicté des mesures de détail qui, si elles n'ont été envisagées par ces articles qu'en vue de leur application aux bateaux de pêche — les seuls pour lesquels la loi avait expressément délégué un droit de réglementation — ne contiennent pas moins de précieuses indications sur les meilleurs moyens de contrôle applicables à toutes les catégories de navires.

Ces mesures n'ont au surplus d'autre objet que d'établir clairement et sans contestation possible les droits et les devoirs de chacun dans l'exécution du contrat d'engagement. Il importe donc qu'elles soient étendues à tous les navires, dans l'intérêt des équipages comme de l'armement lui-même. A la vérité, ces dispositions ne seront directement sanctionnées par l'article 33 de la loi qu'en ce qui concerne les bateaux de pêche et les bâtiments de commerce de moins de 200 tonneaux de jauge brute pratiquant des navigations autres que le long cours et le cabotage international. Mais il est à supposer que les armateurs s'empresseront de s'y soumettre dans tous les cas, dans l'intérêt même du bon ordre à bord et pour éviter des contestations.

L'inspecteur de la navigation devra donc veiller, sur tout navire qu'il visitera, à ce que le

25.

tableau établi par le capitaine pour régler l'organisation du travail à la mer et rectifié d'après les modifications qui y auront été apportées en cours de route soit consigné sur le journal de bord et affiché dans les postes d'équipage ; il s'assurera que le registre des heures supplémentaires prévu par l'article 8 du règlement est exactement tenu et que les mentions qui y sont portées ont été régulièrement visées par le représentant qualifié du personnel intéressé ; il vérifiera enfin si le roulement prescrit pour la désignation des divers représentants du personnel est observé.

Son attention devra tout spécialement se porter sur l'effectif assigné à chaque bordée pour le service des différents quarts dans la machine.

Il contrôlera l'exécution des prescriptions des articles 28 de la loi et 12 du règlement relatives au repos hebdomadaire.

Enfin, il apportera la plus grande vigilance à vérifier l'observation des nouvelles dispositions applicables aux mousses et aux novices.

Mousses et novices.

95. L'article 57 de la loi a abrogé « tous les actes relatifs à l'embarquement des novices et des mousses à bord des navires de commerce et de pêche, notamment les décret-loi et décrets des 23 Mars 1852, 15 Mars 1862 et 2 Mai 1863 », et les articles 29 et 30 y ont substitué des dispositions nouvelles, tant en ce qui concerne les conditions exigées pour l'inscription provisoire et l'embarquement à titre professionnel des enfants et jeunes gens, qu'au point de vue du nombre de novices ou de mousses que comportent les divers équipages. Ils ont de plus fixé, pour ces jeunes marins, des règles particulières relativement aux conditions du travail.

Les autorités maritimes devront tenir rigoureusement la main à l'observation de ces prescriptions.

Est considéré comme mousse tout inscrit provisoire âgé de moins de 16 ans.

Est considéré comme novice l'inscrit provisoire âgé de plus de 16 ans et de moins de 18 ans.

Toutefois, les novices qui, bien que n'ayant pas encore atteint l'âge de 18 ans, réunissent les conditions de navigation exigées pour l'inscription définitive peuvent être portés sur les rôles d'équipage comme matelots de pont, sur la présentation d'un certificat médical délivré dans les conditions prévues à l'article 29 de la loi, constatant qu'ils ont l'aptitude physique nécessaire pour faire le service des quarts de nuit sur le pont.

Modifiant, sur certains points, les articles 10, § 4 et 5, et 11, § 1er, de la Loi du 24 Décembre 1896 sur l'inscription maritime et l'article 1er, § 2, de la Loi du 29 Décembre 1905 sur la Caisse de prévoyance des marins, l'article 29 de la nouvelle loi interdit l'inscription et l'embarquement à titre professionnel des enfants de moins de 13 ans, à moins que, étant âgés de 12 ans révolus, ils ne soient titulaires du certificat d'études primaires. Leur inscription sur les matricules est d'ailleurs subordonnée, dans tous les cas, à la présentation d'un certificat d'aptitude physique délivré à titre gratuit par un médecin désigné par l'autorité maritime. Si ce certificat ne constate l'aptitude de l'enfant que pour un genre de navigation déterminé (navigation côtière, petite pêche, etc.), celui-là seul est permis ; mention devra en être portée à l'article matriculaire ainsi que sur le livret de l'intéressé.

La visite des mousses sera faite, soit par les médecins figurant aux listes générales sur lesquelles sont pris les membres des différentes commissions, soit par les médecins agréés pour les visites des marins en instance de pension ou d'indemnité sur la Caisse de prévoyance. Cette visite devra être faite, soit au lieu de résidence même, soit dans une localité aussi voisine que possible de la résidence de l'enfant. Lorsqu'elle donnera lieu à des frais, ceux-ci seront imputés au chapitre budgétaire où sont inscrits les crédits relatifs aux différentes espèces de visites et expertises.

Aux termes de l'article 30 (c), le nombre de novices et de mousses à embarquer sur tout navire visé à l'article 1er est déterminé à raison d'un mousse ou d'un novice par 15 hommes ou fraction de 15 hommes d'équipage.

Il devra donc être embarqué un mousse ou novice à bord de tout bâtiment ayant au maximum 15 hommes d'épuipage; l'embarquement d'un second mousse ou novice sera obligatoire à bord de tout bâtiment ayant plus de 15 hommes et au maximum 30 hommes d'équipage, non compris le premier mousse ou novice ; il en sera embarqué un troisième à bord de tout bâtiment ayant plus de 30 et au maximum 45 hommes d'équipage, non compris les deux premiers mousses ou novices, et ainsi de suite en employant le même mode de calcul.

Cette disposition ne s'appliquant qu'aux navires assujettis aux différentes prescriptions de la loi, c'est-à-dire ayant au moins 25 tonneaux de jauge brute, il en résulte que tous les navires de moins de 25 tonneaux ne sont plus astreints à l'obligation d'embarquer des mousses ou des novices.

En ce qui concerne le travail, il importe de noter surtout que, sur aucun navire, les mousses et novices ne doivent être employés au service des quarts de nuit, ni au travail des chaufferies et des soutes, et que l'embarquement des mousses de moins de 15 ans est formellement interdit sur les navires de grandes pêches (art. 30 de la loi). L'article 11 du règlement contient également certaines dispositions spéciales relatives au travail des mousses et novices sur les navires de pêche.

Poursuites.

96. Lorsque les infractions à la Loi du 17 Avril 1907 ou aux règlements rendus pour son exécution ont été constatées, elles relèvent de la compétence des tribunaux correctionnels (art. 41 de la loi). Il appartient aux administrateurs de l'Inscription maritime d'en saisir le Procureur de la République, près le tribunal compétent, en lui transmettant le procès-verbal établi et signé par l'officier ou fonctionnaire qui aura constaté l'infraction, et accompagné de tous renseignements et documents utiles.

Il convient de remarquer que la loi de 1907 ne contient pas, en ce qui concerne les poursuites à exercer pour la repression des délits qu'elle prévoit, des dispositions spéciales analogues à celles insérées dans les Lois du 9 Janvier 1852 sur la pêche côtière et du 19 Mars 1852 sur le rôle d'équipage.

Règlements particuliers aux navires de plaisance et aux bateaux de moins de 25 tonneaux.

97. Il reste à intervenir deux règlements d'administration publique pour l'application de la Loi du 17 Avril 1907 : l'un, prévu par l'article 49, qui doit déterminer pour les navires de plaisance de plus de 25 tonneaux, les conditions d'application des articles 21 à 31 et celles auxquelles devront satisfaire les propriétaires de ces navires pour avoir le droit d'en exercer le commandement ; l'autre, prévu par l'article 53, qui doit fixer les formes dans lesquelles il sera procédé à la visite annuelle des bâtiments de commerce et de pêche de moins de 25 tonneaux, ainsi que les conditions dans lesquelles sera assurée la surveillance permanente des appareils à vapeur ou à propulsion mécanique. Des instructions spéciales vous seront adressées pour l'exécution de ces règlements, dès qu'ils auront été édictées.

Publicité à donner à la loi et aux règlements d'administration publique.

98. J'appelle, en terminant, votre attention sur l'article 129 du Règlement du 21 Septembre 1908 aux termes duquel le texte de la Loi du 17 Avril 1907, ainsi que des règlements d'administration publique rendus en exécution de ses prescriptions, doit se trouver à bord des navires de plus de 25 tonneaux et être communiqué par le capitaine, sur leur demande, aux personnes embarquées. Les armateurs et capitaines devront donc se pourvoir à leurs frais d'exemplaires de ladite loi et des règlements qui y font suite.

D'autre part, le même article prescrit que le texte en question doit être mis à la disposition des inscrits maritimes dans tous les quartiers et préposats de l'Inscription Maritime. Vous aurez à prendre des dispositions en conséquence. Les demandes d'exemplaires destinés aux bureaux des quartiers et préposats devront m'être adressées sous le timbre : « *Cabinet du Ministre : Bureau des Archives.* »

Signé : A. PICARD.

RÉPUBLIQUE FRANÇAISE

MARINE NATIONALE

NAVIGATION ET PÊCHES MARITIMES

PERMIS DE NAVIGATION

(1) Suivant le cas :

1er, 4 et 12 pour le premier permis délivré en France ;

5, 6 et 12 pour le permis périodique délivré en France ;

15 pour le permis délivré aux colonies ;

16 pour le permis délivré à l'étranger.

(2) 4 ou 6 ou 15 ou 16 suivant les distinctions spécifiées au renvoi ci-dessus.

(3) Remplacer les mots :

L'Administrateur de l'Inscription maritime.

a. Aux colonies, par ceux de :

L'Officier chargé de la police de la navigation maritime ;

b. A l'étranger, par ceux de :

Le Consul général (Consul ou Vice-Consul) de France.

Vu la demande présentée le . . . . par M. . . . . à l'effet d'obtenir un permis de navigation pour son navire . . . . .(à voiles *ou* à vapeur), d'une jauge brute de . . . . . . tonneaux, dont la description figure en tête du registre spécial ouvert en exécution de l'article 11 de la Loi du 17 Avril 1907 ;

Vu l'article (1). . . . . . de la Loi précitée ;

Vu le Règlement d'Administration publique du 21 Septembre 1908 rendu pour son exécution ;

Vu le procès-verbal de visite en date du. . . . . de la Commission instituée par l'article (2)   de la même loi ;

Il est délivré au navire . . . . un permis de navigation.

Le présent permis doit être renouvelé au premier port où fonctionne la Commission de visite prévue à l'article 6 de la Loi, lorsque douze mois se sont écoulés depuis le. date de la dernière visite, sauf suspension dans les cas visés aux articles 5, paragraphes 3 et 14 de la Loi.

Délivré à. . . . . le. . . . .

L'Administrateur de l'Inscription Maritime (3),

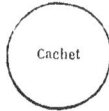

Cachet

NOTA — L'attention des armateurs et des capitaines est attirée sur les pénalités prévues aux articles 33 et suivants de la Loi du 17 Avril 1907 en cas d'infraction aux prescriptions concernant le permis de navigation.

Annexe B

RÉPUBLIQUE FRANÇAISE

MARINE NATIONALE

NAVIGATION ET PÊCHES MARITIMES

PERMIS PROVISOIRE DE NAVIGATION

(1) Remplacer les mots :

L'Administrateur de l'Inscription maritime,

a. Aux colonies, par ceux de :

L'Officier chargé de la police de la navigation maritime ;

b. A l'étranger, par ceux de :

Le Consul général (Consul ou Vice-Consul) de France.

Vu la demande présentée le . . . . par M . . . . à l'effet d'obtenir pour son navire. . . . . (à voiles *ou* à vapeur) d'une jauge brute de. . . . . tonneaux, qui vient d'être construit à . . . . l'autorisation de se rendre à. . . . . pour y prendre armement :

Vu la Loi du 17 Avril 1907 et le Règlement d'administration publique du 21 Septembre 1908 rendu pour son exécution ;

Vu le procès-verbal de visite en date du. . . . . de la Commission instituée par l'article 4 de la loi précitée,

Le navire. est autorisé à se rendre à . . . .

Le présent permis n'est valable que jusqu'à l'arrivée du navire dans le port spécifié ci-dessus.

Délivré à. . . . . le. . . . .

L'Administrateur de l'Inscription Maritime (1),

IMPRIMERIE CHAIX, RUE BERGERE, 20, PARIS. — 16013-7-09. — (Encre Lorilleux).

www.ingramcontent.com/pod-product-compliance
Lightning Source LLC
Chambersburg PA
CBHW070545200326
41519CB00013B/3125